◎教育部人文社会科学研究青年基金项目"十九世纪英国文献中土耳其形象的百年变迁"（15YJC770012）
◎中央高校基本科研业务费专项资金资助项目（2016CBZ012）　　资助
◎陕西师范大学优秀学术著作出版基金

# 英国的
# 土耳其形象研究
# （1800—1853）

贺敏　著

科学出版社
北　京

## 内 容 简 介

本书主要对19世纪上半期英国的土耳其形象及其成因进行了论述。本书认为这一时期英国的土耳其形象话语的表述裹挟了政治、经济、宗教和外交等因素,以大卫·厄克特为典型代表的英国激进主义者建构了一个政治上和谐平等、经济上自由开放、宗教上世俗仁爱、外交上被动无奈的多元土耳其形象,由此构成了一种"反东方学"的形象话语。故而,新视角之下人格化的土耳其形象呈现出与历史上既定形象的差异,继而引发了旷日持久的土耳其形象欧洲性争论。实际上,多元化土耳其形象的复杂性与土耳其的权力有着紧密的关系,但是二者之间并不是简单的一对一的关系。

本书可供世界史、国际关系等专业的师生阅读和参考。

图书在版编目（CIP）数据

英国的土耳其形象研究：1800—1853/贺敏著. —北京：科学出版社，2017.9
ISBN 978-7-03-054597-8

Ⅰ.①英… Ⅱ.①贺… Ⅲ.①土耳其–历史–研究–1800—1853 Ⅳ.①K374.407

中国版本图书馆CIP数据核字（2017）第236460号

责任编辑：任晓刚 / 责任校对：韩 杨
责任印制：张 伟 / 封面设计：楠竹文化

科学出版社 出版
北京东黄城根北街16号
邮政编码：100717
http://www.sciencep.com

北京中石油彩色印刷有限责任公司 印刷
科学出版社发行 各地新华书店经销

\*

2017年9月第 一 版　开本：720×1000 B5
2018年5月第二次印刷　印张：11 1/2
字数：280 000
**定价：80.00元**
（如有印装质量问题，我社负责调换）

# 目　　录

绪论 ······················································································ 1

## 第一章　近代早中期欧洲镜像中的土耳其 ································ 14

### 第一节　15—18世纪欧洲视域下的土耳其形象 ······················ 15

一、15—17世纪多元化的土耳其形象 ································ 16

二、18世纪单一化的土耳其形象 ······································ 21

### 第二节　欧洲对土耳其形象认知多元与嬗变的根源 ················ 24

一、宗教因素 ································································ 25

二、文化因素 ································································ 26

三、权力因素 ································································ 26

### 第三节　英国与土耳其的早期交往 ······································· 28

一、贸易交流 ································································ 28

二、文化交流 ································································ 30

小结 ················································································ 34

## 第二章　19世纪上半期欧洲国际关系对英国和土耳其的影响 ··· 36

### 第一节　纳瓦里诺事件 ······················································· 37

一、纳瓦里诺事件始末 ···················································· 38

二、纳瓦里诺事件中的欧洲国际关系⋯⋯⋯⋯⋯⋯⋯⋯⋯⋯⋯39
三、纳瓦里诺事件的影响⋯⋯⋯⋯⋯⋯⋯⋯⋯⋯⋯⋯⋯⋯⋯43

第二节　1833年危机⋯⋯⋯⋯⋯⋯⋯⋯⋯⋯⋯⋯⋯⋯⋯⋯⋯⋯⋯45
一、从旁观到关切：英国对土耳其态度的转变⋯⋯⋯⋯⋯⋯45
二、从瓜分到"保护"：俄国对土耳其态度的转变⋯⋯⋯⋯48
三、1833年危机始末及影响⋯⋯⋯⋯⋯⋯⋯⋯⋯⋯⋯⋯⋯⋯50

小结⋯⋯⋯⋯⋯⋯⋯⋯⋯⋯⋯⋯⋯⋯⋯⋯⋯⋯⋯⋯⋯⋯⋯⋯⋯⋯⋯53

# 第三章　土耳其形象在英国的代表性认知：以大卫·厄克特为例⋯⋯⋯⋯⋯⋯⋯⋯⋯⋯⋯⋯⋯⋯⋯⋯⋯⋯⋯⋯⋯⋯⋯54

第一节　大卫·厄克特生平及其政治主张⋯⋯⋯⋯⋯⋯⋯⋯⋯⋯55
一、大卫·厄克特的早期生活⋯⋯⋯⋯⋯⋯⋯⋯⋯⋯⋯⋯⋯55
二、从亲希腊到亲土耳其的嬗变：大卫·厄克特的东方经历⋯57
三、亲土反俄——大卫·厄克特的双轨主张⋯⋯⋯⋯⋯⋯⋯61
四、大卫·厄克特的著作及其思想扼要⋯⋯⋯⋯⋯⋯⋯⋯⋯65

第二节　土耳其的政治形象⋯⋯⋯⋯⋯⋯⋯⋯⋯⋯⋯⋯⋯⋯⋯⋯70
一、地方政府制度⋯⋯⋯⋯⋯⋯⋯⋯⋯⋯⋯⋯⋯⋯⋯⋯⋯⋯70
二、直接纳税制度⋯⋯⋯⋯⋯⋯⋯⋯⋯⋯⋯⋯⋯⋯⋯⋯⋯⋯73
三、对土耳其政治形象的评价⋯⋯⋯⋯⋯⋯⋯⋯⋯⋯⋯⋯⋯81

第三节　土耳其的经济形象⋯⋯⋯⋯⋯⋯⋯⋯⋯⋯⋯⋯⋯⋯⋯⋯83
一、土耳其的地缘重要性⋯⋯⋯⋯⋯⋯⋯⋯⋯⋯⋯⋯⋯⋯⋯84
二、英国的贸易处境⋯⋯⋯⋯⋯⋯⋯⋯⋯⋯⋯⋯⋯⋯⋯⋯⋯87
三、自由贸易⋯⋯⋯⋯⋯⋯⋯⋯⋯⋯⋯⋯⋯⋯⋯⋯⋯⋯⋯⋯92
四、对土耳其经济形象的评价⋯⋯⋯⋯⋯⋯⋯⋯⋯⋯⋯⋯⋯97

第四节　土耳其的宗教形象⋯⋯⋯⋯⋯⋯⋯⋯⋯⋯⋯⋯⋯⋯⋯102
一、平等视角：宽容与仁爱的伊斯兰教⋯⋯⋯⋯⋯⋯⋯⋯102
二、世俗化视角：兼顾政治与文化的伊斯兰教⋯⋯⋯⋯⋯104
三、对土耳其宗教形象的评价⋯⋯⋯⋯⋯⋯⋯⋯⋯⋯⋯⋯107

第五节　土耳其的外交形象 ········· 109
　　　一、与欧洲"互动"外交的窘境 ········· 109
　　　二、与英国"保护"框架下外交认识上的差异 ········· 112
　　　三、对土耳其外交形象的评价 ········· 115
　　小结 ········· 117

## 第四章　人格化的土耳其形象及争论 ········· 118

　　第一节　苏丹马赫穆德二世形象的争论 ········· 118
　　　一、东方专制君主 ········· 119
　　　二、改革家 ········· 121
　　　三、对苏丹马赫穆德二世形象的评价 ········· 124
　　第二节　土耳其和希腊形象的争论 ········· 126
　　　一、土耳其人与希腊人的残忍人性之辨 ········· 127
　　　二、希腊文明的救赎？抑或堕落？ ········· 128
　　　三、纳瓦里诺事件的上议院之争 ········· 129
　　　四、对土耳其和希腊形象争论的评价 ········· 130
　　第三节　土耳其形象的欧洲性的争论 ········· 133
　　小结 ········· 137

## 结语 ········· 139

## 参考文献 ········· 154

## 附录 ········· 167

## 后记 ········· 172

# 绪　　论

西方赠予了东方启蒙的恩惠，愿它在思想方面也如此。
　　　　　　　　　　　　——《土耳其通报》(Moniteur Ottoman)

如果我不是加尔文主义者，那我一定是穆斯林。
　　　　　　　　　　　　——大卫·厄克特 (David Urquhart)

19世纪沉浮于当时欧洲权力政治之中的奥斯曼帝国（领土中心区域为今土耳其），已不再是拜占庭帝国的首都君士坦丁堡陷落之时的"欧洲恐惧之源"，它与西方的战略态势出现了颠倒，成为欧洲大国觊觎瓜分的对象，由此成了"一个无穷尽困难之源"——"东方问题"的核心国家。

19世纪初，英国最初对近东问题采取不干涉的观望态度，然而希腊独立革命不仅使英国最终卷入了近东问题，而且使其在1827年的纳瓦里诺事件中与俄国、法国联合歼灭了二百多年的老盟友——土耳其的海军舰队。1833年危机使俄国在海峡地区取得绝对优势，"尴尬"处境中的英国对此做出了强烈反应，坚决维持土耳其的领土完整与独立；然而19世纪40年代近东危机后英国和俄国就土耳其的瓜分问题却预先达成谅解。但是英国与俄国在近东的贸易竞争最终使二者劳燕分飞，1849年英国与土耳其的防御性盟约使英国在1838年争取到对土耳其贸易的主导权外，再次夺得了对近东政治方面的领导权，英国和土耳其就此"同舟共济"，但却为19世纪50年代打破拿破仑战争之后的欧洲和平——"欧洲协调"埋下了伏笔。

由此，新兴资本主义强国英国与日薄西山的土耳其这两个异若霄壤的国家势必在彼此颠簸不定的关系中发生碰撞，与此同时，相互之间的交流俱存。故而，作为资本主义文明、工业文明和基督教文明代表的英国如何审视与考量尚处于封建时代的前工业文明和伊斯兰文明代表的土耳其值得我们关注。通过研究基于19世纪的英国外交档案、已出版的原始文献、报纸、研究专著和评论等对土耳其形象的多元认知，有助于从以下三个方面促进学界的相关研究。首先，我们能够对19世纪初叶到中叶前期英国的多元土耳其形象有一个全面的了解，对其复杂形象建构的深层次原因及影响有一个完整的认识。其次，建构另一个民族的形象的过程，实际上是一个民族审视自己的一面镜子，由此，本书有助于深化对19世纪英国社会的认识，这也是研究英国史的另一个视角。最后，形象研究在中国历史学界的探索尚不充分，对异域民族形象建构的研究在很大程度上是一种积极的尝试，具有一定的学术价值。

在实际应用价值方面，中国与土耳其位于历史上最早的东西国际交通线——丝绸之路的东西两端，昔日盛享辉煌的中国和土耳其在历史的洪流中一度沦落为远东与近东两大领土日蹙弱国，相似之处甚多。通过研究历史上作为"领头羊"的英国对土耳其的审视判断，一方面我们可以从整体上了解和认识资本主义强国对积弱积贫之国的考量标准及其发生嬗变的背后所隐藏的政治、经济、社会、文化等原因；另一方面我们可以更好地认识英国在应对异质文明时所展示出的娴熟外交技巧，为中国处理与大国、小国的双边、多边关系提供宝贵的历史经验。

就Turkey和The Ottoman Empire的指称问题而言，我们一般将前者译为"土耳其"，将后者译为"奥斯曼帝国"。对此二者的指称及使用在1923年之后应该不存在认识上的分歧，但在奥斯曼帝国存在的600余年的历史过程中，奥斯曼帝国的指称在帝国和西方之间存在着巨大的差异。西方人经常把奥斯曼帝国称为"土耳其（Turkey）"，其人民为"土耳其人（Turks）"；但是土耳其人自己却喜欢将他们的帝国称为"高贵的奥斯曼帝国"，它的统治阶层为"奥斯曼人"（即便这些官员不是皇朝成员）。① 由此凸显出土耳

---

① William Hale.*Turkish Foreign Policy 1774-2000*,London:Frank Cass,2000,p.15.

绪 论

其人民和西方人对土耳其及其人民在认识方面的差异及认可方面的鸿沟。在西方看来,"土耳其"就是他们对土耳其的称呼,并且这一称呼还是有史可寻的。据记载,1190 年的一份巴巴罗萨所谓"十字军"的大事记中首次将土耳其人所征服的安纳托利亚地区称作土耳其。① 到 13 世纪,科尼亚的中产阶级已经在用"土耳其人"这一名称专指土库曼民族②,土库曼民族是游牧民族,他们逐水草而迁徙。这样的称呼得不到他们的认可和接受,在他们看来,他们的国家是受到神灵保护的"伊斯兰园地"。在《现代土耳其的兴起》一书中,伯纳德·刘易斯将这样的名称归为初生的民族意识感,并且认为是宗教的颉颃掩盖了它的存在,甚至导致了人们对它的忘却。③ 事实上,作为政治或者地理实体的"土耳其"这个词语在土耳其语或者其境内人民所讲的其他语言中并不存在。④ 鉴于本书研究的视角是英国的视角,故书中采用西方对奥斯曼帝国的称谓——土耳其。但涉及直接引用及具体情况,则视二者为可交替使用。

"形象"是指行为体("民族"或者"国家")的整个认知、情感和评价性的体系,或者是它对自己和世界的一种内在的看法。它会受到国际体系中行为体之间关系的影响,这种关系可用一系列的"相关变量"来描述:战争或和平;敌意或友好的程度;盟友或敌人……⑤ 在行文中,笔者将土耳其形象定位为一种可以映射出具有同质性的"想象共同体"。换言之,在英国对土耳其集体民族形象的建构和表述中蕴含着土耳其的、民族的、宗教的、文化的等多层次的形象概念。

在这个简短的关于形象的界定中至少蕴涵三个特定的意义:其一,形

---

① Claude Cahen. Le Probléme Ethnique en Anatolie, *Journal of World History*, ii, 1954, p.360. 转引自(英)伯纳德·刘易斯:《现代土耳其的兴起》, 范中廉译, 北京: 商务印书馆, 1982 年, 第 516 页。
② G.E.von Grunebaum. *Unity and Variety in Muslim Civilization*, Chicago: University of Chicago Press, 1955, p.330.
③ (英)伯纳德·刘易斯:《现代土耳其的兴起》, 范中廉译, 北京: 商务印书馆, 1982 年, 第 348 页。
④ Metin Kunt. State and Sultan up to the Age of Süleyman: Frontier Principality to World Empire, In Metin Kunt, Christine Woodhead. *Süleyman the Magnificent and His Age*, London, New York: Longman, 1995, p.4.
⑤ K.E.Boulding. National Image and International Systems, *The Journal of Conflict Resolution*, Vol.3, No.2, 1959, pp.120-131; K.E.Boulding. *The Image: Knowledge in Life and Society*, Michigan: University of Michigan Press, 1961.

象是一种情感的认知判断，因此具有很大的主观性和可塑性。其二，形象的建构是一种心理活动，这就意味着它与现实的映照关系并非简单的一一对应。其三，形象是民族或者国家构建自我和"他者"的一种映射，与此同时，它会受到国际体系行为体之间或和衷共济或拔刀相向的关系的影响。民族形象因其成员的复杂性而显示出相对应的庞杂，如果我们用简约的方式来区别的话，那么有两大类型的民族成员：其一是精英人物。其二是普通百姓。前者主要是指一小群有影响力的人物，他们做出一些构成国际关系的重大决策，如战争或者和平、签订或者取消和约、进攻或者撤退、结盟或者敌对等。后者几乎不参与这些决策，但却深受其影响。①某一民族形象更多的指的是集体民族，而民族却是由历史学家创造而成的，由此，民族形象可以追溯至久远的历史记忆，并且有延续至未来的态势。

  本书主要从四个层面来展开。首先，笔者考察了近代早中期欧洲②的土耳其形象话语的建构及其影响。需要特别指出的是，在现代早期英国与土耳其之间并不存在历史疆界（principle of historic frontier）③的分歧。14世纪以降，土耳其先后征服了小亚细亚、中东及巴尔干等地区，但是其征服的步伐始终没有踏上英国的领土，故此，此时期英国的土耳其形象更多的是在欧洲的视角之下得以体现。其次，笔者认为英国和土耳其之间存在经济疆界（principle of historic frontier，肇始于16世纪两国之间的贸易交流）以及军略疆界（principle of strategic frontier）的利益纠葛（19世纪30—50年代英国在此方面的考虑在其近东外交决策中占了非常重要的位置），

---

① K.E.Boulding.National Image and International Systems,*The Journal of Conflict Resolution*,Vol.3,No.2,1959,p.121. 另外，肯尼思·博尔丁（K.E.Boulding）是英国著名经济学家、教育学家、和平主义者、诗人、宗教神秘主义者、贵格会教徒、系统论科学家、哲学家、政治学家、社会心理学家。著有 *The Image:Knowledge in Life and Society*,Michigan:University of Michigan Press,1961.
② 本书的研究领域是欧洲社会文化史，在提及欧洲及欧洲文化概念时，均参考荷兰学者彼得·李伯庚的欧洲文化概念。在他看来，欧洲应该包括西欧、东欧和中欧，但是最能代表欧洲特性的是西欧。东欧（包括中欧）与西欧的分立已经使人们很难把它们联系成一个整体。参见（荷）彼得·李伯庚：《欧洲文化史》，赵复三译，上海：上海社会科学院出版社，2004年，第5页。
③ 寇生（Lord Curzon，翟楚原文中使用的是此译名，现在我们习惯上译为寇松）认为19世纪各民族之间的冲突主要是民族利益和疆界原则的矛盾所致。翟楚先生认为关于疆界问题存在三种原则：历史疆界、经济疆界及军略疆界。参见翟楚：《近代欧洲之政治与外交》，上海：商务印书馆，1946年，第7—8页。

故而考察了英国与土耳其的文化往来、外交关系以及它们对19世纪上半期英国与土耳其的影响。再次，在对英国的土耳其形象的整体考察的基础上，撷取19世纪30—50年代非常具有代表性的人物大卫·厄克特及其拥护者塑造的土耳其形象来阐释此时期英国对土耳其形象的多元认知。最后，在精英人物即19世纪土耳其西化的改革者——苏丹马赫穆德二世层面上考察了英国对人格化土耳其形象的争论。此外，将这种争论的视野拓展到19世纪在土耳其治下首掀民族解放运动的希腊独立革命，考察英国对土耳其及希腊形象的争论。同时，探讨了土耳其形象欧洲性的争论。

遵循这样一个结构，本书围绕英国的土耳其形象的建构及掣肘这种形象话语的因素展开讨论与诠释。在此基础上，本书得出结论：英国所建构的19世纪的土耳其形象话语的表述裹挟了政治、经济、宗教和外交等因素。换言之，此形象话语的表述是多种力量交织在一起进行的博弈和较量。因而英国的土耳其形象是一种复杂多元化的立体形象，其复杂性与英国和土耳其的权力关系有着紧密的联系，但形象话语与权力之间并不是简单的一对一的关系，即强势话语和弱势话语并不一定与强势权力和弱势权力相呼应。

1999年在《纽约时报杂志》组织的"千年出版物"特别系列活动的闭幕式上，被提名布克奖①的小说作家A.S.拜厄特（A.S.Byatt）就"最佳故事"（Best Story Ever Told）推荐了她自己的特殊候选对象：舍赫拉查德（Scheherazade）在《一千零一夜》中所讲述的故事。无独有偶，早在150年前散文家艾略特·沃伯顿（Eliot Warburton）也有过相同的荐举。《一千零一夜》的故事于1701年被法国东方学家、考古学家安东尼·加兰德（Antoine Galland）译为法语版本，随后又被译为不同的欧洲语言版本，由此，欧洲人开始熟知舍赫拉查德的故事。这个故事对欧洲文学的发展以及欧洲对伊斯兰世界的态度产生了很大的影响。时至2005年10月，英国诺丁汉剧院还上演了9位作家合作的《今日之一千零一夜》，讲述的仍然是西方欧洲与东方阿拉伯在现代的交流。

---

① 此处是美国的布克奖，即The Booker Prize。英国的布克奖以其赞助商的名字命名，从1969年开始按照年度颁发，被公认为是英语小说界的最高奖项，也是世界文坛上影响最大的文学大奖之一。时至2014年，英国的布克奖才开始接纳所有用英语写作的作家。

毋庸置疑，"东方……自古以来就代表着罗曼史、异国情调、美丽的风景、难忘的回忆、非凡的经历"①，它经常让西方的文明世界大发思古幽情。东方除了展现出迥异于西方的异国情调之外，还带给了西方来访者们一种远离工业化社会的恬静与安宁。"成群结队身着色彩斑斓服饰的马倌扬着马鞭，狂野地吆喝着，他们在高地或连绵起伏的山脉间疾驰。在被露珠浸湿的清晨匆忙上路或者在被晚霞映红的傍晚急速'回家'"②。这种对东方的浪漫化认识无疑影响了诸多西方人，东方的古老、关于东方的诗歌都会激发他们对东方的憧憬。也许他们在少年时期怀揣的梦想就曾受到《一千零一夜》的启迪。尽管东方的旅行会带来鞍马劳顿的困乏，但是与静谧的大自然之间平静的交流却能让旅行者对人类和世界进行安静的观察，由此形成沉思的心态，从而获得思想和心灵上的清醒。③更为重要的是，异若霄壤的东方世界给西方的旅行者们提供了了解他们现实世界的新视角，他们在东方的制度和风俗中找到了西方文明在前进过程中遗失的一些特点，"欧洲复兴缺乏活力的亚洲的政治主题有了文学和艺术上的对应，即国外简单的世界可能有助于振兴日趋灰暗的欧洲"④。

19世纪30年代，另一位颇有影响的英国人也对东方表达了类似的好感。他就是被东方人亲切地称为"达乌德省督"（Daoud Bey）的大卫·厄克特——《土耳其及其资源》（*Turkey and Its Resources*）、《英国、法国、俄国及土耳其》（*England, France, Russia, and Turkey*）、《东方精神》（*The Spirit of the East*）的作者，《档案》（*The Portfolio*）、《自由报》（*Free Press*）的主编，外事委员会的创始者。他曾为英国的多家报刊撰稿，其观点得到了多家报刊如《爱丁堡评论》（*Edinburgh Review*）、《季刊评论》（*Quarterly Review*）、《英国与外国评论》（*British and Foreign Review*）、《布莱克伍德

---

① （美）爱德华·W.萨义德：《东方学》，王宇根译，北京：生活·读书·新知三联书店，2007年，第1页。
② David Urquhart.*The Spirit of the East*,London:James Moyes,1838,Introduction,p.xvi.
③ David Urquhart.*The Spirit of the East*,London:James Moyes,1838,p.12.
④ Philip Darby.*Three Facts of Imperialism,Britain and American Approaches to Asia and Africa 1870-1970*,New Haven:Yale University Press,1987,p.51.

爱丁堡期刊》(*Blackwood's Edinburgh Magazine*)①、《泰晤士报》(*The Times*)、《晨报纪事》(*Morning Chronicle*)等的刊载与拥护。他在19世纪30—60年代对土耳其表现出极大的好感，年仅25岁即成为希腊、土耳其和英国最著名的公共人物。②在其毕生的事业历程中，他矢志不渝地追求两个目标：其一，摧毁当时盛行的秘密外交。其二，呼吁承认国际法，并在公正和诚实的基础上重建国际关系。在大卫·厄克特看来，由于历史的原因，哥特式的西方与土耳其之间的差异是明显的。对比之下，土耳其的保守要优于欧洲的进步，因为前者保存了古老的制度。他证明西方人眼中的落后实质上就是更加文明与讲究礼仪的过去，而这一切均可以在土耳其的制度中找到。同时，土耳其展示出非同一般的活力，可以成为英国产品的出口地，并且能为英国的制造业提供大量的原材料。此外，土耳其的战略位置使其成为抵制俄国在近东和亚洲推进的堡垒。由此，大卫·厄克特不遗余力地推动土耳其和英国在政治和贸易方面的交流。

爱德华·W.萨义德批评东方学家对东方没有同情之心，没有彰显出普遍的人性和怜悯之情。从这个意义上看，大卫·厄克特解构了东方学家的范式，表现出反东方学家的一面。"英国人因为土耳其人没有画像而认为他没有品位；土耳其人因为英国人漠视自然而认为他缺乏情感。……欧洲人认为土耳其人自大、忧郁；土耳其人认为欧洲人轻率、庸俗。由此可以想象在二者之间建立的交流是多么'有趣''友好''和谐'！"③从爱德华·W.萨义德的角度来看，西方需要东方来突显其优越性："东方……以它相异的形象、思想、个性、经历帮助界定了欧洲（或西方）的形象。"④但从大卫·厄克特的视角来判断，西方与东方却互为映照对方的"镜子"，西方也以其相异的精神、政治和经济帮助界定了土耳其（东方）的形象。事实上，大

---

① 我国著名史学家阎照祥在其《19世纪早期英国托利主义析略》一文中将 *Blackwood's Edinburgh Magazine* 翻译为《黑森林爱丁堡期刊》，笔者以为此译法不妥。因为此期刊是由一位名叫 Blackwood 的出版商于1817年创立发行的，目的是与辉格派的《爱丁堡评论》及《绅士期刊》(*Gentlemen's Magazine*)相竞争，故应按照人名音译的习惯来翻译为妥。参见阎照祥：《19世纪早期英国托利主义析略》，《史学集刊》2010年第2期，第68页。
② Challes King.Imagining Circassia:David Urquhart and the Making of North Caucasus Nationalism, *The Russian Review*,Vol.66,No.2,2007,p.247.
③ David Urquhart.*The Spirit of the East*,London:James Moyes,1838,p.43.
④ Edward Said.*Orientalism*,New York:Pantheon Books,1978,p.45.

卫·厄克特走得更远，在他眼里，"我们的时代已经失去了以前时代存在过的但不能用话语记录的最细微的制度。而在东方，这些古老时代的制度仍然生动地存在着"①。现代欧洲在工业化、资本主义化的过程中遗失了那些曾经存在过的弥足珍贵的"古老制度"，而处于封建时代的前工业文明、伊斯兰文明的土耳其恰好能弥补这一损失。

为实现英国和土耳其之间的有效交流，大卫·厄克特在政治事业和公共事业领域积极奔波，他撰写文章、发表演讲、成立外事委员会来宣扬他的政治主张。他的著作《英国、法国、俄国及土耳其》引发了轰动的效应，出版过 5 次。他对土耳其所持的观点犹如一股清流，影响了人们对英国外交和贸易政策的看法，公众普遍对土耳其持支持的态度。《布莱克伍德爱丁堡期刊》声称伦敦及一些地方的报刊对"东方问题"秉持一种"全民基调"。②

大卫·厄克特并不是唯一对土耳其持有乐观看法的人，如上所述，英国的诸多报刊都刊载了大卫·厄克特的观点，从而在广大范围上影响到很大数量的读者。除此之外，旅行者、政治家也致力于构建美好的土耳其形象。例如，大卫·厄克特的朋友大卫·罗斯（David Ross）发表了《欧洲报刊论东方问题》(Opinions of the European Press on the Eastern Question)一书，对大卫·厄克特所秉持的观点进行了出色的回应，作者开篇就明确声明写书的本意就是揭露在欧洲盛行的对土耳其的错误观点，尤其是欧洲报刊秉持和认可的大众观点。③

在艾瑞克·霍布斯鲍姆看来，19 世纪是资产阶级时代，"它的关键词是：声势浩大、启蒙、沉着自信、自鸣得意"④。显然，这是针对文明欧洲而言的。英国地理学家彼得·泰勒认为："科学的逐步发展最终确定了欧洲对世界的支配权，其中的根本原因就是文明……正是作为'西方'或者'现代'文明的欧洲在枪支的数量以及生产方面超越了所有的参与者……

---

① David Urquhart.*The Spirit of the East*,London:James Moyes,1838,p.11.
② *Blackwood's Edinburgh Magazine*,XXXIX,1836,pp.145-155.
③ David Ross.*Opinions of the European Press on the Eastern Question*.London:James Ridgway&Sons,1836,p.iiv.
④ Eric Hobsbawm.*The Age of Capital 1848-1875*,London:Abacus,1975,p.16.

现代欧洲以不言而喻的优越性而至巅峰。"① 相比之下，土耳其已然在"文明的进程"中落后，是"不变的东方"的典型代表。从土耳其的角度来讲，要想维持"完整"与"独立"唯有复兴一条路。这就要求其向"进步"的欧洲学习，模仿"文明"的欧洲。显然，蒙塔古夫人（Lady Mary Wortley Montagu）②并不赞成这样的主张，在她最后一封来自伊斯坦布尔的信件中，她写道："大人，由此你们可以明白，这些人（土耳其人——笔者注）并非如我们所表述的那般不文雅。毋庸置疑，他们对华丽的理解和我们的品位不一样，或者比我们更好。我认为他们对生命有着正确的领悟，并且使音乐、花园、葡萄酒和精致的食物充满了生命力，而我们却用我们永不能达到的政治阴谋、科学等来使人受折磨，就算我们做到了，我们也永远不能说服人们将这样的价值观奉为真理……我宁愿做一名无知但富裕的埃芬迪，而不是知识渊博的艾萨克·牛顿（Isaac Newton）。"③对于蒙古塔夫人这种感性的宣言，大卫·厄克特却给予了毫无保留的肯定与赞美，他认为蒙塔古夫人"准确观察并如实描述了这个国家的每一个特征，是唯一一个做出公正判断，并在那里发挥了影响力且获得体谅的人"④。

当时普遍为英国人接受的一种观点是只有经过外部的推动，东方（土耳其）才有可能进入现代世界体系。大卫·厄克特却并不赞成土耳其对欧洲盲目模仿。在他看来，欧洲，尤其是作为资本主义文明、工业文明的英国虽然在物质方面充裕，但是在精神方面却有明显的欠缺。对于土耳其而言，"过度模仿西方的礼仪、偏见和制度是令人痛苦的"⑤。面对百弊丛生的现代文明欧洲，大卫·厄克特的解决办法在当时的社会里显得"离经叛道"，他要以东方的办法来解决西方的问题。因为东方尤其是土耳其保留了

---

① P.J.Taylor.Embedded Statism and the Social Sciences:Opening up to New Space,*Environment and Planning A*,Vol.28,No.11,1996,pp.1917-1928.
② 蒙塔古夫人于 1717 年 2 月至 1718 年 7 月伴随任大使的丈夫在伊斯坦布尔逗留，她以书信的形式记录了她对土耳其的印象，在 18 世纪这些书信多次出版发行，但一般认为版本比较粗糙，直至 1965 年具有学术性的版本得以出版。参见 Robert Halsband.*The Complete Letters of Lady Mary Wortley Montagu,1708-1720*,Oxford:Clarendon Press,1965.
③ Robert Halsband.*The Complete Letters of Lady Mary Wortley Montagu,1708-1720*,Oxford:Clarendon Press,1965,p.415.
④ David Urquhart.*The Spirit of the East*,London:James Moyes,1838,Introduction,p.xxx.
⑤ David Urquhart.*The Spirit of the East*,London:James Moyes,1838,Introduction,p.xxxi.

历史上伟大帝国的共有制度，这些伟大帝国中也包括盎格鲁—撒克逊时期的英国。历史的概念使政治经济学家，包括他们的批评家马克思，对"文明"（被定义为是技术的优越和复杂的劳动分工）也持有保留的态度。他们将"文明"和"野蛮"作对比后，认为"野蛮"占了上风。换言之，文明的进程伴随着愚蠢与堕落①，而"野蛮"却蕴含进步与文明。故此有了"野蛮"东方成了"文明"欧洲模仿的榜样的设想和观点。

尽管大卫·厄克特尖刻地批判西方列强对东方事务的干涉，但是在他的作品中，无处不在建构英国是世界保护者的形象。在外交上，他声称英国对土耳其的兴趣是出于"博爱"，这与其他欧洲大国对土耳其"包藏祸心"的动机形成了巨大的反差。②在经济上，大卫·厄克特强调英国对土耳其的贸易"并不是机器的奇迹，也不是国内财富的积累；而是对英国的伟大品质，或者她对上百万与她没有任何看得见关系的人们命运的影响形成了一种公正的观点"③。厄克特有意建构的英国"恩抚主义"的慈爱形象由此跃然纸上。事实上，维多利亚时代的英国人认为他们有责任保护那些易受侵害的非欧洲民族，他们将之视为"白人的责任"。并且他们喜欢给自己自封的"开化世界"的使命附加上道德的粉饰。格雷伯爵曾经提醒人们不应忘记，一个国家的权力不仅在于它所拥有的物质力量，而且在很大程度上依赖于舆论和道德影响力。④在大卫·厄克特眼里，英国凭其高贵的品质来行使对世界的责任。"英国作为正义的执行者、国际公法的维护者，应该挺身向前。"⑤但是令大卫·厄克特感到失望的是英国的道德与其在世界体系的重要性不成比例。在他看来，欧洲政府"规章制度丛生、部门林立、细节冗繁"，故此"思想的混乱"导致"行动的错误"。接踵而至的是"权力的集权化"，从而使地方政府衰亡，曾经让社会凝聚在一起的有机联系"不

---

① 约翰·拉斯金认为世界应该走一条新的道路，尽管仍然看不到走出文明愚蠢与堕落的出路。参见 John Ruskin. *The Nature of Gothic*, London: George Allen & Unwin Ltd., 1932, Preface, p.vii.
② David Urquhart. *Turkey and Its Resources*, London: Saunders and Otley, 1833, Advertisement, p.vi.
③ David Urquhart. *Turkey and Its Resources*, London: Saunders and Otley, 1833, p.142.
④ （英）P.J.马歇尔主编：《剑桥插图大英帝国史》，樊新志译，北京：世界知识出版社，2004年，第23页。
⑤ Gertrude Robinson. *David Urquhart: Some Chapters in the Life of Victorian Knight Errant of Justice and Liberty*, New York: Augustus M. Kelley Publishers, 1970, p.165.

再作为道德实体来行事"。正是出于对现代欧洲/英国在道德层次上的堕落考量，大卫·厄克特对土耳其形象的表述表现出对其同胞的讽刺和背叛。在后者看来，土耳其的改革和现代化与西方的政治、经济战略不可分割。对于西方而言，东方能选择的最佳道路就是采纳西方的文明方式，即西方文明框架之下的东方复兴。无疑，这样的复兴势必会打上西方帝国主义的烙印。而大卫·厄克特在其中扮演的就是反帝国主义、反东方学的角色。他的"异端"主张"东方的方法可以用之于西方"①触发了土耳其官员和人民的共鸣，但却让维多利亚时期的外交圈哗然。

  需要注意的是，这种对土耳其美好形象的勾勒与英国对俄国的恐惧相互交织在一起。19世纪初，欧洲视俄国为拯救者，因为俄国将其从拿破仑的专制下解放了出来。当时的俄国因对法国和波兰都采取了温和的政策而受到了欧洲国家的尊敬。英国的辉格党承袭了18世纪90年代的传统，欲与俄国结成合作关系。但好景不长，在19世纪30年代，英国和俄国之间的关系乌云密布，尤其是在1833年的《温加尔·伊斯凯莱西条约》签订后，两国之间的关系急剧恶化。此时俄国成为欧洲的反对势力、波兰的压迫者、专制统治的堡垒。英国的报刊于1835年表露出反对俄国的论调，到1836年这种论调有了大幅度的增加。历史学家 J.H.格里森（J.H.Gleason）认为当时的英国政治家对俄国的"邪恶"有"广泛接受的定势"②，"他们在普及仇恨俄国的手段以及俄国垂涎印度的观点，不管有多么的荒诞，都激起了人民无知的恐惧"③。在这样的大时代背景下，"彻底的恐俄者"④大卫·厄克特坚定地认为俄国势必在政治和经济方面威慑到英国的利益，故而以"偏执的精明和大量的专业知识"⑤来开展他反俄亲土的活动。在众多恐俄大军

---

① Gertrude Robinson.*David Urquhart:Some Chapters in the Life of Victorian Knight Errant of Justice and Liberty*,New York:Augustus M.Kelley Publishers,1970,p.73.
② John Howes Gleason.*The Genesis of Russophobia in Great Britain*,Cambridge:Harvard University Press,1950,p.20.
③ John Howes Gleason,*The Genesis of Russophobia in Great Britain*,Cambridge:Harvard University Press,1950,p.186.
④ Samuel H.Baron.Marx and Herberstein:Notes on a Possible Affinity,*Harvard Ukrainian Studies*,Vol.19,1995,p.73.
⑤ Samuel H.Baron.Marx and Herberstein:Notes on a Possible Affinity,*Harvard Ukrainian Studies*,Vol.19,1995,p.73.

中，杰出的代表有大卫·厄克特、约翰·麦克尼尔（John McNeill）、詹姆士·贝里·弗雷泽（James Baillie Fraser）、威廉四世的私人秘书休伯特·泰勒爵士（Sir Herbert Taylor）、英国驻伊斯坦布尔大使庞森比子爵（Viscount Ponsonby）、英国外交大臣帕默斯顿子爵（Viscount Palmerston）。其中，尤以大卫·厄克特、庞森比和帕默斯顿扮演了重要的角色。三人的共同之处在于都欲推动英国在近东的政治和商业利益，但各自行事的动机却大不相同。简而言之，大卫·厄克特反俄是因为亲土，而帕默斯顿和庞森比亲土只是因为反俄。①

实际上，大卫·厄克特等对土耳其美好形象的构建受到了诸多因素的牵制：19世纪30年代英国普遍的恐俄心理在很大程度上美化了土耳其的形象；此外，形象话语构建中掺杂了英国人对相异种族——土耳其人的喜恶之情，表现出很大的主观性。"形象"是行为体的整个认知的、情感的和评价性的体系，或者是它对自己和世界的一种内在的看法。②它受到了国际体系中行为体即"民族"或者"国家"之间相互关系的影响，这种关系可用一系列的"相关变量"来描述：战争或和平、敌意或友好的程度、盟友或敌人……③从这方面来看，英国与俄国之间在19世纪30年代的外交关系在20世纪30年代后半期就有了明显的改善，故而对大卫·厄克特构建的土耳其形象造成了很大的冲击。1836年，理查德·柯布登（Richard Cobden）出版了广获关注的著作《俄国》，他指出土耳其如果被俄国灭亡，那将是"文明"对"野蛮"的胜利，并且是英国贸易急需的刺激。④很快，一些报刊发挥了这个主题，公众的观点由此发生了很大的分裂。⑤官方的

---

① G.H.Bolsover.David Urquhart and the Eastern Question,1833-1837:A Study in Publicity and Diplomacy,*The Journal of Modern History*,Vol.8,No.4,1936,p.466.
② K.E.Boulding.National Image and International Systems,*The Journal of Conflict Resolution*,Vol.3,No.2,1959,pp.120-121.
③ K.E.Boulding.National Image and International Systems,*The Journal of Conflict Resolution*,Vol.3,No.2,1959,p.120.
④ G.H.Bolsover.David Urquhart and the Eastern Question,1833-1837:A Study in Publicity and Diplomacy,*The Journal of Modern History*,Vol.8,No.4,1936,p.462.
⑤ C.W.Crawley.Anglo-Russian Relations 1815-1840,*The Cambridge Historical Journal*,Vol.3,No.1,1929,p.62.

态度也随之发生了变化。①

虽然大卫·厄克特的政治事业和公共舆论事业最终均告失败，然而他为东西方交流搭架桥梁的不懈努力却永远留在19世纪土耳其人民和英国人民的心中。从1833年发表《土耳其及其资源》起，大卫·厄克特举起亲土反俄的大旗，赢得了英国人的普遍共鸣。他离经叛道的主张背后隐藏着深刻的道德准则。他所建构的美好的土耳其形象经历了几起重大事件：1833年的《温加尔·伊斯凯莱西条约》、1838年的《英土贸易协定》、1839—1841年的新近东危机（其中1841年英国、法国、俄国、奥地利、普鲁士、土耳其签订了《伦敦海峡公约》）、1844年的英俄同盟、1853—1856年的克里米亚战争等。毋庸置疑，19世纪是英国恐俄的时代②，这种对俄国的仇恨和敌意最终使英国参加了克里米亚战争，但是这场战争又被普遍视为一次愚蠢的战争。裹挟其中错综复杂的欧洲国际关系对土耳其形象的建构影响甚大。为深层次了解19世纪土耳其形象表述的动因，我们有必要先了解欧洲对土耳其曾经有过怎样的考量，这样的审视对此后土耳其形象的建构产生了深远的影响。

---

① 历史学家克劳利认为1840年的时候，"东方问题"在英国不再有党派分歧，他们一致同意俄国是危险的，土耳其能改革。但是与此同时，就在19世纪40年代，英俄关系得到缓和。参见 C.W.Crawley. Anglo-Russian Relations 1815-1840,*The Cambridge Historical Journal*,Vol.3,No.1,1929,p.62.
② John Howes Gleason.*The Genesis of Russophobia in Great Britain*,Cambridge:Harvard University Press, 1950.此外，佐治亚州立大学的埃里克·埃德蒙德·克莱斯特以19世纪俄国和土耳其的三次战争，即1828—1831年、1853—1856年、1877—1878年的战争为背景，考察了俄国对英国印度属地所造成的战略上的威胁，以及英国在此大背景下所建构的土耳其形象。参见 Eric Edmund Kleist. *European or Oriental?:British Perception of Russia in the Nineteenth Century*,PhD.Dissertation of Georgia State University,2003.

# 第一章 近代早中期欧洲镜像中的土耳其

彼得·泰勒在对比"文明""现代"的西方与"野蛮"的东方时指出欧洲取得对世界的支配权在于文明。他强调"西方""现代"的欧洲文明并不是指某个个体的帝国如英国、法国或者德国,这种支配是一种集体的欧洲事业,而不是某个国家的事业。[①]简而言之,彼得·泰勒以文明为标准将世界一分为二,即通俗意义上的"西方"与"东方"。要想充分理解土耳其在西方的形象,那就有必要追溯历史。在古希腊罗马时期,人们开始探索"欧洲"和"西方"的起源和发展,并且认为其与"东方"大相径庭。[②]自此以降,这种观点得到了不断的引用和发挥。需要指出的是,在东西方叙事框架之下西方/欧洲对东方/土耳其的形象表述并不是单一的铁板一块;相反,这种形象的建构受到了彼此之间在对峙与交流中包含着的诸多变化不拘并长期存在的宗教、文化和政治因素的影响。

人们习惯于将处于"黄金时代"(前500—前400)的雅典或者古希腊称作现代西方或者欧洲文明的"摇篮"。这种认同基于一种观念,即每一种文明由或多或少前后一贯的实体构成,有自己独特的核心价值、信仰和原则;还有自成一体的精神或精髓,而这让它与其他文明与众不

---

① P.J.Taylor.Embedded Statism and the Social Sciences:Opening up to New Space,*Environment and Planning* A,Vol.28,No.11,1996,pp.1917-1928.
② Zachary Lockman.*Contending Visions of the Middle East:The History and Politics of Orientalism*,Cambridge:Cambridge University Press,2010,p.8.

同。①从这个层面上看，分属两种异若霄壤宗教文明的欧洲和土耳其在7世纪30年代伊斯兰教传播伊始就经历了颉颃。由此，穆斯林"近邻"这个"不熟悉的陌生人"②成为欧洲最持久的"他者"。8—12世纪，西方人对伊斯兰教尚不了解，他们对伊斯兰教的考量主要依赖于有关《圣经》的注释。③此时欧洲人以族裔而非宗教的视角来判别穆斯林。他们用一个希腊词语"萨拉森人"（Saracens）来称呼阿拉伯人，意指"住在帐篷中的人"。从12世纪起，西方的作品开始认真对待伊斯兰教，但作品中的观点依然是片面的。此后，随着土耳其在欧洲的不断拓展，尤其是1453年拜占庭帝国灭亡之后，土耳其人和苏丹就成了西方/欧洲表达对伊斯兰教和穆斯林形象的代名词。

在1654年的《英文诗集》中，乔舒亚·普尔（Joshua Poole）对"最佳作家"作品进行了全面的统计，归纳了经常用来修饰"土耳其人"的词语：多疑的、节俭的、不屈不挠的、不可阻挡的、嗜战的、戒酒的、戴围巾的……④埃克赛特大学人文学院教授杰拉尔德·麦克莱恩（Gerald Maclean）在其专著《东望：1800年前的英国文献与奥斯曼帝国》（*Looking East: English Writing and the Ottoman Empire Before 1800*）中认为这些修饰语在实际的使用中经常把穆斯林泛指为"土耳其人"，而对他们的民族起源则不予考虑。⑤

## 第一节　15—18世纪欧洲视域下的土耳其形象

土耳其存在的600余年中，前300余年是帝国兴盛之征程，而后的300

---

① Zachary Lockman.*Contending Visions of the Middle East:The History and Politics of Orientalism*,Cambridge:Cambridge University Press,2010,p.9.
② Saree Makdisi,Felicity Nussbaum.*The Arabian Nights in Historical Context:Between East and West*,Oxford:Oxford University Press,2008,p.28.
③ R.W.Southern.*Western Views of Islam in the Middle Ages*,Cambridge:Harvard University Press,1962,p.14.
④ Joshua Poole.The *English Parnassus:Or a Helpe to English Poesie*,London:Thomas Johnson,1657,p.213.
⑤ Gerald Maclean.*Looking East:English Writing and the Ottoman Empire Before 1800*,New York:Palgrave Macmillan,2007,pp.7-8.

余年则是帝国的没落之途。由于地缘政治的关系，土耳其与欧洲不断碰撞，欧洲人眼中的土耳其形象因后者权力的沉浮逐渐脱开简单片面的刻板印象，开始多元化、复杂化。

## 一、15—17世纪多元化的土耳其形象

宗教的分野使欧洲与土耳其之间的关系更多地表现为冲突与对抗，14世纪以后，土耳其对欧洲造成了很大的威胁，欧洲人沿袭所谓的"十字军东征"时代的宣传，在他们眼中，土耳其人仍然是进犯欧洲的"上帝的敌人"。1453年君士坦丁堡的陷落，"对欧洲人，特别是对把古罗马当作母体的西欧人来说，是一次无法形容的打击。……然而拜占庭帝国自此永远消失这一事实，使无法言明的阴影久久占据了人们的心头"①。人文主义者悲叹失去拜占庭："基督教世界的两盏灯已被熄掉一盏，希腊的辉煌尽遭毁灭。"②5月29日土耳其军队成功破城后，连续屠城三天，壮丽的宫殿付之一炬，历代相传的艺术珍品被洗劫一空。③据此，土耳其人作为野蛮、残酷的"城镇洗劫者"的形象得以确立。《土耳其人与基督徒：解决东方问题的一种思路》的作者认为："遭此残忍、可怕破坏的民族注定要被隔绝、僵化且衰亡。如若不相信其中的真理，那就请阅读埃及、美索不达米亚的叙利亚、小亚细亚和希腊的历史，在被土耳其人征服之前，这些地方曾经人口众多、经济繁荣。然而被土耳其人征服之后的情形是从前宏伟壮丽的纪念塔被摧毁，运河和河道堵塞，工业、贸易、艺术、文学全部销声匿迹。"④对欧洲而言，土耳其曾经是一个持久的创伤性团体。⑤

面对强大的对手，欧洲学者竭力站在人文学者的角度同化土耳其人，以求某种程度上的和解：在传说中，土耳其人是突厥人的后裔，他们在穆罕默德的率领之下从亚洲一路打拼而来，征服了君士坦丁堡，以报复希腊

---

① （日）塩野七生：《君士坦丁堡的陷落》，杨征美译，台北：三民书局，2006年，第180—181页。
② M.E.Yapp.Europe in the Turkish Mirror,*Past and Present*,Vol.137,No.1,1992,p.141.
③ 黄维民：《中东国家通史：土耳其卷》，北京：商务印书馆，2002年，第70页。
④ James Lewis Farley.*Turks and Christians:A Solution of the Eastern Question*,London:Sirupkin,Marshall&Co.,1876,pp.28-29.
⑤ 爱德华·W.萨义德的原文描述的是伊斯兰。参见（美）爱德华·W.萨义德：《东方学》，王宇根译，北京：生活·读书·新知三联书店，2007年，第75页。

人。据编年史学家克里特沃伦斯（Kritovoulos）记载，1462年穆罕默德在去围攻米蒂利尼（Mitilini）岛的途中，在特洛伊宣布他已为突厥人"报仇"。[①]通过把攻陷君士坦丁堡解读为是对希腊人的复仇，土耳其人由此升格为古典人文遗产的继承者。欧洲学者憧憬必将有土耳其人被基督教感化的未来，因为对基督徒而言，世界只是他们流放的地方，他们相信世界终将属于基督教世界。同时，欧洲学者断言土耳其人是东罗马帝国的合法后裔。此说的主要代表是威尼斯的历史学家、国际法研究家弗朗西斯科·桑索维诺（Francesco Sansovino），"如果我们仔细考察他们的起源，并且认真考量他们的内部与外部事务，我们会说罗马人的军队纪律、服从和好运都已经降临此民族"[②]。但是这种非理性的虚妄之辞，流露出欧洲人难以言明的愤懑。君士坦丁堡的陷落已使土耳其给人文主义欧洲带来了政治、军事及文化上的灾难。[③]雪上加霜的是，土耳其并未停止侵入的脚步，反之，它在欧洲步步为营，更加频繁、更加猛烈的进犯接踵而至。欧洲人对土耳其的"霍布斯疑惧"源于中世纪独特的宗教概况。中世纪时在伊斯兰教和基督教之间依然存在一定程度的不和谐因素。故而，15世纪欧洲视域下的土耳其仍然保持了宗教桎梏下的形象轮廓。

穆罕默德二世病逝后的继承者巴耶济德二世和塞利姆一世均是出色的征服者，他们戎马一生，东征西战，使土耳其的疆土得到了很大的拓展。1520年苏莱曼大帝登上王位时，他继承了历任励精图治的苏丹们留下的宝贵遗产：所向披靡的军队、日臻完善的封建制度和哈里发桂冠。在他统治的46年中，整个欧洲大陆弥漫着土耳其征伐的硝烟。土耳其人利用基督教世界相互攻伐的良机，先后于1521年和1522年攻下西方重镇贝尔格莱德和圣约翰骑士团盘踞的罗德岛。1529年及1532年土耳其和哈布斯堡王朝两次兵戎相见于奥地利的首都维也纳。1538年土耳其军队重创欧洲神圣同盟的舰队，地中海因此几乎成为其海军的内海……土耳其在16世纪处于兴盛的黄金时

---

① Selim Deringil.The Turks and"Europe":The Argument From Histor,*Middle East Studies*,Vol.43,No.5, 2007,p.711.

② S.Yerasimos.Türkler Romalilarin Mirascisi Midir?(Are the Turks the Heirs of the Romans?),In Selim Deringil.The Turks and"Europe":The Argument From History,*Middle East Studies*,Vol.43,No.5,2007, p.711.

③ Robert Irwin.*For Lust of Knowing:The Orientalists and Their Enemies*,London:Allen Lane,2006,p.60.

代。但 1566 年接任苏莱曼大帝的是"酒鬼塞利姆",学界普遍将此划定为土耳其衰落的开端。欧洲人以"苏莱曼大帝"的尊号将其载入史册,而苏莱曼大帝自诩"真主在大地上的影子""众苏丹之苏丹",其臣民尊称其为"立法者"。骁勇善战的土耳其军队使土耳其的负面形象继续萦绕在欧洲人的心头,从某种意义上来说,土耳其人似乎就是"泥族怪兽",只要想想这个怪兽就足以使欧洲人心惊胆战。直至 17 世纪末,"土耳其的威胁"一直潜伏在欧洲,对整个基督教文明来说,其代表着一个永久的危险;最终欧洲逐渐将这一危险及其全部传说、其重要事件和人物、其善与恶包容地编制进了自身之中,成为自身生命的一部分。① 这种充满敌意的恐惧在牧师的布道中可见一斑。1565 年,索尔兹伯里主教在周三、周五的祷告中祈求上帝的同情怜悯之心,祷告万勿将他们置于土耳其人之手:"万能永恒的主啊,我们的天父,我们是您不孝叛逆的子孙……我们深陷危险之中,受到最可怕的敌人——土耳其人的压迫……"②

16—17 世纪土耳其在欧洲经历了长时段的战争:与哈布斯堡王朝之间的十五年战争;神圣同盟战争(1683—1699),尤其是 1683 年的维也纳之围(the siege of Vienna)。相应地,两次战争期间关于土耳其的文字作品经历了两次高峰,记录了欧洲人对土耳其强大的军队及其入侵欧洲所作出的反应。③ 其中,最为人们熟知的就是 1603 年理查德·诺尔(Richard Knolles)《土耳其通史》的出版,此书将土耳其人的形象定义为"世界最大的恐慌"(the greatest terror of the world),这是首批描写土耳其人的英国原创作品。安德斯·英格拉姆博士认为"世界的恐慌"蕴含双层含义:一方面,土耳其强大的力量和广袤的疆域昭示一种权力与威严;另一方面,纠集在伊斯坦布尔外围的外国军队任何时候都可以消除土耳其所造

---

① (美)爱德华·W.萨义德:《东方学》,王宇根译,北京:生活·读书·新知三联书店,2007 年,第 75 页。
② William Clay.Liturgies and Occasional Forms of Prayer Set Forth in the Reign of Queen Elizabeth,In Gerald Maclean,*Looking East:English Writing and the Ottoman Empire Before 1800*,New York:Palgrave Macmillan,2007,p.1.
③ 参见 Anders Ingram.*English Literature on the Ottoman Turks in the Sixteenth and Seventeenth Centuries*,PhD.Dissertation of Durham University,2009;Jason Charles Fleming.*An Immensely Complex Image:Conceptions of the Turk in English Narratives of the 1683 Siege of Vienna*,PhD.Dissertation of University of Charleston,2015.

成的迫在眉睫的威胁。①从中不难看出土耳其给基督教欧洲带来的威慑以及欧洲"必欲除之而后快"的渴望。对此，爱德华·W.萨义德做出了精准深邃、鞭辟入里的评价：欧洲之所以要对穆斯林、土耳其或阿拉伯进行表述，是因为他们总是将这种表述视为控制可怕的东方的一种方式，其对象与其说是一般性的东方，还不如说是通过这种表述而为西方读者所了解的、不再那么可怕的东方。②换言之，欧洲在表述土耳其或者阿拉伯时，仍将其放在令人敬畏的东方的大框架之内。这样，土耳其被"他者化"，即通过刻画它的落后，扭曲它的形象使它实际上没有那么可怕。反观之下，欧洲看起来更强大。

综观关于土耳其形象的研究，我们会发现欧洲人对土耳其所持的是一种"充满爱恨情仇"般复杂多元化的态度，敌意与羡慕、恐惧与好奇、鄙视与嫉妒并行不悖。处于上升时期的土耳其因其威慑力成了"欧洲的恐慌"，土耳其人是"唯一的现代民族，行动成功，其帝国以迅雷不及掩耳之势侵略了世界"。③在土耳其处于权力上升时期，欧洲的宗教力量和世俗力量对其强大的国力和军队力量充满了"羡慕与妒忌"之意，它们欲借助土耳其人的帮助完成其迫在眉睫的历史使命，但与此同时也裹挟着既有的对土耳其人的定势考量。具体而言，表现在以下三个方面：其一，土耳其的权力巅峰恰与欧洲的宗教改革巧合，新教国家把土耳其的进攻解读为上帝对天主教的惩罚。④新教的拥护者普遍期望土耳其人能与天主教徒相互厮杀，这样新教徒只作壁上观，坐收渔翁之利。但就算作为宗教斗争的走卒，也未能消解欧洲人附加给土耳其人的负面评价，马丁·路德在《对于反土耳其祈祷的劝诫》里就警告欧洲人要对土耳其人提高警惕。⑤其二，迫于国内危机，伊丽莎白一世积极与土耳其修好以应对

---

① Anders Ingram.*English Literature on the Ottoman Turks in the Sixteenth and Seventeenth Centuries*, PhD.Dissertation of Durham University,2009,p.1.
② （美）爱德华·W.萨义德：《东方学》，王宇根译，北京：生活·读书·新知三联书店，2007年，第75—76页。
③ Henry Blountt.*A Voyage into the Levant*,London:John Leggatt for Andrew Crooke,1636,p.2.
④ Gerald Maclean.*Looking East:English Writing and the Ottoman Empire Before 1800*,New York:Palgrave Macmillan,2007,p.5.
⑤ （英）伯纳德·刘易斯：《中东》，郑之书译，北京：中国友谊出版社，2004年，第131页。

西班牙的挑战。她率先在伊斯坦布尔建立了大使馆，并且直接与土耳其王室保持了良好的交往关系。①两国之间的商业和战略联盟有效地削弱了西班牙的力量，二者之间的政治和商业联系增加了对伊斯兰表述的复杂性。但等到危机一结束，女王就下定决心将自己打造为欧洲"共同事业"领导者的形象。她致函鲁道夫二世，称土耳其人是最讨厌的敌人，并且希望基督教世界的君主求同存异，联合抵制"异教徒"。②其三，法兰西斯一世时，法国取代米兰和威尼斯成为与土耳其打交道最多的欧洲国家。法国与土耳其交好的主要意图在于政治上利用土耳其来遏制哈布斯堡王朝。但是此举并未得到基督教世界的理解，后者视之为背叛行径。法国驻伊斯坦布尔大使被迫强调法国的首要目标是保护圣地和拉丁基督徒，其次是保护贸易；政治目标则被置于目标清单的最末位。③

总而言之，15—17世纪欧洲人对土耳其形象的考量一方面是负面的，与中世纪的审视如出一辙；另一方面又是正面的，迫于土耳其形成的压力，欧洲人在抨击之余也带着"自卑而嫉妒"的感情，使土耳其形象出现了复杂化和多元化的倾向。15—17世纪欧洲人创造了动态的土耳其形象：他们是"野蛮的异教徒"；但与此同时欧洲人对土耳其充满了敬仰之情。在政府层面，帝国的能人统治尤为得到赞赏：所有人的尊严都来自于他们个人的美德和勇敢；没有人由于出身而与众不同；荣誉与人们所履行的义务和职责相关。④其他令欧洲人仰慕的优点还包括宽容的政府、简单、高效、廉洁的司法体制、稳定的社会秩序。在民族层面，土耳其人拥有诸多令人愉悦的特点：耐力、节约、冷静、干净、礼貌、好客。⑤在土耳其强盛时期，许多基督徒皈依伊斯兰教，或者是由于他

---

① Gerald Maclean 在 *Looking East:English Writing and the Ottoman Empire Before 1800* 书中第一章《英国人遭遇土耳其世界》(*The English Encounter the Ottoman World*)中对伊丽莎白一世与土耳其的相互往来有详细的叙述。

② Franklin L.Baumer.England,the Turk,and the Common Corps of Christendom,*The American Historical Reviews*,Vol.50,No.1,1944,p.35.

③ Franklin L.Baumer,England,the Turk,and the Common Corps of Christendom,*The American Historical Reviews*,Vol.50,No.1,1944,p.143.

④ 李秉忠：《身份与认同——土耳其申请加入欧盟问题研究》，南京：南京大学博士学位论文，2008年，第29页。

⑤ M.E.Yapp.Europe in the Turkish Mirror,*Past and Present*,Vol.137,No.1,1992,p.149.

第一章　近代早中期欧洲镜像中的土耳其

们低下的社会地位迫使他们这样做，或者是他们希望能够成为强大帝国的一分子。①维也纳间谍曾亲眼看见了土耳其军队备战的过程，他不无讥讽地说："如果长此以往，最终我们都会成为'土耳其人'。"作为土耳其万民之尊的苏丹更是因为帝国之繁荣强盛赢得了无上的赞誉：德国皇帝怎敢与土耳其苏丹相比较呢？谁敢说比苏丹拥有更绝对的权力？全世界唯一拥有绝对权力的统治者就是土耳其苏丹。只有他才能配得上称作罗马皇帝的后裔。②

## 二、18世纪单一化的土耳其形象

有学者指出，我们之所以把土耳其叫作"帝国"，是因为我们用与罗马帝国相媲美的丰功伟绩来考量它的成就，然后发现它们经历了相似的兴衰轨道。③1571年土耳其海军在勒班陀（Lepanto）被击败，结束了土耳其人不可战胜的神话；1683年维也纳之围失败，从此土耳其对欧洲不再构成威胁；1699年签订的《卡洛维茨条约》标志着土耳其的扩张已落下帷幕，帝国疆域已经开始缩小；1774年的《库楚克·开纳吉条约》迫使土耳其给予俄国黑海的出海口，"东方问题"由此开始……事实上，到16世纪末许多外国驻伊斯坦布尔具有观察力的大使，以及一些机敏的帝国有识之士都已经看到，土耳其的辉煌时代已经结束。他们敏锐地意识到，欧洲西方政治、经济及科学技术的飞跃发展，使西方变得相对强大了。④换言之，土耳其与欧洲之间的强弱态势出现了大逆转。15—17世纪欧洲人对土耳其的审视是基于弱者对强者的仰视，但是现在权力的主动权已经转移到欧洲人的手中，他们对土耳其的审视是基于强者对弱者的俯视。如果说15—17世纪土耳其的强盛造成了欧洲人的自卑感的话，那么18世纪的欧洲人终于如愿地等到了"复仇"的时机，他们对土耳其人充满了鄙视之情。土耳其人既不可怕也不受尊重，在欧洲人眼中，他们是乏味、落后的民族。如果将更"原

---

① Nabil Matar.*Islam in Britain:1558-1685*,Cambridge:Cambridge University Press,1998,p.15.
② Selim Deringil.The Turks and"Europe":The Argument From History,*Middle East Studies*,Vol.43,No.5, 2007,p.712.
③ Gerald Maclean.When West Looks East:Some Recent Studies in Early Modern Muslim Cultures,*Journal for Early Modern Cultural Studies*,Vol.7.No.1,2007,p.99.
④ 黄维民：《中东国家通史：土耳其卷》，北京：商务印书馆，2002年，第80页。

始"、更"简单",或者土耳其治下的被压迫民族与土耳其人进行对比的话,阿拉伯人、鞑靼人、希腊人、亚美尼亚人、格鲁吉亚人以及土耳其的其他少数民族都比土耳其人拥有更好的品德。鞑靼人和阿拉伯人"或是高贵的野蛮人或是古老光辉文明拥有者埃及人、叙利亚人、希腊人的后裔;而土耳其人只是生活在腐败专制的社会中的人"①。

18世纪,土耳其彻底褪去了帝国光辉,陷于壅滞状态。土耳其人开始对文化、科学技术、艺术表现出兴趣,但与此同时,帝国的上层却耽于享乐,腐败、酗酒成风,欧洲对土耳其的苛责甚嚣尘上,15—17世纪复杂多元化的土耳其形象也因此变得单一化。土耳其被贴上了"落后""停滞""腐败""专制"的标签。事实上,在比较视野之下,欧洲是启蒙和自由的化身,而后者却集无知、专制、静止和落后于一身。②在欧洲的启蒙理性时代,启蒙思想家反对因无知、迷信及偏狭造成的偏见。但他们在考量土耳其形象时却表现出非启蒙的视角。他们倾向于摒弃理性,赞成原始的愤怒,对土耳其人的审视可谓极尽"众口铄金"之意。土耳其形象的考量落入了"专制"理论的窠臼。换言之,欧洲的启蒙思想家们并没有立足于观察或者经验来审视土耳其形象,相反他们倾向于建构单一、定势的土耳其形象。他们被视为东方"最不可救药、最令人讨厌的民族"。③

这一形象的界定主要受18世纪甚嚣尘上的东方专制思想的影响。东方专制思想最早可以追溯到亚里士多德,他认为寒冷地区的人民一般精神充足,富于热忱,欧罗巴各族尤甚,但拙于技巧而缺少理解,他们能长久保持其自由而从未培养好治理他人的才德;亚细亚人民多擅长技巧,深于理解,但精神卑弱,热忱不足;唯独位于此二者之间的希腊人兼有两者的品

---

① Asli Cirakaman.*From the "Terror of the World" to the "Sick Man of Europe":European Images of Ottoman Empire and Society From the Sixteenth Century to the Nineteenth*,New York:Peter Lang Inc.,2002, pp.108-109.

② Asli Cirakaman.*From the "Terror of the World" to the "Sick Man of Europe":European Images of Ottoman Empire and Society From the Sixteenth Century to the Nineteenth*,New York:Peter Lang Inc.,2002, p.109.

③ Asli Cirakaman.*From the "Terror of the World" to the "Sick Man of Europe":European Images of Ottoman Empire and Society From the Sixteenth Century to the Nineteenth*,New York:Peter Lang Inc.,2002, p.106.

# 第一章　近代早中期欧洲镜像中的土耳其

质,他们热忱、理智、精神健旺,所以永保自由,能够治理世上所有其他民族。①但是彼时的欧罗巴和亚细亚并非现时的"西方"与"东方"。直到所谓的"十字军东征",西欧学者具备了较多的地理知识,才开始讨论有关"东方"与"专制"的概念。②近代欧洲"地理环境决定论"的集大成者是法国学者孟德斯鸠。他的《论法的精神》根据大量旅行家的记述讨论东方专制,将其概括为"亚洲的奴役"与"欧洲的自由"③。然而,颇具讽刺意义的是,孟德斯鸠根据旅行家的游记来阐述自己的思想,而旅行家们却借助孟德斯鸠的理论来分析亚洲的奴役。换言之,旅行家们带着既定的专制印象去旅行,他们根据一些与历史无关的标准,如人性、气候及宗教来考量土耳其的社会和政治制度。18世纪西方关于土耳其的报道昭示后者军队衰落、政治腐败、臣民无知和游手好闲,这一切均归咎于政府的"准则"。④这种准则实际上指的就是君主的绝对权力、对其臣民的压迫及后者的无条件顺从。在土耳其"就算是一个被宣判并在明天将被绞死的人,也比一位土耳其的帕夏更自由些"⑤。

根据孟德斯鸠的观点,暴君的光荣在于蔑视生命,他凭借自己的强权压制臣民的自由,强调后者的顺从而奴役之。在土耳其众多游览者中不乏孟德斯鸠的追随者。弗朗西斯(Francis Baron de Tott)是其中最著名的一位,他在伊斯坦布尔居住了25年。对他而言,专制是土耳其人的心理特征,与气候和信仰息息相关。土耳其形象在"奢侈、自负和野蛮"之间游荡。"野蛮"使土耳其统治者变得专制,而其臣民的奴性和盲目顺从则植根于他们对宿命论的信奉。⑥除过把专制归咎于气候和宗教外,欧洲学者还认

---

① (古希腊)亚里士多德:《政治学》,吴寿彭译,北京:商务印书馆,1997年,第360—361页。
② 施治生、郭方:《东方专制主义》,《史学理论研究》1993年第3期,第40页。
③ (法)孟德斯鸠:《论法的精神》,张雁深译,北京:商务印书馆,1987年,第275页。
④ Asli Cirakaman.*From the "Terror of the World" to the "Sick Man of Europe":European Images of Ottoman Empire and Society From the Sixteenth Century to the Nineteenth*,New York:Peter Lang Inc., 2002, p.11.
⑤ (法)孟德斯鸠:《论法的精神》,许家星译,北京:中国社会科学出版社,2007年,第425页。
⑥ Asli Cirakaman.From Tyranny to Despotism:the Enlightenment's Unenlightened Image of The Turks, *International Journal of Middle East Study*,Vol.33,No.1,2001,p.61.

为在土耳其没有贵族、私有财产的存在，故而导致专制的肆虐。[1]关于18世纪的土耳其历史的叙述似乎也能印证专制渗透于社会的各个阶层，土耳其官员们逐级压制、奴役下一级人民，就算操生死大权的苏丹也不得不受"挟天子以令诸侯"的近卫军的摆布。走马观花式的大维齐的轮番更换总与苏丹"欲加之罪，何患无辞"般恣意"铲除异己"的专制脱不了干系。

简而言之，孟德斯鸠的"地理环境决定论"和东方专制思想可以追溯至亚里士多德时期，但在18世纪却引发了欧洲学界的极大关注。众多孟德斯鸠的追随者和他一起把土耳其作为样板来阐述东方专制。18世纪的土耳其人被刻画为具有被动、胆怯的特点。他们对上级恭顺，但对下级野蛮专制。[2]他们以静止的眼光考量土耳其形象，因为在18世纪不管土耳其愿不愿意，它都被动地卷入了欧洲政治，它曾经在历史上对欧洲造成的威胁不复存在，被动沉浮于权力漩涡的土耳其只是展示"后起之秀"的欧洲优越性的配角，欧洲的学者竭力展示它的不足和失败，彰显欧洲的优点和成功。我们认为18世纪欧洲人之所以对土耳其持有妖魔般的虚幻印象，主要是因为他们隐藏的傲慢、复仇、怨恨的情绪，面对举步维艰、行将就木的土耳其，欧洲人曾经相形见绌的自卑感踪影全无。反之，欧洲的学者和旅行家们以最犀利的目光洞穿帝国的没落，企图建构歪曲、偏颇的形象，对土耳其进行定性，然而在19世纪我们可以看到这种封闭专制的形象不断被打破，又不断被巩固、深化。

## 第二节　欧洲对土耳其形象认知多元与嬗变的根源

如上所述，土耳其形象的建构经历了从简单的一元化、二元化到复杂

---

[1] 马基雅维利、让·不丹和培根都强调贵族的缺席是土耳其专制统治的一个重要原因，他们认为贵族可以有效遏制统治者的专制本能。但是伏尔泰并不认可此观点，他认为土耳其是民主的，它与欧洲文明的差异在于各自对待妇女的方式有所差别。英国驻土耳其大使庞特尔（Porter）坚持认为土耳其有关于私有财产的法律。更多的争论可参见 M.E.Yapp.Europe in the Turkish Mirror,*Past and Present*,Vol.137,No.1,1992;Asli Cirakaman.*From the "Terror of the World" to the "Sick Man of Europe":European Images of Ottoman Empire and Society From the Sixteenth Century to the Nineteenth*,New York:Peter Lang Inc.,2002.

[2] Asli Cirakaman.From Tyranny to Despotism:the Enlightenment's Unenlightened Image of The Turks,*International Journal of Middle East Study*,Vol.33,No.1,2001,p.62.

化的过程。为什么在 15—17 世纪欧洲人眼中的土耳其形象是富于动态、多元化而在 18 世纪却是静止、单一化的呢？其中之根源既有现实的考虑，也夹杂着历史的因素。

## 一、宗教因素

宗教的分野造成了欧洲与土耳其一以贯之的颉颃。欧洲最初站在族裔的角度对伊斯兰进行了歪曲的解读，在"无知时代"欧洲就开始借助《圣经》的注释来建构穆斯林的形象。但是在土耳其声名显赫之时，欧洲国家热切期待借助土耳其人的威力来抵制哈布斯堡王朝，然而基督教世界表达更多的是土耳其人威胁他们，掠夺他们的财富，是他们"天然的敌人"，他们寄希望于让"怪兽的两根肋骨相互争斗，让真正的教会得以强大起来"①。在 18 世纪，启蒙思想家及追随者无情地鞭笞土耳其，据此历史痕迹，基督教欧洲对伊斯兰土耳其的排斥昭然若揭。

诚然，宗教信仰在 18 世纪之前在很多国际纠纷之中扮演了"幕后推手"加火上浇油的角色，但在影响国家的现实决策时，宗教热情往往受到冷遇，现实政治利益是首要的考虑。"任何国家都未能出于信仰理念的考虑而限制了自己的结盟，异教的土耳其甚至在占领君士坦丁堡之前就已是西方均势政治中一个举足轻重的因素……17 世纪的法国流传着这样一句谚语，意思是为维护自身利益不仅可与异教徒，土耳其人，而且可与魔鬼本人结盟。"②从历史发展的真实情况看，法国与英国所结成的"臭名昭著"的同盟只不过是权宜之计。土耳其在欧洲权力博弈的舞台上只不过是一颗棋子而已，它与结盟的一方达成暂时性的妥协。一旦等到欧洲实现了企图，其看待土耳其的眼光仍然是定势僵化的。因此，"无论国家之间还是个人之间，利益的一致是最可靠的纽带"③。

---

① 指土耳其与西班牙。参见 Franklin L.Baumer.England,the Turk,and the Common Corps of Christendom,*The American Historical Review*,Vol.50,No.1,1944,pp.30-39.
② （英）马丁·怀特著，（英）赫德利·布尔、（英）卡斯滕·霍尔布莱德编：《权力政治》，宋爱群译，北京：世界知识出版社，2004 年，第 34 页。
③ 此言是修昔底德基于古希腊的经验总结的。（美）汉斯·摩根索：《国家间政治：权力斗争与和平》，徐昕、郝望、李保平译，北京：北京大学出版社，2006 年，第 34 页。

## 二、文化因素

在文化方面,欧洲承袭古希腊罗马文化、基督教传统、文艺复兴的人文精神、启蒙时代的理性主义、科学及民族传统等。在现实的政治文化生活中,他们崇尚文明、自由、进步,从而形成了独具一格的欧洲特性。但土耳其特性的核心因素是顺从,而盲目顺从孕育了专制所必需的奴性精神。① 虽然土耳其横跨亚欧两洲,但在欧洲人心中,它属于亚洲民族,具有专制的特征,在帝国积弱积贫之时又平添了落后、保守、壅滞等特点。两种异若霄壤的文明在彼此频繁的碰撞之中帮助界定了彼此,这种方式的考量在古今中外早已有之:古代中国的"华夷"观念;希腊人认为亚欧只是地理上的区分,与文化无关,唯一的主要区别在于希腊人与非希腊人或野蛮人。② 在这种"非黑即白"的考量中,"我们"与"他们"之间的敌意得以彰显。实际上在早期,每个民族都视其疆域外的土地为化外之地,其人民为化外之民。对于土耳其穆斯林来说,欧洲就是法兰西基督徒的土地。对于欧洲而言,在所有能界定它的"他者"中,离其最近、最明显、最具威胁意义的则是伊斯兰近东。③ 土耳其人因此成了欧洲人审视自我的一面镜子,他们具有欧洲人不具备的一切缺陷,成了评判考量自我的参照物。伊斯兰/土耳其在宗教和文化上给欧洲造成了极大的威胁,这种"土耳其的威胁"一直潜伏至 17 世纪末,而到了 18 世纪,步履蹒跚的土耳其成了遭蔑视的"蛮夷之族"。欧洲学者在表述土耳其时,竭力刻画它原始、落后、扭曲、褊狭的形象,由此欧洲睥睨群伦,不可动摇的文化优越感扑面而来。

## 三、权力因素

复杂多元化的土耳其形象话语背后隐藏的是权力的博弈。仔细梳理 15—18 世纪土耳其形象的研究就会发现土耳其似乎无法表述自己,它习惯

---

① Asli Cirakaman. *From the "Terror of the World" to the "Sick Man of Europe": European Images of Ottoman Empire and Society From the Sixteenth Century to the Nineteenth*, New York: Peter Lang Inc., 2002, p.130.
② 希罗多德持此观点,参见 M.E.Yapp. Europe in the Turkish Mirror, *Past and Present*, Vol.137, No.1, 1992, p.136.
③ M.E.Yapp. Europe in the Turkish Mirror, *Past and Present*, Vol.137, No.1, 1992, p.135.

于生活在欧洲国家所建构的话语体系之中。原因有二：其一，从启蒙时代起，土耳其学者对书写此类历史不感兴趣。其二，土耳其在建立民族国家的过程中，极力推行世俗化变革，有意忽略土耳其因素。15—17世纪，强盛的土耳其拥有强大高效的中央集权，它的军队威力、能人统治、宗教宽容等得到了欧洲的敬仰与赞誉，这在很大程度上是对"野蛮""可怕"的土耳其人形象的一种中和。但到18世纪时，欧洲与土耳其的强弱态势出现了颠倒，土耳其已不再是"欧洲的恐慌"，其国力日衰，命运捆在欧洲的绳索之上，沦落为"欧洲病夫"。欧洲人考量土耳其的视角发生了急剧的变化，它曾经对土耳其的"羡慕与妒忌"之意已全然消失，取而代之的是以资本主义文明、工业文明及基督教文明之代表的眼光来俯视尚处于封建时代的前工业文明及伊斯兰文明之代表。借用约瑟夫·张伯伦的话来说，昔日显赫一时的土耳其成了"疲倦的泰坦，在它巨大的命运轨道上（摇晃）"①。面对"欧洲的奇迹"，骨子里羸弱的土耳其难以望其项背，此时的土耳其恐怕就是索尔兹伯里勋爵眼中"奄奄一息"的大国，它的命运操在"生气勃勃"的欧洲人手掌之中。②据此，多元化土耳其形象的建构与欧洲和土耳其权力的强弱变化如影相随，在后者权力式微之际，"天朝上国"的观念开始破灭，昭示"强权即公理"的逻辑，颇带几分"成者为王，败者为寇"的色彩。

总之，自19世纪30年代以后，欧洲学者对土耳其形象研究充满的兴趣，虽然研究路径因人而异，但是他们所建构的土耳其形象逐渐脱开单纯片面的刻板印象，出现复杂化、多元化的趋势。15—17世纪欧洲人眼中的土耳其拥有诸多美德，但也裹挟定势的成见：土耳其虽背负"世界恐慌"的罪名，但却是"唯一的现代政府"；18世纪时欧洲对土耳其形象的建构趋于单一化：土耳其成为东方停滞、专制的代表。隐藏在土耳其形象的历史嬗变背后的是欧洲与土耳其大相径庭的宗教、文化因素，与此同时，彼此权力的强弱态势

---

① （美）保罗·肯尼迪：《大国的兴衰》，王保存、王章辉、余昌楷译，北京：中信出版社，2014年，第238页。
② 1898年索尔兹伯里勋爵承认世界被分成了"生机勃勃"和"奄奄一息"两类大国，参见（美）保罗·肯尼迪：《大国的兴衰》，王保存、王章辉、余昌楷译，北京：中信出版社，2014年，第202页。

奠定了形象话语的基调。一言以蔽之,当土耳其成功时,欧洲人所建构的土耳其形象中蕴含获得认可的因素;当它衰落时,欧洲人藐视它、拒绝它,其中的荣耀屈辱恐怕只有身临其境的土耳其冷暖自知。

## 第三节　英国与土耳其的早期交往

需要注意的是,近现代的欧洲虽然沿袭了旧世界中的土耳其形象,但土耳其16—17世纪时旅游业和贸易有了很大的发展,这在某种程度上改变了欧洲对土耳其负面形象话语建构的沉重画面。以我们关注的英国为例,游记在17世纪初受到了英国读者的热烈推崇,由旅行者托马斯·柯亚特(Thomas Coryate)、威廉·里斯格(William Lithgrow)和乔治·桑迪斯(George Sandys)撰写的游记分别于1611年、1614年、1615年在英国出版,并且大受欢迎。据记载有位名叫菲斯·莫里森(Fynes Moryson)的旅行者在旅行期间捡到了一本于1595—1597年出版的拉丁语杂志,他擦干净上面的灰尘,带回去翻译成了英语,并于1617年出版了此书。从中我们可以一窥当时英国人对异域东方的好奇心。自然地,当时"如日中天"的土耳其也在旅行者的关注之列。1636年,旅行者亨利·布朗特(Henry Blount)写道:"我认为,目睹了光荣时代的人找不到比土耳其更好的地方。这是我来这里的原因。"①事实上,此时期英国人对土耳其形象的表述有了从完全否定到积极肯定的趋势。旅行者作为跨文化见证者的经历势必会加强英国对东方文化的理解。

### 一、贸易交流

14—15世纪时,威尼斯成为东西方贸易的结算地,即威尼斯成了东西方进行贸易交流的枢纽。其时地中海和东方有三条古老的贸易航线:通过里海和黑海到君士坦丁堡;经由波斯到阿勒颇及的黎波里的叙利亚海岸;穿过红海到亚历山大港。这样,很多商品如阿拉伯的香料、克里特岛的葡萄酒、桑特岛的无核小葡萄干、土耳其的地毯和羊毛毛线、波斯的丝绸和

---

① Henry Blount, *A Voyage into the Levant*, London: John Leggatt for Andrew Crooke, 1636, p.4.

# 第一章　近代早中期欧洲镜像中的土耳其

印度的珠宝及药物被"佛兰德大帆船"运到了英国。然后，这些大帆船在返程时装满了羊毛、布匹、铅、锡、兔皮及小牛皮。于是，苏丹的近卫军就穿上了英国布做成的制服。15 世纪时英国的布匹在土耳其有了市场。穆罕默德二世在 1461 年左右颁布了布匹贸易的管理制度，明确规定了对英国粗纺毛、布匹、呢子和伦敦布匹的关税。①

据记载，英国探险家任京生（Anthony Jenkinson）于 1553 年在阿勒颇获得了由苏丹苏莱曼一世授予的贸易特许状，此为英国第一人。在特许状中，苏丹要求土耳其各港口对任京生其人、他的船只、人员、商品等给予照顾，不得征收除海关税之外的任何其他关税，并允诺其享有与法国人和威尼斯人同样的自由，"也许还享有更多自由"②。

1570 年，英国女王伊丽莎白被逐出教会，英国因此被天主教欧洲孤立。此时期英国迫于政治上的压力和经济方面的利益欲与土耳其交好。同时，土耳其人也意识到可以与在荷兰、德国、西班牙的新教徒结成盟友来对付他们共同的天主教敌人。于是，1578 年，伊丽莎白女王正式任命威廉·哈伯恩（William Harborne）为她在土耳其王室的"真正的、独特的演讲者、信使、代表和代理人"③赴伊斯坦布尔，旨在启动英国与土耳其的外交和贸易关系。由于两国之间有着共同的目标，所以威廉·哈伯恩的事业从一开始注定就是成功的。据哈克路特（Hakluyt）记载："威廉·哈伯恩初来时行事精明且谨慎，几个月后就赢得了土耳其人的人心，并且为其个人也谋得了大量的特权。此外，他还为其君主获得了光荣且友好的信件往来。"④

由此，英国女王与土耳其苏丹之间开始了外交通信。⑤其中需要特别

---

① S.A.Skilliter.*William Harborne and the Trade with Turkey 1578-1582*,London:Oxford University Press, 1977,p.5.
② S.A.Skilliter.*William Harborne and the Trade with Turkey 1578-1582*,London:Oxford University Press, 1977,p.7.
③ S.A.Skilliter.*William Harborne and the Trade with Turkey 1578-1582*,London:Oxford University Press, 1977,pp.151-170.
④ Richard Hakluyt.*The Principal Navigations,Voyages,Traffiques & Discoveries of the English Nation*,London:Nabu Press,2010.
⑤ 参见 S.A.Skilliter.*William Harborne and the Trade with Turkey 1578-1582*,London:Oxford University Press,1977.此书收集了伊丽莎白一世与穆拉德三世之间通信的记录，并且分析了每次通信的来龙去脉。

英国的土耳其形象研究（1800—1853）

注意的是穆拉德三世在给伊丽莎白一世的回信中就土耳其对英国在其领土贸易的态度，就伊丽莎白一世写信要求苏丹在土耳其领土内能给予她的特使以安全保障及贸易机会，穆拉德三世回复称，土耳其向所有的朋友和敌人开放，善良且愿意遵从苏丹的人们在那里一直受到欢迎。故而，苏丹向地方省督、宗教法官、海军长官及海港管理员发布命令，让他们不要骚扰来土耳其从商的英国代理人或者商人。此外，苏丹明确向女王表示英国人享有同法国、威尼斯及波兰商人一样的特权。①这为土耳其与英国保持长久友好的贸易关系奠定了基础。

## 二、文化交流

由此不难看出尽管东西方之间在宗教、文化等方面存在着大相径庭的差异，但是在漫长的历史进程中，相互共存而非冲突成为共同的追求，就现代早期的具体情况而言，西方对东方的奢侈品等表现出极浓郁的兴趣，而东方也最终接受了西方先进的技术。彼时，尽管土耳其人"凶残"的定势形象仍然萦绕于西方人的心头（事实上，作为欧洲入侵者的恐怖记忆可谓历久弥新，时至1969年纽约还出版了一本名为 The Most Terrible Turk 的儿童绘本②），但是西方还是对土耳其的人文地理颇感好奇，其中伊斯坦布尔的桥、清真寺的方尖塔、带着高羽毛帽的土耳其仆人等形象就时常见于旅行者们的游记插图中。据记载，16世纪时英国流行的服装指南书上一般都有东方服饰的插图，土耳其的服饰对欧洲的服饰式样产生了一定影响。③

据杰拉尔德·麦克莱恩研究，17世纪时，土耳其对英国颇有吸引力的几样物品分别是画像、地毯、咖啡。④从16世纪中期起，欧洲开始流行收藏历史和传奇故事中杰出人物的画像，都铎王朝也受到影响。伊丽莎白时

---

① S.A.Skilliter.*William Harborne and the Trade with Turkey 1578-1582*,London:Oxford University Press,1977,p.50.
② R.Margulies.The"Most Terrible Turk",In Selim Deringil.The Turks and"Europe":The Argument From History,*Middle East Studies*,Vol.43,No.5,2007,p.718.
③ Donald King.The Carpets in the Exhibition,In Donald King,David Sylvester.*The Eastern Carpet in the Western World:From the 15th to the 17th Century*,London:Arts Council of Great Britain,1983,p.25.
④ 此小节的写作受到了埃克赛特大学杰拉尔德·麦克莱恩：《东望：1800年前的英国文献与奥斯曼帝国》一书第一章的启发。参见 Gerald Maclean.*Looking East:English Writing and the Ottoman Empire Before 1800*,New York:Palgrave Macmillan,2007,pp.27-61.

## 第一章 近代早中期欧洲镜像中的土耳其

期"收藏和展示画像的'传统'在贵族中已经获得确认,并且已经蔓延到中产阶级"①。其中,苏丹的画像成了欧洲人了解土耳其的一个映像,一般他们都裹着"夸大的穆斯林头巾"骑马外出,凸显出东方异国的风情。实际上,这样的穆斯林头巾于苏莱曼时代(1520—1566)开始流行,此后一直存留于土耳其画像中,成为土耳其人定势形象的一部分。

与拥有土耳其苏丹画像一样能展示社会地位及经济优越性的还有土耳其地毯。据记载,1255年,英国人首次见到挂毯和地毯。那年,卡斯蒂利亚之女艾莉诺从西班牙来到伦敦,准备嫁给爱德华一世,她的嫁妆就包括"很多用来装饰她在威斯敏斯特住处的墙壁及地板的挂毯和地毯,此举受到了当时冷静的伦敦市民的嘲笑"②。另外关于土耳其地毯流传甚广的一个故事与红衣主教沃尔西(Cardinal Wolsey)有关。1518年6月,威尼斯商人向沃尔西求助,希望其能帮助撤销对一批他们进口到英国的葡萄酒的关税。沃尔西就此要求商人们给他弄一些地毯,并且答应将由自己来支付费用。但是直到11月,威尼斯商人才弄到7块地毯,沃尔西以怠慢他为由要求商人们将此作为礼物送给他。但是葡萄酒的关税撤销问题却久拖而得不到解决。据说沃尔西此后多次提出要求,需要100块地毯。1520年10月沃尔西终于收到了60块地毯。众所周知,其时,沃尔西的财力和权力在英国仅次于国王,但是区区几十块地毯的要求却让他等待了两年多,从中不难看出当时地毯在英国的紧缺情况。

此外,当时伦敦并没有专门的地毯贸易商,即便是从黎凡特运回英国的少量地毯,在伦敦拍卖会的销售情况也并不理想,③但是亨利八世(1509—1547)却对东方地毯和土耳其服装兴趣甚浓。据记载,亨利八世和王室成员喜欢身着装饰有黄金的土耳其长袍、头戴顶上有暗红色天鹅绒

---

① Gerald Maclean.*Looking East:English Writing and the Ottoman Empire Before 1800*,New York:Palgrave Macmillan,2007,p.28
② John Mills.The Coming of the Carpet to the West,In Donald King,David Sylvester.*The Eastern Carpet in the Western World:From the 15th to the 17th Century*,London:Arts Council of Great Britain,1983,pp.11-23.
③ Donald King.The Carpets in the Exhibition,In Donald King,David Sylvester.*The Eastern Carpet in the Western World:From the 15th to the 17th Century*,London:Arts Council of Great Britain,1983,pp.25-26.

的帽子接见外国来访者。除此之外，他们还学土耳其人佩带宝剑。①相比之下，亨利八世对"土耳其造"地毯的喜爱之情可谓有过之而无不及，据说当他出去旅行时，行李中至少有65条"土耳其造"地毯。1539年亨利八世的财产清单显示他有801块地毯，其中至少550块是"土耳其造"。此外，亨利八世的多副画像证明他喜欢站在安纳托利亚图案的地毯上让画家来画画像。这样的场景在爱德华六世、伊丽莎白女王、詹姆士一世及查理一世的画像中都有体现。需要指出的是，詹姆士一世时期，画像开始在贵族中变得流行，土耳其地毯因此成为专门从事画像画家的道具。画家威廉·拉金（William Larkin）专门为詹姆士一世时期的贵族画像，1610—1620年，他至少画了20幅画像，其中8幅的主人公踩着同一张地毯，并且这些主人公都出自当时名副其实的大家族。②杰拉尔德·麦克莱恩推断这些地毯应该是威廉·拉金为画像有意摆放的背景，主人公或站立或坐着的漠然表情表现出对自己所拥有的财富的淡泊之情，但同时也揭示了东方产品所带来的舒适，其暗示的是一种渴望，即奢华、异国情调的战利品是属于东方的，而这正是英国所缺乏的。这昭示着逼近的已经确立的世界权力。③像土耳其苏丹的画像一般，土耳其地毯也经历了一个从上至下的传播历程。英国人购置地毯的狂热使地毯供不应求，由此催生了相关行业的大量涌现。英国著名艺术评论家大卫·西尔威斯特（David Sylvester）在考察15—20世纪东方地毯在西方的发展历史时评价道："在世界工艺品对外国文化的吸收和转变方面，没有什么比土耳其地毯更成功；没有什么能更好地证明西方世界对东方地毯的喜爱。"④

---

① Edward Halle.*Hall's Chronicle:Containing the History of England During the Reign of Henry the Fourth,and the Succeeding Monarchs,to the end of the Reign of Henry the Eighth in Which are Particularly Described the Manners and Customs of Those Periods;Carefully Collated with the Ed.of 1548 and 1550*,London:Johnson,1809,p.513.
② Gerald Maclean.*Looking East:English Writing and the Ottoman Empire Before 1800*,New York:Palgrave Macmillan,2007,p.37.
③ Gerald Maclean.*Looking East:English Writing and the Ottoman Empire Before 1800*,New York:Palgrave Macmillan,2007,p.38.
④ David Sylvester.The Eastern Carpet in the Western World From the 15th to the 20th Century,In Donald King,David Sylvester.*The Eastern Carpet in the Western World:From the 15th to the 17th Century*,London:Arts Council of Great Britain,1983,p.9.

## 第一章 近代早中期欧洲镜像中的土耳其

此外，英国的咖啡馆文化也来源于土耳其。15 世纪时咖啡屋在伊斯兰世界涌现，伊斯坦布尔的第一家咖啡馆于 1554 年开业。因为伊斯兰教教义禁止饮酒，咖啡受到了穆斯林商人和知识分子的青睐。此后，在公共场所饮用咖啡已成为穆斯林生活的一大特色。因为土耳其的咖啡馆文化是从阿拉伯半岛的也门途经埃及引进的，因而咖啡也成了土耳其海关税收的一个有利可图的来源。苏莱曼二世（1686—1691）又开始对咖啡的销售征纳额外税。英国第一位记录咖啡的人是牧师威廉·比多福（William Biddulph），1600 年他从阿勒颇写来的一封信中提到土耳其人"最常喝的饮料是 coffa，经过磨坊磨好，然后放在水中烧开，土耳其人趁热喝，极其烫"。①17 世纪中叶荷兰商人推动了咖啡在西欧的发展，1652 年伦敦的第一家咖啡馆开张，这种名叫 "coffa" "cauphe" 的 "黑茶" 受到了中产阶级的厚爱，饮用咖啡被视作中产阶级和精英阶层 "体面" 的文明行为。1657 年有人称赞咖啡是酒的清醒取代物，"以前学徒和职员们一早上在啤酒或者葡萄酒中蹉跎，这往往让他们头脑发昏，不能胜任任何工作。然而现在他们有了这个使人保持清醒的文明饮料，因此而成为好伙计。"②就在同一年，布鲁特（Blount）出版了一部著作，鼓吹咖啡和香烟有利于健康的医学特点。③有趣的是，英国的多家咖啡屋起了与土耳其相关的名字，如 "土耳其人头"④，这样的名字是否与土耳其兴盛时期苏丹后宫大门上挂满的用来炫耀胜利的人头有关，我们不得而知。

在《东望：1800 年前的英国文献与奥斯曼帝国》一书中，杰拉尔德·麦克莱恩认为英国在与土耳其的早期贸易及文化领域的交流过程中，对土耳

---

① Brian Cowan.*The Social Life of Coffee:The Emergence of the British Coffeehouse*,New Haven:Yale University Press,2005,p.5.
② Brian Cowan.*The Social Life of Coffee:The Emergence of the British Coffeehouse*,New Haven:Yale University Press,2005,p.44.
③ Gerald Maclean.*The Rise of Oriental Travel:English Visitors to the Ottoman Empire,1580-1720*,New York:Palgrave Macmillian,2004,pp.118-120.此外，布莱恩·考恩在其《咖啡的社会生活：英国咖啡屋的兴起》一书的第二章专门探讨了咖啡在现代早期用作医药的历史。参见 Brian Cowan.*The Social Life of Coffee:The Emergence of the British Coffeehouse*,New Haven:Yale University Press,2005,pp.31-54.
④ Reinhold Schiffer.*Turkey Romanticized:Images of the Turks in Early 19th Century English Travel Literature*,Bochum:Studienverlag Dr.N.Bockmeyer,1982,p.283.

其表现出了"帝国妒忌",昭示出一种认同、吸引与排斥的态度,但是到17世纪末,一种相对温和的冷漠态度取而代之。①在笔者看来,这实质上是"文化优势"的问题。②我们可否做出这样的推断,在土耳其臻于巅峰的时刻,它对其他国家的优势不仅仅局限于政治和经济领域,文化领域也应该涵盖在内(鉴于18世纪之前宗教经常在国际争端中扮演"幕后推手"的角色,我们将宗教排除在外。上述杰拉尔德·麦克莱恩的书中记录了一些基督徒自愿皈依伊斯兰教的故事,其中裹挟的动机各不相同)。尽管土耳其的文化被视为"异端"文化,但是在排斥这种"他者"文化时是否蕴藏将之视为文化参照系呢?毕竟其时伊斯兰土耳其无论在经济还是政治方面都占据了绝对的优势,那么它在文化上的优越是否也对"后进"的欧洲起了"示范"的表率作用,从而使它产生向上模仿的因素呢?③

## 小　结

　　文化与宗教的分野使土耳其被禁锢在意识形态的坚冰之中,从基督教文明的视角来看,土耳其的形象是负面的。1453年君士坦丁堡的陷落无疑加剧固化了土耳其这一负面形象在欧洲的建构。在15—17世纪土耳其疯狂扩张的巅峰时期,土耳其除了带给欧洲"世界的恐慌"之外,还获得了欧洲的赞赏和羡慕等。换言之,此时期欧洲人眼中的土耳其形象富于动态感,呈现多元化。然而,到18世纪时,伴随着欧洲的兴起和土耳其的衰落,欧洲的"精神挫折感"④荡然无存,它所建构的土耳其形象囿于东方专制的

---

① Gerald Maclean. *Looking East:English Writing and the Ottoman Empire Before 1800*, New York: Palgrave Macmillan, 2007, p.22.
② 笔者更倾向于用"阳春白雪"和"下里巴人"来描述"文化优势"与杰拉尔德·麦克莱恩的"帝国妒忌"。当然笔者绝不怀持任何偏见。在笔者看来,二者的所指在本质上相同,只是表述的方式有异。
③ 此段描述受启发于钱乘旦和陈晓律两位先生在《在传统与变革之间:英国文化模式溯源》一书中谈及的"文化优势"。参见钱乘旦、陈晓律:《在传统与变革之间:英国文化模式溯源》,南京:江苏人民出版社,2010年,第330页。
④ 霍奇森(Hodgson)认为伊斯兰世界和中国一直自视对世界占有优越的支配地位,故此当欧洲列强侵略它们时,它们都经历了一种前所未有的"精神挫折感"。本书借用了这一概念,指欧洲受到奥斯曼帝国统治时所处的受支配的劣势地位。参见(英)巴里·布赞、(英)理查德·利特尔:《世界历史中的国际体系:国际关系研究的再构建》,刘德斌主译,北京:高等教育出版社,2004年,第281页。

叙事框架，由此凸显出单一化的趋势。实质上，欧洲所建构的跌宕嬗变的土耳其形象受到了二者之间现实政治利益以及彼此权力强弱态势的牵制。与此同时，欧洲人对土耳其形象的考量既是土耳其盛衰兴废的一种映射，又是欧洲人审视评判"自我"的一面镜子。就英国而言，因为地缘因素，它早期建构的土耳其形象更多的是在欧洲的视角之下得以体现。但两国之间贸易和旅行的发展极大地改变了商人的文化视野，从而有力地推动了两国之间的贸易。这种文化的因素，再加上政治与经济因素，增加了英国对土耳其表述的复杂性。[①]从17世纪20年代起，英国成为基督教欧洲中土耳其最重要的贸易伙伴。这也是19世纪政治家经常提及两国之间的古老盟友关系之所指。

---

① Jonathan Burton.*Traffic and Turning:Islam and English Drama,1579-1624*,Newark:University of Delaware Press,2005,pp.11-13.

# 第二章 19世纪上半期欧洲国际关系对英国和土耳其的影响[①]

饱受反法战争之苦的欧洲国家在维也纳会议上达成了政治上的共识,即重建欧洲均势以维持欧洲和平。其中,英国仍然着眼于巩固并扩张其双重优势:海军和贸易。它视法国和俄国为其最大的敌人,故而"扩充荷兰和普鲁士的领土以抵制法国,拥护奥地利在波兰的权利以牵制俄国,维持奥地利在意大利半岛的势力,以抵制法国势力"[②]。俄国谋求在近东的扩张,因此造成其与英国的对峙,此外,它在巴尔干的野心成为与奥地利之间的解不开的心结,与此同时,它也采取扶普以制奥的政策。霍夫曼曾就欧洲的五角政治给出了一个非常形象的比喻:五角枝形吊灯(a pentagonal chandelier)的形态[③],这个比喻造成的错觉是我们以为欧洲政治的五角是形态上相同,功能上平分秋色的五角均势。公允地说,其时欧洲呈现出的是一种五强态势,但不足以构成五角均势。当时的法国是欧洲其他主要国家防范的首要对象,因而法国在重建欧洲政治结构方面几乎没有多少发言权,而普鲁士则因其自身能力有限,在很多事关欧洲和平的问题上的抉择大都唯奥地利马首是瞻,故而在权

---

[①] 本章关注的是1833年之前英国、俄国及土耳其的外交关系,1831年土埃危机发生后,俄国挟土耳其素丹而令欧洲的《温加尔·伊斯凯莱西条约》使英国的公众舆论经历了深刻的变化,其恐俄和亲土达到了顶点,英国政府下定决心要保护和维持土耳其领土完整,由此深刻影响了英国的土耳其形象的建构。
[②] 周鲠生:《近代欧洲外交史》,武汉:武汉大学出版社,2007年,第7页。
[③] 倪世雄等:《当代西方国际关系理论》,上海:复旦大学出版社,2001年,第114页。

第二章　19世纪上半期欧洲国际关系对英国和土耳其的影响

力天平的秤盘之上，应该说英国、俄国、奥利地占据了明显的优势。其中奥地利虽居欧洲核心，但出于国内外安全的考虑，一方面，它需要俄国作为对抗法国的借助力量，同时也指望俄国的支持能消弭其国内的动乱，但却又对这个躁进盟国的图谋深怀戒心；另一方面，它需要英国支持维护现有的领土平衡，但是英国远离冲突现场，这让奥地利愈加依赖俄国。① 由此，奥地利在19世纪初的欧洲政治舞台上擘画的国际秩序政策受到了英国和俄国的很大牵制。即便如此，英国和俄国也没有单独支配欧洲的能力。退一步讲，英国和俄国中任意一个国家表现出有掌控全局的能力，便会不被欧洲其他国家所接受与认可，因为欧洲均势体系的主要"规则"在于五大国俱应携手合作以维持均势，这是遏阻任何一国追求霸权的主要手段。② 只不过这样的携手合作时常因为彼此的利益冲突而处于变动之中，在笔者关注的19世纪上半期有两次突出的事件颇具代表性，从中可以一窥欧洲大国在"欧洲协调"框架之下的角力。

# 第一节　纳瓦里诺事件

1815年的维也纳会议企图维持欧洲君主们的正统统治，但是一种自由主义、革命主义向前看的趋势明显占了优势，意大利、西班牙和希腊相继爆发了革命③，其中作为"欧洲文明之母"的希腊在经历了400年奴役④之

---

① （美）亨利·基辛格：《大外交》，顾淑馨、林添贵译，海口：海南出版社，1998年，第68页。
② （美）戈登·克雷格、（美）亚历山大·乔治：《武力与治国方略——我们时代的外交问题》，时殷弘、周桂银、石斌译，北京：商务印书馆，2004年，第62页。
③ 希腊独立革命中"革命"一词在英语中有四种表达法：independence、insurrection、revolt、uprising，"希腊"一词有 Hellenic 和 Greek 两种表达法，如马里奥特在其书《东方问题》一书中就使用了 Hellenic Independence、the Greek Insurrection。而其他相关权威著作更多使用的是"the Greek Independence"，代表性人物包括巴尔干历史学家理查德·克洛格，英国外交史家 C.W.克劳利和坦珀利（Temperley）以及希腊史专家道格拉斯·大金等。笔者在行文中根据不同语境，有时译为"希腊独立战争"，有时为"希腊独立革命"。
④ 学界普遍持此观点，认为土耳其征服者1453年在攫取君士坦丁堡的同时也征服了希腊人。事实上，在此之前，希腊一部分已经从东罗马帝国划分了出去，其他地方直到200多年后才遭受与君士坦丁堡同样的命运。确切地说在1717年，"圣马可（St.Mark）的旗帜最终被从摩里亚半岛（位于希腊南部）及爱琴海群岛撤出"。由此希腊才被放逐到了爱奥尼亚半岛。参见 Thomas Gordon. History of the Greek Revolution, *Blackwood's Edinburgh Magazine*, 1833, p.480.

后的独立革命，实为"东方问题"的开始，由此引起了欧洲大国的高度关注，构成了此时期国际关系的焦点。从1821年起，欧洲主要国家就希腊独立问题与土耳其对峙，最终在1827年10月酿成了一场严重的外交危机——纳瓦里诺事件，这次事件使希腊独立成为可能，但是却严重改变了近东的权力均势，为翌年的土俄战争以及英俄在近东的对峙埋下了伏笔。

## 一、纳瓦里诺事件始末

自18世纪下半期以降，土耳其原有的外部威胁尚未散去，其内部统治的分裂已初露端倪。1821年希腊独立革命的爆发被认为开创了土耳其境内民族解放运动的"恶劣"先例①，是年2月，伊普西兰提斯带领少量随从潜入摩尔达维亚，号召土耳其境内的同胞拿起武器与土耳其人斗争。7月，土耳其人在德拉戈尚战役中摧毁了伊普西兰提斯的军队，摩尔达维亚和瓦拉几亚的起义终止。然而，在希腊的陆地和海洋上，起义军却取得了普遍的胜利。1825年，迫于被动的战争局势，苏丹马赫穆德二世以割让克里特和塞浦路斯为诱饵向其埃及藩属穆罕默德·阿里帕夏求助。穆罕默德·阿里派其继子易卜拉欣帕夏率领正规军队迎战希腊起义军，这支军队骁勇善战，于1825年5月夺下纳瓦里诺；1826年4月再取希腊西部的堡垒城市米索朗基；1827年6月兵临雅典城下，希腊告急。

从希腊独立革命发生肇始，欧洲大国就试图在土耳其与希腊之间进行调解。然而，由于受到各自国家利益、权力、道德和意识形态诸因素的掣肘，欧洲大国与土耳其、埃及联军之间虽有过几次剑拔弩张的间隙，但并没有发生直接的对抗。1827年10月20日，双方却在纳瓦里诺港发生了严重冲突。易卜拉欣试图劝说欧洲大国盟军指挥科德林顿（Codrington）中将率领的盟国舰队撤离，但得到的答复是他来的目的是发号施令，而非听从命令。②于是，土耳其人在科德林顿的"运筹帷幄"下首开第一枪，打

---

① 王绳祖：《国际关系史》，北京：世界知识出版社，1995年，第89页。需要指出的是，希腊独立革命时间的选择也颇有策略性，此时恰逢素丹派遣其最出色的帕夏Churchid前去摧毁对土耳其诸多领土有觊觎之心的阿尔巴尼亚的阿里帕夏，故而造成对素丹力量的很大牵制。
② C.M.Woodhouse.The"Untoward Event":The Battle of Navarino 20 October 1827,In Richard Clogg. *Balkan Society in the Age of Greek Independence*,London:The Macmillan Press Ltd.,1981,p.13.

## 第二章 19世纪上半期欧洲国际关系对英国和土耳其的影响

死了前来送信的盟国信使①,与此同时,法国军舰也向对其开炮的埃及军舰开火,战争由此"变得全面"。②它虽然只持续了短短三个半小时③,但却摧毁了土耳其舰队。其意义重大,被认为是现代希腊诞生的里程碑,也是土耳其在19世纪衰落的界标,并由此开启了其新的篇章。④理查德·克洛格更将其誉为"风帆战舰时代最后一次伟大的战争"⑤。

### 二、纳瓦里诺事件中的欧洲国际关系

研究纳瓦里诺事件最重要的学者C.M.伍德豪斯（C.M.Woodhouse）曾经归纳过此次战役发生的6个起因⑥,大致可简述如下:纳瓦里诺事件是在希腊独立革命背景之下发生的,其中掺杂了欧洲主要国家对希腊革命的同情以及希腊对回归欧洲政治体系的亟盼。实际上,该事件是欧洲大国艰难斡旋于希腊独立革命的必然结果。

如前文所述,虽然当时的欧洲大国呈现出五强态势,却不足以构成五角均势,他们当中也没有任何一个国家拥有支配欧洲的能力,由此从维也纳会议至纳瓦里诺事件发生为止,欧洲主要国家先后进行了三次联合的尝

---

① 战争开始前,科德林顿训诫军队:"在信号发射前绝不能开枪,让土耳其人首先开火。"参见 William Laird Clowes. *The Royal Navy*, London: William Clowes ans Sons Limited, 1899, pp.251-262.
② C.W.Crawley. *The Question Of Greek Independence*, Cambridge: Cambridge Univers ity Press, 1930, p.92.
③ 还有一说是四个小时,参见 H.Temperley. *The Foreign Policy of Canning*, London: G.Bell and Sons Ltd., 1925, p.409.
④ C.W.Crawley. *The Question of Greek Independence*, Cambridge: Cambridge University Press, 1930, p.vii. 从克劳利在该书后面篇章的解读,"开启新篇章"指的是英国政府在经历了纳瓦里诺战役以后对土耳其和俄国外交态度的转变。事实上,纳瓦里诺海战后,英国的政治家们不得不重新审视近东均势被打破的现状,尤其是1833年《温加尔·伊斯凯莱西条约》的签订更使英国政府下定决心要保护和维持土耳其,由此构成英国未来50年外交政策的基石。
⑤ Richard Clogg. *Balkan Society in the Age of Greek Independence*, London: The Macmillan Press Ltd., 1981, p.vi. 此外, the age of sail 又译帆船时代,指的是1571年勒班陀战役到1862年汉普顿路战役之间的这一时间段。
⑥ 其一,1821年希腊独立战争的爆发。其二,西欧亲希腊委员会的建立及其给予希腊人金钱和志愿者方面的援助,后者以拜伦1824年到达希腊而攀至高峰。其三,英国政府于1823年承认希腊为交战一方。其四,希腊独立战争的领导者不断向英国政府请求援助,以1825年7月的顺从法案（Act of Submission）为顶点。其五,英俄于1826年4月签订的《圣彼得堡议定书》。其六,英国、俄国、法国于1827年7月签订的《伦敦条约》。参见 C.M.Woodhouse. The "Untoward Event": The Battle of Navarino 20 October 1827, In Richard Clogg. *Balkan Society in the Age of Greek Independence*, London: The Macmillan Press Ltd., 1981, p.2.

试:"欧洲协调"(1815—1825)、英俄联盟(1826)及英俄法联盟(1827),以期能解决希腊问题。

"欧洲协调"既不是一种"联盟",又不是一种"邦联",不过当时的欧洲大国之间有一种幻觉,以为各国的君主是有一种"神权"以维护正义而保障和平的。①据此,我们可以得出以下两点推断:其一,欧洲君主寄希望于拥有的"神权"来仲裁欧洲问题(就当时的情况而言,应该指的是民族独立问题),维护"正统主义"和欧洲和平。其二,以上追求只是一种幻觉,言外之意,没有实现的可能,因为"各国的政策又互相剌谬,互相冲突,不能同心协作,以维护和平,所以这种同盟的计划,仅能维持暂时的欧洲协调,而不能保证永久的欧洲和平"②。换言之,欧洲在"协调"的同时也时常显露出"不协调"的一面。一方面,在"欧洲协调"早期,作为"正统主义"坚定维护者的梅特涅扮演了领导者的角色。他清晰地认识到俄国对多瑙河、巴尔干的野心将会危及奥地利的安全,因此,他充分利用亚历山大一世对盟国的忠诚及革命的恐惧心理③掣肘其扩张的觊觎之心,这恰与英国抵制俄国扩张的倾向相暗合。另一方面,俄国、奥地利却都恪守神圣同盟的正统原则,他们充当"欧洲警察"镇压欧洲民族民主革命,而这却为倡导不干涉其他国家内政的英国所不容。需要强调的是,造成对"欧洲协调"背离的主要因素就在于英国,其代表的是一种相对开明的民主立场,从而与俄国、奥地利所代表的保守的"正统主义"形成了对峙。概而言之,这种对峙在某种程度上是法国的革命理想与神圣同盟的理想之间的一种争斗,而这种意识形态领域的分歧再加上被19世纪欧洲政治奉为圭臬的"均势"原则,使欧洲大国对希腊的外交变得分外复杂。

作为"欧洲协调"缔造者之一的英国外交大臣卡斯尔雷下定决心不干涉希腊问题,1822年8月,就在他去世前夕,他忙于起草自己对即将召开的维罗纳会议的指令,其中就谈及"谨慎"地承认希腊叛乱的可能性,但

---

① 瞿楚:《近代欧洲之政治与外交》,上海:商务印书馆,1946年,第14页。
② 瞿楚:《近代欧洲之政治与外交》,上海:商务印书馆,1946年,第14页。
③ C.J.Bartlett.*Castlereagh*,New York:Palgrave Macmillan,1966,p.226.

# 第二章　19世纪上半期欧洲国际关系对英国和土耳其的影响

一定不要"虚张声势以免使土耳其人难以接受英国的建议"①。如果说这种主张在疏离"欧洲协调"框架方面有所保留的话，那么斯特拉福德·坎宁对"欧洲协调"的态度就要强硬许多，他"决定不仅不去避免同神圣同盟各国的外交发生冲突，而且还要进行公开斗争，和他们较量高低"②。但这并不意味着斯特拉福德·坎宁完全抛开了"欧洲协调"的限制。公允地说，他试图放弃欧洲大国的集体行动，挣脱"欧洲协调"框架的限制。尽管1823年3月25日在欧洲大国毫无准备的情况之下，斯特拉福德·坎宁宣布希腊为交战一方，但是他也表现出愿意接受卡斯尔雷要"谨慎"的忠告，即严格恪守对交战双方的中立。1824年1月，斯特拉福德·坎宁在接受《威斯敏斯特评论》主编约翰·宝灵爵士的采访时，后者提议希腊的建立将会是遏制俄国的一个堡垒，斯特拉福德·坎宁赞同此观点，但是他担忧如何获得俄国的同意。因为他很清楚，只要俄国愿意，它随时可以征服土耳其和希腊，而这样的举动可能将参与调解的国家卷入战争。③为此，斯特拉福德·坎宁一再表示他不会为"义巴敏诺达和圣保罗"④做任何事情。由此不难看出斯特拉福德·坎宁对"欧洲协调"审慎的态度，套用他自己的话说，他意图"唤起新世界来校正旧世界的平衡"⑤。

英国联奥制俄的策略时至1824年就显得捉襟见肘，当时俄国沙皇提出邀请欧洲大国来圣彼得堡参加讨论关于希腊问题《备忘录》的会议，实际上是谋求"将叛离之希腊邦土置于俄国的保护之下"⑥。这当然为斯特拉福德·坎宁与梅特涅所不容，故此前者有条件地拒绝了邀请⑦，但俄国反应强烈，1824年9月终止了与英国的外交关系，希冀先发制人迫使斯

---

① Allan Cunningham.The Philhellenes,Canning and Greek Independence,*Middle Eastern Studies*,Vol.14, No.2,1978,pp.167-168.
② （苏）波将金等编：《外交史》第一卷下，史源译，北京：生活·读书·新知三联书店，1982年，第674—675页。
③ John Bowring.Autobiographical Recollections,In C.W.Crawley.*The Question of Greek Independence*, Cambridge:Cambridge University Press,1930,p.35.
④ 义巴敏诺达（Epaminondas）是希腊将军及政治家。
⑤ （英）莫瓦特：《近代欧洲外交史》，王造时译，上海：商务印书馆，1936年，第45页。
⑥ 周鲠生：《近代欧洲外交史》，武汉：武汉大学出版社，2007年，第32页。
⑦ 斯特拉福德·坎宁的条件是俄国必须恢复与土耳其已经中断的外交关系，要求俄国重新派驻伊斯坦布尔大使，如果条件不能得到满足，则英国不出席会议。

英国的土耳其形象研究（1800—1853）

特拉福德·坎宁就范。俄国的这种生硬回应使斯特拉福德·坎宁非常担心英国有可能被彻底与希腊问题隔离。①他在给利物浦的信中写道："我们的处境非常尴尬。"②正是这种"尴尬"的处境使斯特拉福德·坎宁担忧英国有可能被孤立，这种担忧推动了他与俄国结盟以遏制俄国的步伐。而且，最终的结果是斯特拉福德·坎宁在两国的合作上取得了领导权。③事实上，在打出这张战略牌的同时，斯特拉福德·坎宁曾积极谋求英国单独调解的机会，他派其表兄斯特朗福德·坎宁赴伊斯坦布尔，敦促土耳其政府在俄国强行解决问题之前能接受调解。遗憾的是，斯特拉福德·坎宁为英国争取解决希腊问题领导权的计划失败了。他别无选择，只能退而求其次，选择打破英国和俄国之间就希腊问题对话搁置的僵局，使希腊问题的外交斡旋向着有利于自己的方向发展。1826年4月4日《圣彼得堡议定书》签订，英国和俄国达成了三点共识：其一，放弃武力。其二，放弃领土扩张。其三，共同与土耳其政府调解，让后者接受希腊为纳贡附属国。梅特涅认为此协定是在"过去和未来之间划一界限"④。这是斯特拉福德·坎宁对欧洲同盟体系的第一次正面背离，也是他摆脱困境的最佳选择。⑤但是这个联合使列强对希腊的"干涉政策根本破坏，并且列强团体亦为之分裂"⑥。

然而，协定墨迹未干，而异议已起。首先，一方面，传闻中易卜拉欣的"蛮夷计划"并没有发生；另一方面，斯特朗福德·坎宁赴土耳其斡旋以失败告终，他故而警告土耳其人他们将求助于俄国，如果不接受调解，在得到其他欧洲盟友的同意后，他们将撤离大使，并且威胁要承认希腊的独立。⑦这就使事情可能会朝着有悖于协定的方向发展，因为协定的第一条明确声明"放弃武力"，这也为英国在来年再次回归大陆体系留下了伏

---

① Loyal Cowles.The Failure to Restrain Russia:Canning,Nesselrode,and the Greek Question,1825-1827,*The International History Review*,Vol.12,No.4,1990,p.697.
② Seton-Watson,Robert William.*Britain in Europe,1789-1914:A Survey of Freigh Policy*,New York:H.Fertig,1968,p.102.
③ C.W.Crawley.Anglo-Russian Relations 1815-1840,*The Cambridge Historical Journal*,Vol.3,No.1,1929,p.53.
④ 周鲠生：《近代欧洲外交史》，武汉：武汉大学出版社，2007年，第32页。
⑤ C.W.Crawley.*The Question of Greek Independence*,Cambridge:Cambridge University Press,1930,p.53.
⑥ 翟楚：《近代欧洲之政治与外交》，上海：商务印书馆，1946年，第15页。
⑦ C.W.Crawley.*The Question of Greek Independence*,Cambridge:Cambridge University Press,1930,p.66.

## 第二章 19世纪上半期欧洲国际关系对英国和土耳其的影响

笔。其次,1826年夏天希腊海盗尤其猖獗,他们苛刻地搜查士麦那的商人;要求叙利亚的富商缴纳贡赋,如若不从,则炮轰城镇。而斯特拉福德·坎宁政府又索赔无门,原因在于名义上希腊仍然是土耳其的领土,但是积弱积贫的苏丹政府根本没有能力来平定爱琴海诸岛的海盗。无奈之下,斯特拉福德·坎宁只有向法国求助。法国国王查理十世欣然同意与英国合作,唯一的条件就是斯特拉福德·坎宁要把协定变为条约,把法国加进去,他无须担忧奥地利的"合作"。① 最后,1826年11月19日列文致信斯特拉福德·坎宁,也表达了欲与其他大国合作的想法,同意撤离大使及承认希腊独立。不出所料,梅特涅拒绝参与这样的胁迫行动,但是承诺给土耳其人施压。此后,英国、法国、俄国经过漫长的谈判、起草和修改,最终于1827年7月6日签订了《伦敦条约》,从表面看,这与前一年的协定基本保持一致。但是附加的秘密条款却规定,如果土耳其一个月之内不接受调解,同盟国将立即向希腊派驻领事。言下之意,欧洲大国对希腊问题的斡旋从英国、俄国承认希腊有限独立发展为即将承认希腊独立。

### 三、纳瓦里诺事件的影响

由此,欧洲对希腊独立革命所持外交政策的嬗变历程以梅特涅主导之下的"欧洲协调"框架对希腊独立革命的抵制为始;然后是俄国试图谋求解决希腊问题的领导权,但没想到被"后来居上"的斯特拉福德·坎宁占了上风,由此英俄联盟造成了"欧洲协调"的分裂;此后是英俄联盟的国际化,英国重新回归至"欧洲协调"框架。公允地说,欧洲主要国家之间的三次联合只不过是各国争取支配地位的尝试,象征着权力的转移。他们对"欧洲协调"的聚散与离合本质上是各大国对协调体系主导权的争夺。换言之,在欧洲集体干预希腊革命的体系下存在着竞争性干预,无论是奥地利拉拢英国以求使俄国就范,英国联合俄国以求掣肘奥地利、俄国的力量,还是英国、俄国、法国联合排奥反土,都是在攫取各自的国家利益与权力,而希腊在其中只充当了欧洲主要国家与土耳其的斗争中可牺牲的角色。从欧洲大国不使用武力到最终诉诸武力绝不

---

① Augustus Granville Stapleton.*George Canning and His Times*,London:JW Parker,1859,p.484.

是"偶然",而是情势使然。这样的判断在科德林顿所接受的命令中得到了很好的印证:"尽管不以敌对的精神来采取措施……但是对补给的阻止最终还得实施,如果必要,当用尽所有的办法后,用炮弹吧。"①故此,1827 年发生的纳瓦里诺事件并不是一起不测事件,借用普鲁士均势作家克劳塞维茨的名言:"战争乃政治关系另类方式的延续。"②言下之意"战争无非是政治的另一个手段的继续"③。

纳瓦里诺事件使作为意识形态之争的宗教龃龉推动了土耳其与俄国再动干戈。学界一般认为《威斯特伐利亚和约》之后,宗教热情在政治中渐趋式微,但是在希腊独立革命过程中这种宗教铁幕的热情却时隐时现,在敌对阵营局势危殆之时就会成为纯粹的意识形态之间的鸿沟,成为双方颉颃的易燃因素。在纳瓦里诺事件中,土耳其的"朋友们"摧毁了它的海军,苏丹愤而号召"圣战":"所有真正的穆斯林,再次拿出坚定的勇气,来抵抗敌人。"④事实上,这样的宗教鼓噪在欧洲大国一方也有明显的体现。他们认为信奉伊斯兰教的土耳其对希腊的统治是基督教世界的耻辱。⑤由此可以推断,在作为意识形态的宗教的影响下,敌对双方视对方为反对自己的宗教的势力,并且有必要击败或剿灭他们。诚然,纳瓦里诺事件实为一场国际政治外交危机,但这场"暗杀"的终结却引发了土耳其苏丹号召"圣战"的宣言,其造成的直接后果之一就是《亚德里安堡和约》对希腊自由的保证。

总之,纳瓦里诺事件是欧洲大国在集体协调框架下谋求各自国家利益的必然结果。它使希腊的命运突然逆转,但却导致俄国成了东欧首要的国家,这对英国而言是彻底的失败,70 年后回首仍然是充满遗憾的失败。

---

① Stanley Lane-Poole.*The Life of the Right Honourable Stratford Canning:Viscount Straford de Redeliffe*,London&New York:Longmans,Green,Vol.Ⅱ,1888,p.449.
② (英)马丁·怀特著,(英)赫德利·布尔、(英)卡斯滕·霍尔布莱德编:《权力政治》,宋爱群译,北京:世界知识出版社,2004 年,第 65 页。
③ (英)巴里·布赞、(英)理查德·利特尔:《世界历史中的国际体系:国际关系研究的再构建》,刘德斌主译,北京:高等教育出版社,2004 年,第 66 页。
④ E.S.Creasy.*History of the Ottoman Turks:From the Beginning of Their Empire to the Present Time*,London:Richard Bentley&Son,1954,p.422.
⑤ Virginia Penn.Philhellenism in Europe 1821-1828,*The Slavonic and East European Review*,Vol.16,No.48,1938,p.639.

第二章 19世纪上半期欧洲国际关系对英国和土耳其的影响

## 第二节 1833年危机

### 一、从旁观到关切：英国对土耳其态度的转变

在历史学家霍金斯（Hoskins）看来，尽管土耳其与英国有着源远流长的贸易交流，但是在1827年的纳瓦里诺事件中英国所采取的态度是"旁观"，然而，在"旁观"之余，英国终究还是发现了其老盟友的不堪一击：

> 1827年的时候英国对土耳其政府的态度有过犹豫和怀疑。长久以来土耳其吸引着英国，因为它能给予商业特权，也能随意拒绝给予。同样的，它同意或者拒绝任何就近通往印度的路线，且这样的命令只能被接受。但是纳瓦里诺事件是一系列重大事件中最发人深省的事件，它突然向英国和全世界暴露了土耳其不再是一个强大的帝国，而是一个虚弱的、分崩离析的国家，腐败、贫穷、无序、无凝聚力，不能有任何长时间的或者前后一致的行动。土耳其已经成为一个松散的联盟，尽管它的传统仍然给了其政府与实力不成比例的名声。
>
> 面对这样的暴露，英国的态度必须改变。第一个冲动就是旁观，允许其自行分裂。英国当时盛行的宗教和道德力量强烈赞同这样的趋势。在俄土战争之后，俄国和法国在地中海东岸势力强大，唯一可供选择的政策就是保护和维持土耳其尤其是其首都——伊斯坦布尔，此为英国未来50年外交政策的基石。①

无疑，地中海均势的打破使英国洞见到自己的"马失前蹄"与土耳其的"名不副实"。遗憾的是，事件造成两败两胜的局面，英国和土耳其成了真正的败家：前者因此而尽失地中海优势；后者的舰队被摧毁。在很大程度上，正是因为英国的"踌躇、犹豫"才最终促成了希腊和俄国成为这场战役的大赢家：希腊因此而得到了拯救；俄国因此而获得了在地中海的优势。尽管事件令很多英国人深思，但几乎没人真正理解土耳其在地理、政治、经

---

① H.L.Hoskins.*British Routes to India*,New York:Longmans,1928,p.135.

济方面的重要性。于是，在1828—1829年的土俄战争中，英国一如既往地采取了"旁观"政策。当俄国在巴尔干以势如破竹之势向伊斯坦布尔施压，强迫苏丹接受《亚德里安堡和约》时，英国觉得土耳其毁灭在即。这与英国在1827年东西方困局中支持希腊独立，从而置土耳其于解体绝境的选择是一致的。实际上，这也是对欧洲和英国事务一贯秉持"自由、民主"的帕默斯顿的想法，1831年6月，他对格兰维尔（Graville）说："事实上，土耳其正在迅速解体。"他看起来并无遗憾。①

尽管帕默斯顿对土耳其的未来走向持颇为悲观的态度，但这并不代表整个英国都持统一的意见。1828年有一位名叫埃文斯的上校（Colonel George de Lacy Evans）出版了《论俄国的阴谋》（On the Design of Russia）一书。鉴于俄国在历史上对土耳其领土的觊觎之心，埃文斯认为俄国必将攫取伊斯坦布尔，并会以伊斯坦布尔为据点来夺取地中海和中亚，这势必会损害到英国的贸易。在埃文斯看来，只要英国和法国能集结欧洲自由的国家，以武装干涉来维持土耳其，那么就可以取得双管齐下的胜利：一方面，俄国在这些地区的军事、政治和经济优势将会得到有效的遏制；另一方面，俄国的对外贸易有可能终止。埃文斯在军队服役这种经历使人们觉得他就是"权威人士"，故而，他的观点引起了英国报刊的普遍关注，一致认为他让人们及时关注了一个非常重要的问题。②虽然鲜有证据表明英国人在多大程度上认同埃文斯的观点，但是他的这本书被引用得最多。③翌年，埃文斯出版了他的第二本书《论侵略英国之印度的可行性》（On the Practicability of an Invasion of British India）。虽然此书在出版后并没有引起很大的反响，但是却促成了英国官方对这件"枯燥但重要"的事情的调查。

在官方层面上，斯特拉福德·坎宁是英国当时为数不多且极具远见的外交官，早在1829年他就意识到土耳其的命运与英国的利益休戚相关。在

---

① Sir Charles Webster.*The Foreign Policy of Palmerston 1830-1841*,London:G.Bell&Sons Ltd.,1951, p.82.
② John Howes Gleason.*The Genesis of Russophobia in Great Britain:A Study of the Interaction of Policy and Opinion*,New York:Octagon Books,1972,p.101.
③ C.W.Crawley.Anglo-Russian Relations 1815-1840,*The Cambridge Historical Journal*,Vol.3,No.1,1929, p.62.

第二章　19世纪上半期欧洲国际关系对英国和土耳其的影响

1832年的备忘录中他详述了英国与土耳其结盟的利与弊,从备忘录的注释来看,帕默斯顿仔细阅读了他的备忘录,并且作了批注。由此,我们可以推断斯特拉福德·坎宁对帕默斯顿对土耳其的态度的改变影响甚大。事实上,后来英国与土耳其关系的发展轨迹基本上遵循的就是斯特拉福德·坎宁的思路框架。斯特拉福德·坎宁在备忘录中的主张可简述如下:

> 土耳其处于生死存亡的拐点,这势必会影响到英国的贸易及印度属地;如果英国对埃及帕夏穆罕默德·阿里对苏丹的肆意挑衅只作壁上观,那么双方的资源会耗损,俄国就会乘虚而入,甚至侵吞土耳其;如果英国能对土耳其苏丹施以援手,将会对土耳其议会产生重大的影响,与此同时,这种影响力将会有力地推动土耳其改革与文明的进展。英国的援助无疑会获得苏丹的信心与感激,并使苏丹愿意做出合理的牺牲来报答如此重大的援助。英国与土耳其之间的联盟有利于英国在土耳其的利益,并且使土耳其成为英国和欧洲抵御北方入侵的壁垒,就"东方问题"而言,不管是单独行动还是集体行动,困难大、危害大。让穆罕默德·阿里独立,这对土耳其的解体是重大且不可挽回的一步……如果让土耳其政府任其自然就是任其敌人为所欲为。①

学界一般认为帕默斯顿之所以"忽视"了土埃之争,是因为其时他忙于应对"家门口"的问题——比利时问题。但实际上,帕默斯顿曾经在到底与苏丹还是与穆罕默德·阿里修好的问题上犹豫过,其潜在原因不言自明:他认为土耳其的解体不可避免。鉴于此,他认为聪明的做法就是与可能是叙利亚最终统治者的穆罕默德·阿里搞好关系。②但同时,他又致信斯特拉福德·坎宁,暗示"作为老盟友、老朋友以及欧洲均势中的重要因素,我们希望维持、支持他(笔者注:指苏丹)"③。如果说帕默斯顿曾经在苏丹与埃及帕夏之间到底与谁交好方面有过犹豫的话,那么在1832年9月的

---

① Frank Edgar Bailey.*British Policy and the Turkish Reform Movement:A Study on Anglo-Turkish Relations 1826-1853*,New York:Howard Fertig,1970,pp.237-246.
② Sir Charles Webster.*The Foreign Policy of Palmerston 1830-1841*,London:G.Bell&Sons Ltd.,1951,p.279.
③ Sir Charles Webster.*The Foreign Policy of Palmerston 1830-1841*,London:G.Bell&Sons Ltd.,1951,p.279.

时候，帕默斯顿已经决定放弃埃及帕夏，倾向于支持苏丹了。他在给格兰维尔的信中写道："支持苏丹，抵制帕夏符合除过俄国以外整个欧洲的利益。相对于埃及人而言，土耳其人是更好的改革者。因为土耳其人的改革源于制度、信仰，有政治方面的动机；而埃及的改革只是一场贸易的投机买卖。但是穆罕默德·阿里应该占据埃及，如果他想进一步扩张的话，那就让他顺着尼罗河而上吧。"①

如果说比利时问题是牵制帕默斯顿对近东问题有所行动的外部因素，那么英国国内反对的阻力也掣肘了其有所举措。1838年，帕默斯顿在总结土埃危机时不无自责地说道：

> 梅特涅说当穆罕默德·阿里在阿克里（Acre）的时候，我们拒绝援助苏丹。也许，当时一句话就可以阻止帕夏，不至于带来那样切实的打击。在我履职期间没有什么比这个让我更后悔，英国政府犯下如此巨大的错误，但是这不是我的错，我竭力说服内阁让我有所行动。但是奥尔索普（Althorp）、布鲁厄姆（Brougham）及其他人，由于不懂外交事务的影响或者某种愚蠢的原因，都不同意。和我观点一致的格雷为人软弱，向他们屈服了，所以在对整个欧洲至关重要的危机上我们无动于衷，其实当时只需最小的努力就能有一个圆满的结局。②

## 二、从瓜分到"保护"：俄国对土耳其态度的转变

数世纪以来，俄国对君士坦丁堡的向往用"虎视眈眈、包藏祸心"来形容都不为过。11世纪时，留里克王朝就曾试图征服君士坦丁堡。对于俄国的统治者而言，君士坦丁堡就是永恒之城，是东方的罗马。沙皇叶卡捷琳娜二世给其孙取名君士坦丁，就能很好地证明俄国对君士坦丁堡的觊觎之心。17—19世纪，俄国与土耳其之间发生过十余次战争，期间伴随的是土耳其权力的不断式微和俄国权力的持续膨胀。实际上，俄国的目的不仅局限于土耳其，用杰尔查文在回忆录中记下叶卡捷琳娜二世对他讲过

---

① Sir Charles Webster.*The Foreign Policy of Palmerston 1830-1841*,London:G.Bell&Sons Ltd.,1951, p.282.

② To Lamb,22 May,1838.The Private Papers of Viscount Palmerston at Broadlands.

## 第二章　19世纪上半期欧洲国际关系对英国和土耳其的影响

的一句话可以佐证:"在没有把土耳其人赶出欧洲,没有驯服中国人的傲慢,没有和印度建立起贸易关系之前,我死不瞑目。"①俄国攫取无限权力、征服世界的企图由此可见一斑。

1768—1774年的土俄战争最终以俄国的获胜而告终。《库楚克·开纳吉条约》确认了俄国在土耳其的优势地位,即在领土、经济、贸易和外交方面的特权,尤其是确认了叶夫捷琳娜二世对东正教徒的保护,这为俄国实现其在黑海海峡地区的野心打下了一个有用的楔子。学界一般认为这个条约是标志近东均势发生改变的转折点,俄国自此成为欧洲政治舞台上的首要国家。此后俄国步步为营,加快对土耳其的肢解步伐,其中1812年它吞并了比萨拉比亚;同年鼓动塞尔维亚取得自治地位;支持希腊独立;将摩尔达维亚和瓦拉几亚置于其保护之下……面对俄国在土耳其的咄咄逼人之势,梯也尔(M.Thiers)预言:"当俄罗斯巨人一只脚踩进达达尼尔海峡,另一只踩进博斯普鲁斯海峡时,整个世界都会成为他的奴隶,自由将飞向美洲。"②

关于土耳其及黑海海峡问题,梅特涅曾经做过非常精辟的评价,即把"病人"交与医生还是继承者之手的问题。③显然,彼时沙皇亚历山大一世赞成的是第二种选择,对战败土耳其的领土尽可能进行敲骨吸髓般的掠夺是俄国的"历史使命"。在1828—1829年土俄战争中,俄军攻下了土耳其的第二大城市亚德里安堡后,沙皇尼古拉一世曾经命令秘密委员会展开调查,旨在达成与苏丹议和的条件。经过一番仔细的考察后,委员会得出的结论是一个虚弱的邻居,将有利于俄国真正的利益。这个虚弱的邻居无疑就是土耳其。达什科夫(Dashkov)在1828年的回忆录中写道:土耳其的毁灭必将引发欧洲大战。欧洲大国对土耳其的瓜分将使俄国在东南欧面对的是危险的敌人,而非"鲁莽的土耳其人"④。换言

---

① (俄)麦戈斯:《十八世纪俄国文学中的中国》,李约翰译,台北:成文出版社,1977年,第217页。
② Gertrude Robinson.*David Urquhart:Some Chapters in the Life of Victorian Knight Errant of Justice and Liberty*,New York:Augustus M.Kelley Publishers,1970,p.73.
③ Veron John Puryear.England,Russia,and the Straits Question 1844-1856,*Archon Books*,Vol.62,No.4,1965,p.4.
④ Veron John Puryear.England,Russia,and the Straits Question 1844-1856,*Archon Books*,Vol.62,No.4,1965,pp.10-11.

之，如果土耳其被瓜分，只能让欧洲其他大国从中渔利，对俄国而言却是弊大于利。再加之当时欧洲普遍反对领土方面的变更，故而，俄国在签订和约时并没有提出领土上的要求，反之，它谋求将土耳其置于它的"保护"框架之下，换句话说，此时俄国谋求的是对土耳其的影响力。沙皇接受了秘密委员会的决定：维持土耳其领土完整，需采取谨慎措施来阻止其瓦解。此为俄国在1853年之前东方政策的基础。①

### 三、1833年危机始末及影响

1833年的土埃危机肇始于1830年法国对阿尔及利亚的侵入。本来，埃及帕夏穆罕默德·阿里有意征服阿尔及利亚。但是在穆罕默德·阿里采取行动之前，法国就已经捷足先登。眼见在北非建立帝国的希望落空，穆罕默德·阿里将目光转向了叙利亚。1832年，易卜拉欣已将叙利亚收入囊中，并宣称要向伊斯坦布尔进军。听闻消息的苏丹向英国和法国求助，但是英国和法国当时为比利时和葡萄牙问题所困，即"家门口"的国际事务遮掩了近东危机的重要性。②尽管斯特拉福德·坎宁力荐帕默斯顿能对苏丹施以援助，但是1832年11月帕默斯顿帕拒绝了苏丹向英国请求"军事援助"的提议，他的解释是"不可能为了效劳土耳其政府而向地中海派遣海军……"③在向英国和法国请求军事援助无果的情况下，土耳其政府将所有的希望寄托在法国大使馆的允诺之上，即易卜拉欣不会进军，穆罕默德·阿里愿意接受苏丹和平的条件。但是后来法国大使害怕承担责任，未作进一步的担保。苏丹慑于迫在眉睫的危险，向其宿敌俄国求助，俄国欣然应允。事实上，沙皇政府的答复太快，马赫穆德二世感觉到有陷阱，犹豫是否要接受俄国提议的援助。④苏丹害怕俄国出现在黑海海峡地区，但

---

① Veron John Puryear.England,Russia,and the Straits Question 1844-1856,*Archon Books*,Vol.62,No.4,1965,p.1.
② C.W.Crawley.Anglo-Russian Relations,1815-1840,*The Cambridge Historical Journal*,Vol.3,No.1,1929,p.55.
③ Hansard.Parliamentary Debates,London,1833,3rd series,Vol.20,p.900.
④ 1832年12月马赫穆德二世拒绝了沙皇愿意给予5万兵力的援助，因为素丹认为他最需要的是海军援助。但是在Koniah溃败之后，素丹愿意接受所有他能得到的援助。参见Mandeville to Palmerston.December 31,1832,F.O.78/222.

## 第二章　19世纪上半期欧洲国际关系对英国和土耳其的影响

是事与愿违，俄国战舰终究还是出现在了博斯普鲁斯海峡。俄国军舰的到达立刻将土耳其的内部危机变成了欧洲危机。①法国大使认为俄国的干预结束了土耳其的独立，如果土耳其政府不要求俄国战舰24小时内在有顺风的情况下离开，那么法国将断绝与土耳其的关系，离开伊斯坦布尔。相比之下，英国的态度没有法国强硬，但是也同样给苏丹施压，威胁要派遣军舰，迫使俄国撤军。②

从表面上看，俄国与土耳其在1833年7月8日签订的《温加尔·伊斯凯莱西条约》与普通的防御性条约并无二致，只是确认了俄国和土耳其之间友好与和平的关系，当一国遭遇威胁之时，另外一个国家将提供必要的援助。作为独立的两个国家签订这样的条约也应该是无可非议的。然而，事实上，正如1827年7月6日英国、法国、俄国签订的《伦敦条约》一样，这个条约也附带了秘密条约，但是一直不为英国所知晓（1834年1月英国才获知秘密条约，即俄国在遭遇其他国家攻击时，土耳其不用提供人力和武器援助，但是土耳其要应俄国的要求关闭达达尼尔海峡，言下之意，不允许任何外国船只以任何借口进入达达尼尔海峡）。实质上，达达尼尔海峡与博斯普鲁斯海峡是英国与俄国在土耳其的交锋点："英国的威胁"是以其强大的海军封锁俄国的所有出海口；而"俄国的威胁"是占据达达尼尔海峡。③从这个层面上来看，俄国在1833年的条约签订后应该占了上风。事实上，1833年危机的爆发使俄国达到了第一个到达土耳其现场的目的④，同时保证了达达尼尔海峡没有落入其他国家之手。

---

① Norman Anick. *The Embassy of Lord Ponsonby to Constantinople,1833-1841*, PhD. Dissertation of Mcgill University,1970, p.23.
② 土耳其在1833年危机中向欧洲大国求助外援的过程中充满了"不得已而为之"的无奈，在得到俄国的援助后，迫于其他欧洲大国的压力，素丹和土耳其的大臣们进退维谷，艰难斡旋于欧洲大国政治权力争斗的漩涡。实际上，这次求助外援的经历是19世纪土耳其国际地位的真实写照。参见 Norman Anick. *The Embassy of Lord Ponsonby to Constantinople,1833-1841*, PhD. Dissertation of Mcgill University,1970, pp.12-34.
③ Vernon J.Puryer. *International Economics and Diplomacy in the Near East:A Study of British Commercial Policy in the Levant 1834-1853*, London:Oxford University Press,1935, p.6.
④ 涅塞尔认为如果沙皇救了素丹，则将加强对黎凡特命运控制的优势。即便土耳其瓦解，俄国也将是第一个在现场的人。参见 Nesselrode to Nicholas I.Report for 1831-1832, In Matthew Rendall.Restraint or Self-restraint of Russia:Nicholas I,the Treaty of Vienna System,1832-1841, *The International History Review*, Vol.24, No.1,2002, p.49.

英国诺丁汉大学政治与国际关系学院教授马修·兰道尔认为俄国通过《温加尔·伊斯凯莱西条约》达到了"一石二鸟"的效果：一方面保护了苏丹马赫穆德二世，阻止了埃及帕夏穆罕默德·阿里的挑衅；另一方面，在土耳其建立了俄国的主导性影响。①

如果说 1829 年的《亚德里安堡和约》曾经让梅特涅绝望、威灵顿哭泣②的话，那么 1833 年《温加尔·伊斯凯莱西条约》的签订使土耳其几乎成了俄国的保护国。③换言之，俄国取得了该地区政治和经济上的优越性，对欧洲均势做出了"无法容忍的改变"④。这让帕默斯顿感到猝不及防，1840 年帕默斯顿写道：

> 的确，是俄国独自阻止了易卜拉欣对伊斯坦布尔地占据或者至少阻挡了他的前进，由此我认为（所有过去的事情使我越来越相信）在英国历史上，从来没有内阁在外交事务方面像格雷内阁一样犯过如此大的错误，苏丹曾派一位帕夏来请求援助，他却拒绝给予苏丹援助和保护。我们在那个时候的拒绝给欧洲的和平、均势、英国的利益带来的危险也许比任何一个曾经做出的决定都要大。⑤

实际上，当时有两个现实因素促成帕默斯顿借这个时机做出维持土耳其领土完整和独立的决定：其一，沙皇在波兰的暴行与英国所追捧的"自由主义思潮"严重冲突，造成了英国人对俄国普遍的厌恶和憎恨。其二，黎凡特贸易公司的垄断在 1825 年已经终结，各个行业亟待新市场的开发，商人们将眼光投向了小亚细亚、黑海沿岸。故此，在政治、经济、意识形态等因素的合力影响之下，英国对土耳其的新政策渐次成形，即将出笼。无疑，

---

① Matthew Rendall.Restraint or Self-restrait of Russia:Nicholas I,the Treaty of Vienna System,1832-1841,*The International History Review*,Vol.24,No.1,2002,p.49.附注：此文发表时，马修就职于罗切斯特大学（University of Rochster）。

② Sir Charles Webster.*The Foreign Policy of Palmerston 1830-1841*,London:G.Bell&Sons Ltd.,Vol.I,1951,p.83.

③ H.L.Hoskins.*British Routes to India*,London:Longmans,1928,p.146.

④ John Howes Gleason.*The Genesis of Russophobia in Great Britain*,New Work:Octagon Books,1972,p.146.

⑤ Memorandum in Reply to Lord Holland,8 March,1840.The Private Papers of Viscount Palmerston at Broadlands.

第二章　19世纪上半期欧洲国际关系对英国和土耳其的影响

《温加尔·伊斯凯莱西条约》使英国对俄国的不确定以及其模棱两可的黎凡特政策戛然而止。①

## 小　结

　　总的说来，19世纪最初英国对土耳其的态度是比较冷漠的。②然而，土耳其与欧洲的两次冲突却使英国的这种相对冷漠的态度出现了转机：其一，使希腊独立成为可能的纳瓦里诺事件。其二，1831年土耳其与埃及的战争引发的1833年危机。在两次危机中，英国都曾有过踌躇与徘徊，并因此而造成了难以填补的权力真空：在纳瓦里诺事件中帮助欧洲联盟摧毁了土耳其的海军，严重改变了近东的权力均势，为翌年的土俄战争以及英俄在近东的对峙埋下了伏笔；1833年危机中英国对苏丹请求施以援助的呼吁置若罔闻，最终使土耳其落入"囚徒"绝境，唯有选择与"魔鬼"（俄国）结盟。但是俄国对土耳其包藏的祸心却严重背离了19世纪欧洲对"东方问题"进行集体干预的框架，无疑，俄国欲对土耳其施以独家干预的行动在英国看来有强国掠夺弱国之嫌与实。③从这一层面上来看，英国在1833年危机后积极敦促土耳其进行西化改革，也称得上是"保住了欧洲的自由"。更为重要的是，英国由此而书写了一段与"老盟友"土耳其同舟共济的传奇。

---

① John Howes Gleason. *The Genesis of Russophobia in Great Britain*, New Work: Octagon Books, 1972, p.146.
② 学界存在一种错误观点，认为英国的外交政策在整个19世纪都始终秉持"维持土耳其的领土完整"，实际上，英国在1833年《温加尔·伊斯凯莱西条约》签订后才对土耳其给予了很大的关注。参见 Frank E.Bailey.The Economics of British Foreign Policy,1825-1850,*The Journal of Modern History*, Vol.12,No.4,1940,pp.449-484;C.W.Crawley.Anglo-Russian Relations 1815-1840,*The Cambridge Historical Journal*,Vol.3,No.1,1929,pp.43-73.
③ 基辛格总结英国的政策是衡量情势，然后站在较弱或受威胁较大的一方，以为制衡。笔者认为1833年的情势符合基辛格先生的判断。参见（美）亨利·基辛格：《大外交》，顾淑馨、林添贵译，海口：海南出版社，1998年，第51页。

# 第三章　土耳其形象在英国的代表性认知：
## 以大卫·厄克特为例

尽管在19世纪土耳其宛若跛行的退伍老兵一样不断遭到欧洲大国的欺负[1]，但是在纳瓦里诺事件后，往昔土耳其的负面形象逐渐淡出了英国人考量的视野。现在各方认为土耳其成了好邻居。黎凡特的领事和商人觉得与希腊人相比，他们更喜欢土耳其人，因为他们没有竞争性，更加诚实。[2]1829年11月《季刊》（Quarterly）率先关注了土耳其的西化改革，引起了公众的关注。1830年11月一位颇具影响力的报刊评论人，埃克赛特的主任牧师菲尔波茨（Phillpotts）撰写了一篇文章，有力地攻击了希腊人的朋友。[3]然而，真正的亲土运动却肇始于大卫·厄克特。理查德·柯布登曾经对大卫·厄克特在那个时代的影响力作了最为深刻的评价："在过去的两年中（笔者注：此评价写于1836年）一位思维活跃的人（大卫·厄克特）在俄国和土耳其事务上显著影响了这个国家报刊的观点，并且他通过所有能获得的报刊途径不断地引发公众舆论反俄亲土的论调。"[4]事实上，大卫·厄克特在那个时代影响巨大，尽管"他像带着尾巴的流星一样"戛然消失于英国的政治与外交舞台，

---

[1] Sir Charles Eliot. *Turkey in Europe*, Abington: Frank Cass, 2006, p.317.
[2] C.W.Crawley. Anglo-Russian Relations 1815-1840, *The Cambridge Historical Journal*, Vol.3.No.1,1929, p.62.
[3] C.W.Crawley. Anglo-Russian Relations 1815-1840, *The Cambridge Historical Journal*, Vol.3.No.1,1929, p.62.
[4] Richard Cobden. *The Political Writings of Richard Cobden*. London: W.Ridgway, 1867, p.124.

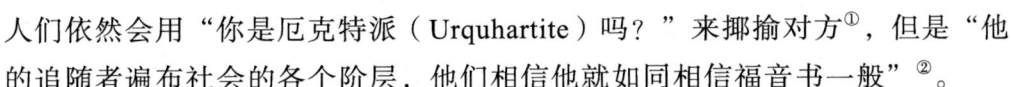

人们依然会用"你是厄克特派（Urquhartite）吗？"来揶揄对方①，但是"他的追随者遍布社会的各个阶层，他们相信他就如同相信福音书一般"②。

## 第一节 大卫·厄克特生平及其政治主张

### 一、大卫·厄克特的早期生活

大卫·厄克特于1805年出生于苏格兰克罗默蒂（Cromarty）的一个贵族家庭，幼年丧父，其寡居的母亲虽然比较纵容他，但是一心想培养他成才。大卫·厄克特自小聪颖过人，但体弱多病，其母出于对其健康的考虑，在其10岁后的大多数时间携其在欧洲大陆国家如法国、意大利、瑞士等国居住。因为身体原因，大卫·厄克特一直没有受到严格的系统教育，直至1817年他来到索雷兹公学（Soreze College）。这所公学以其颇为曲折有趣的历史③激发了大卫·厄克特学习的热情。据说在索雷兹公学的学习时间从早晨5:30一直持续到下午7:00点才结束。尽管大卫·厄克特的母亲给他请了一名老师来辅导他的拉丁语和希腊语，但是索雷兹公学的学习仍然是大卫·厄克特"沉重的负担"，据他母亲写给他同母异父姐姐的信："我们一直让壁炉的火燃烧着，有时他的焦虑无以复加，凌晨3点他就起床开始学习了。"④他成年后对事业的热忱和激情其实在少年时期对宗教的炽热中可见端倪。在他加尔文教老师和朋友的蛊惑下，他15岁时就跟着"传教士们"走乡串户，在世界黑暗的地方传播福音书。⑤为了切断加尔文教传

---

① 因为大卫·厄克特的思想及主张较为激进，由此引发政治家、评论家们对其的恶意攻击：帕默斯顿认为其"精神错乱"，反对他的人斥其是"疯子""骗子"。参见 Gertrude Robinson. *David Urquhart: Some Chapters in the Life of Victorian Knight Errant of Justice and Liberty*, New York: Augustus M. Kelley Publishers, 1970, p.43.
② Gertrude Robinson. *David Urquhart: Some Chapters in the Life of Victorian Knight Errant of Justice and Liberty*, New York: Augustus M. Kelley Publishers, 1970, p.43.
③ 索雷兹公学创办于757年，最初是一所修道院。大概在1000年后变成了一所在本笃会修道院管理下的军事学校。在法国大革命时期成为世俗化学校，但因管理人员未发生变动，故而保持了原来的特色。
④ Gertrude Robinson. *David Urquhart: Some Chapters in the Life of Victorian Knight Errant of Justice and Liberty*, New York: Augustus M. Kelley Publishers, 1970, p.20.
⑤ Gertrude Robinson. *David Urquhart: Some Chapters in the Life of Victorian Knight Errant of Justice and Liberty*, New York: Augustus M. Kelley Publishers, 1970, p.33.

教士对他的影响，他的母亲毅然决定让他去西班牙。无疑，见多识广的旅居生活经历对他成年后的思想产生了很大的影响。1821年他返回英国，常常以"探索肯特的乡村小山"来满足他冒险的精神。① 与此同时，他学习经营农场，并且在一家兵工厂有过简短的工作经历，由此掌握了一些射击知识，此后去了牛津大学的圣约翰学院学习。

不幸的是，大卫·厄克特的母亲在经营方面的失败② 导致他最终没能完成在牛津的学业。然而，他母亲出色的社交能力却为其将来叱咤一时的事业作了最初的铺垫。通过他的母亲，大卫·厄克特有幸认识了边沁，边沁对大卫·厄克特的评价颇高，在将他引荐给伦敦希腊委员会的主席约翰·宝灵爵士时称："来人厄克特……是我完全信任的、值得敬佩的朋友。"③ 通过边沁，大卫·厄克特认识了希腊委员会的代表——品格高尚的赞成希腊独立运动的莱斯特·斯坦霍普上校（Leicester Stamhope）。同样通过母亲，大卫·厄克特认识了国王威廉四世的私人秘书休伯特·泰勒。休伯特·泰勒在英国国内是德高望重之辈，因与大卫·厄克特的母亲交好，由此阅读到了大卫·厄克特关于东方的一些观点和论说，他认为大卫·厄克特的文笔清新易懂，遂将大卫·厄克特为《邮报》(The Courier)撰写的一系列文章带给国王威廉四世阅读，由此引起国王对大卫·厄克特的关注。通过国王的大力举荐，1831年11月帕默斯顿批准大卫·厄克特陪伴斯特拉福德·坎宁赴伊斯坦布尔执行秘密使命，即会见仍然在阿尔巴尼亚的雷什德

---

① Margaret H. Jenks. *The Activities and Influences of David Urquhart 1833-1856, with Special Reference to the Affairs of the Near East*, PhD. Dissertation of University of London, 1964, p.3.

② 博尔索弗（G. H. Bolsover）和查尔斯·金恩（Charles King）认为大卫·厄克特因身体健康原因（神经痛）放弃了学业，但是也有资料显示大卫·厄克特母亲生意方面的失败导致他未能完成学业。本书认为两种看法都有可能：其一，大卫·厄克特早年和晚年时期一直旅居欧洲大陆的主要原因就是其自身的健康问题。其二，大卫·厄克特在希腊独立革命时期受伤后虽然亲眼目睹了希腊政局的败坏，但仍然对希腊革命抱持了很大的希望，但这样的想法受到了其家人的谴责，尤其是其姨妈拒绝再给他提供他要求的贷款。从中我们可以推断出大卫·厄克特母亲的生意经营不善。参见 G. H. Bolsover. David Urquhart and the Eastern Question, 1833-1837: A Study in Publicity and Diplomacy, *The Journal of Modern History*, Vol. 8, No. 4, 1936, p.444; Charles King. Imagining Circassia: David Urquhart and the Making of North Caucasus Nationalism, *The Russian Review*, Vol. 66, No. 2, 2007, p.246; Miss Eastmont to Urquhart, 24th June, 1829, Urquhart MSS; Urquhart David. *Dictionary of National Biography*, London: Smith, Elder & Co., Vol. 58, 1899, pp.43-45.

③ Bentham to Bowring, 12th July, 1925; Bentham to Urquhart, 21st August 1825, Urquhart MSS.

## 第三章 土耳其形象在英国的代表性认知：以大卫·厄克特为例

帕夏。无疑，大卫·厄克特获此良机的最大推动力在于国王威廉四世。事实上，他的东方经历也是促成他终成此行的另一个重要因素。

### 二、从亲希腊到亲土耳其的嬗变：大卫·厄克特的东方经历

正如许多同时代的人一样，大卫·厄克特最初是受到希腊独立革命的感召才来到东方的。1827年8月，大卫·厄克特与著名的"智利解放者"，时任希腊海军总司令的科克伦勋爵（Lord Cochrane）一起航行，并与另一名希腊独立运动的拥护者黑斯廷船长一起参加了1827年9月29日的科林斯海湾战争。[①]期间不难看出大卫·厄克特对希腊独立希望的欣喜："1827年的秋天，当希腊独立看起来无望之时，7月条约的消息传来，新的希望鼓舞着她，唤起了她的儿女们新的力量。"[②]"很快我就对土耳其的名声充满了仇恨和厌恶，我成了一名游击队员。"[③]在大卫·厄克特看来，"跟随科克伦勋爵旗帜的人们习惯于为自由言论和自由意愿而战……"。当他们的大船到达勒班陀水域时，"期待已久的人们热情欢迎，守在要塞的炮兵部队快乐欢呼，在经过两千年的屈服后，这是希腊奠基的象征"[④]。相比之下，土耳其人在大卫·厄克特眼中是"无知和混乱的牺牲品"[⑤]，或许，他还喜欢加上"愚蠢的"[⑥]的这个修饰语。由此不难看出此时大卫·厄克特对土耳其的考量仍然囿于旧欧洲的视野。几年后，大卫·厄克特在《东方精神》的前言中坦言，在希腊和土耳其战争期间，他对东方国家的特点，尤其是土耳其政府和人民得出了最不利的结论。[⑦]

不难想象，如果不是因为在围攻希俄斯的战役中大卫·厄克特严重受

---

① 这次战争中埃及舰队被从纳瓦里诺港湾引出，成了几周后纳瓦里诺战役爆发的间接原因。大卫·厄克特在其书《东方精神》中详细记录了这次战争，参见 David Urquhart. *The Spirit of the East*, London: James Moyes, Vol.I, 1838, pp.22-31.
② David Urquhart. *The Spirit of the East*, London: James Moyes, Vol.I, 1838, p.22.
③ David Urquhart. *The Spirit of the East*, London: James Moyes, Vol.I, 1838, p.37.
④ David Urquhart. *The Spirit of the East*, London: James Moyes, Vol.I, 1838, pp.24-25.
⑤ 在信中，大卫·厄克特写道他警告一群土耳其人欧洲在人口、财富和幸福方面每天都在进步，而他们却成了"无知和混乱的猎物"。Urquhart to Miss Eastman, 11 and 20 Aug, 1830, Urquhart MSS.
⑥ 在母亲的信中，大卫·厄克特写道，他将在"野蛮的阿尔巴尼亚人和愚蠢的土耳其人之间"回到英国。Urquhart to Mrs.Urquhart, 10 Feb.1831, Urquhart MSS.
⑦ David Urquhart. *The Spirit of the East*, London: James Moyes, Vol.I, 1838, p.xiii.

伤，他极有可能继续为自由希腊引吭高歌，与此同时，也会继续批判土耳其人。但是这次致命的战伤使他不得不离开战场，于是在一名英国人（当时居住在希腊）的推荐之下，大卫·厄克特开始了他的东方旅行。他与大卫·罗斯①一起在土耳其与希腊边境（包括伊斯坦布尔及周边地区、阿尔巴尼亚、鲁姆尼亚和色萨利等地，其中大多数土地都遭受了战争的破坏。尽管这些土地上居住的多是希腊人，但是根据1830年2月协定的条款仍然还给了土耳其）的旅行使他获得了关于土耳其大量的一手资料。但是如果说这段经历使他从一名拥护希腊独立的人发展成为热情的亲土耳其者还为时尚早，因为即便在旅行期间，大卫·厄克特也没有放弃对希腊事业的同情，他曾根据自己在边境的经历在致利奥波德王子（Prince Leopold）的信中写道："孩子们都学会口齿不清地说起那些希望能成为独立希腊一部分的地方的名字。"他进一步指出，如果土耳其人企图重新强加控制，叛乱将会再一次爆发，整个地区将会陷入完全的混乱。②在旅行期间，他们亲眼看见了战争造成的凋敝、民不聊生："一进入阿尔塔（Arta）（笔者注：希腊西部一城市名），我们就被大量废墟挡住了去路，废墟之上没有路……墙壁和上面的窗户仍然遗留了子弹的印记——门上留下了大火和斧头的印记……"③即便如此，忠诚善良的希腊人对曾经对他们巧取豪夺过的省都没有一丁点仇恨，有的只是对故土的留恋和向往：

> 一个处境极其窘迫的小镇一年要给省都缴纳200 000比塞塔。我真不知道这些希腊人上哪去弄到这笔钱。然而，不管他们的所得有多么的微薄，如果他们在花费上有所节制，总是有剩余。除过缴纳金钱外，他们得给士兵们免费提供食宿、服装，招待他们或者给他们剃须发……如果把急躁的、不容易知足的西欧哥特式部落放在这样的环境下，他们将被逼疯，然而这里的人却依然勤劳和满怀希望：他们时刻都在努力改善生活、节俭使用每一种东西，默默地播种、收获……在

---

① 大卫·罗斯著有《欧洲报刊论东方问题》一书。此书主要回应大卫·厄克特在"东方问题"上的观点。参见 David Ross. *Opinions of the European Press on the Eastern Question*, London: James Ridgway & Sons, 1836.
② Urquhart to Prince Leopold, Undated, Urquhart MSS.
③ David Urquhart. *The Spirit of the East*, London: James Moyes, Vol. I, 1838, pp.156-157.

## 第三章　土耳其形象在英国的代表性认知：以大卫·厄克特为例

这样的情形下，他们竟然对穆罕默德·阿里帕夏充满了感激之情！他的专制，尽管不加区分，但是却单一：既不劫掠也不压迫，既不侮辱也不施暴；人们明白要和他清算账本。他们说："我们认为他是暴君，他的毁灭让我们欣喜。我们要亲吻的不是他的脚，而是他脚下的土地，如果他能将之还给我们！"①

那么是什么因素使大卫·厄克特从一名满怀激情的亲希腊者转变为炽热的亲土耳其者呢？恐怕我们很难在其东方的经历中划出一条泾渭分明的分界线。概而言之，他的东方经历最终导致他对东方，尤其是对土耳其的态度和思想发生了大转变。具体而言，有三种因素促成了其对敌对双方态度的激烈嬗变。首先，尽管大卫·厄克特声称他对在希腊进行的血腥杀戮兴趣不浓②，但是作为一名希腊游击队员，他有亲自参与希腊与土耳其之间的战争的经历，昭示民族精神的旗帜之下战败的土耳其人所表现出的刚毅、不屈的品格使他深受触动：

> 希腊人浅色的格子旗帜与土耳其炫丽颜色的旗帜形成了巨大反差，土耳其旗帜是最具诗意的旗帜，最激发精神的民族象征……以暴力取胜，并且唤起我的仇恨的土耳其人在战败和被俘虏时却又驱散了这种敌意——他们展示出的是一种坚韧的坚定和一种有尊严的顺从。这种不幸激发了我对战败者的同情，并且伴之以对刚毅的仰慕及对勇气的尊重。③

其次，在伊斯坦布尔逗留期间，大卫·厄克特曾受到邀请去参加了由英国大使组织的庆祝《安德里亚堡条约》签订的活动。活动中土耳其人乐意与欧洲人交流的场景给大卫·厄克特留下了深刻的印象④，这与之前他从英国报刊上阅读到的土耳其人的形象之间的差异可谓不啻天渊：

---

① David Urquhart. *The Spirit of the East*, London: James Moyes, Vol.I, 1838, pp.158-159.
② David Urquhart. *The Spirit of the East*, London: James Moyes, Vol.I, 1838, p.37.
③ David Urquhart. *The Spirit of the East*, London: James Moyes, Vol.I, 1838, pp.36-39.
④ Margaret H. Jenks. *The Activities and Influences of David Urquhart 1833-1856, with Special Reference to the Affairs of the Near East*, PhD. Dissertation of University of London, 1964, p.6.

英国的土耳其形象研究（1800—1853）

>他们（土耳其人）飞扬跋扈、残忍、狂热，对所有欧洲的东西都有着根深蒂固的偏见；他们的无知似乎斥责所有指导性的尝试……在这里没有逐步地指导一个民族提高工业技术、反对陋习、改善制度的条件；这是一位未经专业启蒙训练的首领；几位主要人物殚精竭虑；然而他们却践踏了人民的权利，不管变化可能多么的令人愉悦，看到用棍棒的敲击来引进文明是一件痛苦的事情。①

更为重要的是，大卫·厄克特因掌握了一些矿物学知识而受到了苏丹及其宠臣的尊敬，他们认为没有人比大卫·厄克特"在这个问题上有更加全面的了解"。据大卫·厄克特的记录，苏丹的顾问考虑重新开张因无知和不善经营而关闭的 80 个矿场。②最后，大卫·厄克特到达伊斯坦布尔的时间节点非常重要，玛格丽特·兰姆（Margaret Lamb）使用了"特别有意思"这个词来形容这个时间节点。③此言的确不假，大卫·厄克特到达伊斯坦布尔之时，恰逢苏丹马赫穆德二世的西化改革如火如荼地进行的时候：近卫兵团已被歼灭；苏丹表现出愿意改善非穆斯林土耳其人的处境的意愿；土耳其百业待兴……无疑，彼时土耳其呈现出的新气象刷新了大卫·厄克特的旧认识：

>我一直在努力获取对这个国家的前途、资源及居民性情的整体了解。我很欣喜，几乎不能从我的惊讶中缓过来，因为欧洲对这些目前至关重要的问题的无知，以及我们报刊的错误观点。上层年轻的土耳其人联合起来以最友好的方式，最强烈的愿望来接受我们的风俗习惯和制度。人民……冷静、勤劳、诚实……尽管我们对他们的宗教抱有成见，在对比时总是将欧洲共同的宗教置于有利位置，一直认为他们的宗教是文明和人性的敌人，但是……现在它已经放弃了不友好的特征。④

虽然大卫·厄克特对土耳其及其人民的考量视角发生了转变，但是此时大

---

① Urquhart to Gerard Smith,9 Nov.1829,to Miss Eastmont,11 Nov.1829,Urquhart MSS.
② Urquhart to Gerald Smith,4 Jan.1830,Urquhart MSS.
③ Margaret Lamb.The Making of a Russophobe:David Urquhart:The Formative Years,1825-1835,*The International History Review*,Vol.3,No.3,1981,p.338.
④ Margaret Lamb.The Making of a Russophobe:David Urquhart:The Formative Years,1825-1835,*The International History Review*,Vol.3,No.3,1981,p.340.

## 第三章　土耳其形象在英国的代表性认知：以大卫·厄克特为例

卫·厄克特的态度尚显温和。1831年赴伊斯坦布尔执行秘密使命的任务则为其对土耳其的衡量思想发生大转变提供了契机。故地重游之际，大卫·厄克特除过目击了土耳其的混乱、无能、腐败等现象外，他被眼前所看到的秩序和繁荣所触动，发生的变化让他吃惊。直到那时他才决心调查土耳其的不幸如何才能得到消除，苏丹如何亲自与希腊人和非穆斯林土耳其人亲近，到处都是这样的例子。然后他清晰地看到了基层地方政府和他们的政治重组能力。①换言之，亲眼看见曾经饱受骚乱之苦的地方恢复了秩序的场景促成大卫·厄克特做出了乐观的评估，此为他的新观念形成的客观因素。此外，大卫·厄克特与伊斯坦布尔"开明和文明团体"及伊斯坦布尔的朋友之间的讨论②，是促成他思想发生根本转变的主观因素。应该说，大卫·厄克特对土耳其做出这样的判断，一方面有史可寻；另一方面却又石破天惊。早在穆罕默德二世占领伊斯坦布尔之后，就有旅行者和政治家认为土耳其处于动荡且趋向衰落。英国大使曾经警告英国政府易卜拉欣时代（1640—1648）的土耳其行将土崩瓦解。③但是300年后，土耳其仍然被喧嚣着就要衰落，历史上关于土耳其的表述"腐化堕落、纲纪废弛、穷途末路"仍然是"亘古不变"的主题。19世纪以来，在欧洲大国外交势力的干预之下，土耳其被推向了风口浪尖之上，当时普遍的观点就是土耳其已经病入膏肓，欧洲大国中有的伺机静待其"寿终正寝"之时在其遗产大战中分得一杯垂涎已久的羹，有的却希望其能维持下去，但也并不是为其生存而维持，而是为各自的利益而维持。就在这样一个对土耳其前途命运颇有争议的时刻，大卫·厄克特开始宣扬他的主张：土耳其具有重组的能力。

### 三、亲土反俄——大卫·厄克特的双轨主张

需要指出的是，大卫·厄克特的这段东方旅行经历除过使他对土耳其的态度和思想发生了彻底转变之外，还培育了他对俄国的敌意。④1832年

---

① David Urquhart.*Turkey and Its Resources*,London:Saunders and Otley,1833,pp.1-2.
② Margaret Lamb.The Making of a Russophobe:David Urquhart:The Formative Years,1825-1835,*The International History Review*,Vol.3,No.3,1981,p.347.
③ Sir Charles Eliot.*Turkey in Europe*,Abington:Frank Cass,2006,p.113.
④ C.M.Woodhouse.*The Philhellenes*,London:Hodder & Stoughton Ltd.,1969,p.149.

7月大卫·厄克特在写给外交部常务次官的信中就表露了他对俄国阴谋的焦虑。①公允地说,当时对俄国感到焦虑的不止大卫·厄克特一人。事实上,在19世纪最初的40年里,欧洲对俄国的态度经历了非常深刻的变化。拿破仑时期,俄国被视为欧洲的拯救者。但时隔20年之后,俄国却成为众矢之的,在欧洲其他大国看来,俄国会打破欧洲均势,独揽土耳其的遗产。尽管大卫·厄克特并没有证据,但是他反复声明俄国的野心,鉴于俄国曾经卷入塞尔维亚、阿尔巴尼亚、摩尔达维亚、瓦拉几亚、希腊等国与土耳其相关的事务,大卫·厄克特所宣称的土耳其即将成为俄国的下一个"猎物"听起来并不是完全的空穴来风。事实上,当时研究英国恐俄起源的权威史学家J.H.格里森认为英国反俄情绪打上了大卫·厄克特的印记。在恐俄思想日臻成熟的过程中,相对于对英国政策的影响而言,他对英国公众对俄国的态度影响大于其他人。②事实上,1832年当大卫·厄克特回到英国时,他对土耳其的想法已经成熟,此后我们就看到他为其双重目标即揭露俄国的野心以及复兴土耳其而进行了殚精竭虑甚至是不惜一切的努力。

1833年1月,大卫·厄克特受到国王威廉四世的盛情款待,大卫·厄克特对东方事物的观点应该得到了国王的认可,因为国王命令他将他们之间的谈话内容记录下来提交给外交部以作进一步的考虑。在备忘录中,大卫·厄克特聚焦于四点:其一,土耳其值得支持,不应该因为内部不满而让其分裂。其二,他不认为穆罕默德·阿里的叛乱是"一个民族的叛乱,而只是一个帕夏的叛乱",并将他的成功归功于训练有素的军队。其三,土耳其的"各种愚蠢"都是俄国的影响和阴谋所致。其四,地方政府的自治以及他发现苏丹的改革在"所有重要的地区都受到欢迎",只有那些没有勤勉习惯,之前靠"劫掠和腐败"的人才以欧洲服饰的引进作为反对改革的理由,因为他们被剥夺了以前谋求生存的手段。备忘录认为英国应该同意苏丹的请求,如果这样做的话,将会与土耳其"在巨大范围内铺就贸易交流的基础";反之,苏丹有可能被迫接受俄国阴险的援助,英国失去的"不

---

① Urquhart to Backhouse,6 July 1832,Urquhart MSS.
② John Howes Gleason.*The Genesis of Russophobia in Great Britain*,Cambridge:Harvard University Press,1950,p.286.

## 第三章 土耳其形象在英国的代表性认知:以大卫·厄克特为例

仅是与土耳其、波斯及其他地方的巨大贸易优势,而且包括她现在所拥有的东西"①。事实上,这个备忘录就是之后让大卫·厄克特名噪一时的《土耳其及其资源》一书的框架,我们也认为此为大卫·厄克特亲土恐俄构想的雏形。

很快,大卫·厄克特在政治上的擢升为他亲土恐俄的双轨主张创造了合适的契合点。在休伯特·泰勒和威廉四世的积极举荐之下,大卫·厄克特获得了赴土耳其执行特殊贸易使命的机会。②大卫·厄克特需要汇报沿途贸易的可行性,发现土耳其资源的范围,以便为英国在土耳其的贸易发展提供建议,以及分析将土耳其作为农产品供应地的可能。其时,英国的农产品供应主要来自俄国的南部。③大卫·厄克特于1833年12月到达伊斯坦布尔。其时,庞森比就任英国驻伊斯坦布尔大使,他本人是一名狂热的恐俄、仇俄主义者。1833年危机无疑使庞森比更加深信俄国彻底征服土

---

① Memorandum Compiled From Mr.Urquhart's Notes and His Verbal Communications in Consequence of Questions Addressed to Him by the King,12th Jan.1833,Communicated to the F.O.by Taylor,Palmerston—Taylor Correspondence,20th Jan.1833,Broadlands MSS.
② 大卫·厄克特此行的目的地包括巴尔干、土耳其和通往印度的西亚。表面上,大卫·厄克特乔装成一名商人。历史学家普里尔(Veron John Puryear)认为批准大卫·厄克特赴土的日期意义重大,此时距英国就《温加尔·伊斯凯莱西条约》向伊斯坦布尔提出抗议仅17天。参见 Veron John Puryear.England,Russia,and the Straits Question 1844-1856,*Archon Books*,Vol.62,No.4,1965,p.107.
③ 关于大卫·厄克特赴土贸易考察的目的史学界尚存争议。玛格丽特·兰姆认为此时期大卫·厄克特主要思考的是英土之间的贸易关系。她推测可能是休伯特·泰勒在其中发挥了调和的作用,因为英国外交部不希望大卫·厄克特的贸易考察带有政治因素。参见 Margaret Lamb.The Making of a Russophobe:David Urquhart:The Formative Years,1825-1835,*The International History Review*,Vol.3,No.3,1981,p.352. 大卫·厄克特在不同时期写给不同人的信件中所表达的内容不同:1833年8月大卫·厄克特在写给其叔父的信中写道他的使命是"就这些国家的潜力给政府提供一个概略的看法以及一种能唤起潜力的措施",参见 Urquhart to His Uncle,Aug.7,1833,Urquhart MSS。1834年他在写给其母亲的信中却说"很难给您解释我的工作。我得与不同阶层的当地人联系,尽可能了解正在发生的事情,收集和跟踪土耳其欧洲部分的贸易数据,在土耳其亚洲部分也做同样的事情,将二者结合起来使我或者能收集的贸易信息和细节派上用场",参见 Urquhart to Mrs.Urquhart,Jan.10,1834,Urquhart MSS。同年他给朋友的信中写道他此行的目的是"收集贸易和统计数字及详细研究土耳其的行政管理,旨在为土耳其政府和欧洲大国之间的条约拟定一个改革计划",参见 Urquhart to Friends,Jan.22,1934,Urquhart MSS。而就在同年的10月庞森比却致信帕默斯顿,告诉后者他已经获悉大卫·厄克特的任务是"报道贸易情况和统计数字",参见 Ponsonby to Palmerston,Oct.11,1834,F.O.78/239. 普里尔(Veron John Puryear)却在整理外交档案的基础上认为大卫·厄克特此行的目的是"获得必要的信息,如果英国政府将土耳其置于保护之下,提出内部重组的措施——或者在相反的情况下,在某种程度上为阻碍俄国瓦解性的影响作准备。"参见 Veron John Puryear.England,Russia,and the Straits Question 1844-1856,*Archon Books*,Vol.62,No.4,1965,pp.107-108.

耳其的日子已不远。他相信只要时机成熟，俄国就将"捕获猎物"。庞森比坚持认为只有英国的军舰靠近土耳其的首都，英国以不惜一战的威胁姿态才能胁迫俄国人，阻挠这种发展。①这样的观点得到了英国主要报刊的赞同，他们从伊斯坦布尔发来的报道中充满了俄国特务、土耳其后宫存在"俄国党"、对俄国金钱的挥霍使用，以及英国必须抓住机会来控制"沙皇不可估量的野心"这样的内容。②在这样的工作和生活环境的影响之下，大卫·厄克特的恐俄思想愈演愈烈。

其时，土耳其政府对英国的敌意甚浓，这让大卫·厄克特感到非常震惊，自然地，他将之归咎于俄国的阴谋诡计。并且因此而决定放弃去远东执行贸易考察的计划，留在土耳其致力于建立土耳其与英国之间的友好关系。为了实现这个目标，他开始了"土耳其化"的生活：与土耳其人为友，住在土耳其人的房子里。与土耳其人打成一片的生活使大卫·厄克特在他们身上看到的全是优点，用泰勒稍有夸张的话来说，"融合了诚实、简单、礼貌和慷慨"，没有一点"狡猾、野心、奸诈"③。而俄国权力的增长将会危及他所珍视的一切④，为此，他不惜采取走极端的方式来阻挡俄国的影响及其权力的增长。他提出的"新奇但不实用"的提议就是英国应该在波兰问题上与土耳其合作，因为只有这样才能缓和英国曾经在希腊问题上与俄国的合作给土耳其带来的仇恨。当然，这个提议遭到了政务次官和外交大臣简短、尖刻的拒绝。⑤

同样，出于遏制俄国影响的考虑以及对高加索切尔克斯人的同情，大卫·厄克特策划导演了"维克森事件"（the Vixen Affair）。1836年，大卫·厄克特唆使他的朋友贝尔斯将一小船盐运到切尔克斯出售，俄国以违反封锁规定而没收了此船。船主故而向英国政府索赔，帕默斯顿被迫与俄国进行磋商，但是俄国故意拖延事件的解决，最终船主并没有获得赔偿。但是此事件

---

① 庞森比1833年写给帕默斯顿的私人信件都在传递这样一种观点。参见 Ponsonby to Palmerston, 8 Nov.1833, F.O.78/225.
② *The Times* 8,16,and 24 Oct.,11 Nov.1833.
③ Taylor to Urquhart, 4 Nov.1835, Urquhart MSS.
④ Ponsonby to Urquhart, 20 Sep.1834, Urquhart MSS.
⑤ Urquhart to Backhouse 6 July 1832; Memorandum by Backhouse, 7 July 1832; Memorandum by Palmerston, 16 Aug.1832, F.O.78/218.

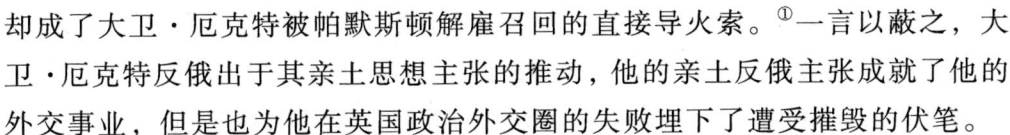

## 第三章 土耳其形象在英国的代表性认知：以大卫·厄克特为例

却成了大卫·厄克特被帕默斯顿解雇召回的直接导火索。①一言以蔽之，大卫·厄克特反俄出于其亲土思想主张的推动，他的亲土反俄主张成就了他的外交事业，但是也为他在英国政治外交圈的失败埋下了遭受摧毁的伏笔。

### 四、大卫·厄克特的著作及其思想扼要②

梳理 19 世纪 30 年代初的英国报刊，我们就会发现当时关于埃及帕夏和土耳其苏丹之间正在进行的战争的报道并不多，换言之，他们并不关心这场战事的胜负及最终对叙利亚的控制权。但是 1833 年危机终于激发了英国报刊这种相对冷漠态度的转变。《泰晤士报》宣称："伊斯兰参战国位置的重要性以及欧洲大国竞争性的虚伪值得关注。"③尤其是俄国对近东问题的干预更加引发了英国报刊对近东危机的兴趣："正是俄国的行为、政策、偏见和权力……使竞争成为首要的东西。"外交大臣帕默斯顿表达了这种主要的两难处境："如何把俄国人赶出去是个问题。"④

当时介绍土耳其的书籍无非就是一些游记和回忆录，作者大多浮于表面，记录的多是一些肤浅的认识。⑤大卫·厄克特抓住了这个时机，他预测，随着人们对近东危机兴趣的增加，一本关于土耳其的新书应该有很大的市场，他也刚好借此契机向人们阐述他的观点。⑥当然他也希望为自己

---

① 1835 年 10 月 3 日，大卫·厄克特被任命为英国驻伊斯坦布尔大使馆第一秘书。1837 年因"维克森事件"被召回。
② 大卫·厄克特一生著述颇丰，涉及面甚广，有关于外国旅行见闻、关于英国国内与国际政策以及将两种风格相杂糅的作品。本小节只是撷取最能代表其思想主张且广为人知的几部作品，欲了解更多详情参见本书附录。
③ *The Times*,30th April,also 12th April,2nd,6th,7th,31st May,12th July 1833.
④ *The Times*,31 May 1833;Palmerston to Ponsonby,Private,21 May 1833,Broadlands MSS.
⑤ 当时出版的一些作品包括：Charles Colville Frankland.*Travels to and From Constantinople in the Years 1827 and 1828*,London:S.and R.Bentley,1829; R.R.Madden.*Travels in Turkey,Egypt,Nubia and Palestine*,London:Henry Colburn,1829;Rev.R.Walsh.*Narrative of A Journey From Constantinople to England*,London:Fredbrick Westley and A.H.Davis,1829;T.B.Armstrong.*Journal of Travels in the Seat of War During the Last Two Campaigns of Russia and Turkey*,London:A.Seguin,1831.除此之外，也有一些作者试图将所见所闻与自己的思考结合起来，从而使作品较有深度。例如，格雷格（Greg）认为土耳其政府的管理太分散，它将"衰亡并且抑制人民的活力"，而后，黎凡特将充分开发它的贸易资源。参见 W.R.Greg.*Sketches in Greece and Turkey with the Present Condition and Future Prospects of the Turkish Empire*,London:J.Moyes,1833.
⑥ Margaret Lamb.The Making of a Russophobe:David Urquhart:The Formative Years,1825-1835,*The International History Review*,Vol.3,No.3,1981,p.351.

英国的土耳其形象研究（1800—1853）

赢得名声，将自己与之前他看作撰写关于土耳其"短命作品"的作者们区分开来。《土耳其及其资源》一书出版于1833年7月，至1835年此书再版了4次。由此可以看出大卫·厄克特关注的目光是比较深邃的，囊括土耳其的地方组织和自由贸易、英国在东方的贸易以及希腊的新政府、财政收入和国家财富。事实上，书中没有离奇古怪、令人匪夷所思的材料；反之，书中涉及的是土耳其的贸易、经济及地方政府的话题。大卫·厄克特希望以此传递他相信土耳其有可以改革的希望，以及英土贸易在未来发展的宏大前程。毋庸置疑，它带给了欧洲人耳目一新的知识。大卫·厄克特得出的原创性结论改变了许多对东方怀有成见的政治家中的思想家。① 该书被认为是东方历史上一部划时代的著作。②

《英国、法国、俄国及土耳其》是大卫·厄克特撰写的众多关于英国外交政策的著作中最具有代表性的一部。这部著作写于1835年，即英国的恐俄、反俄思潮渐趋高涨之时。恰如我们在前面所言，1833年危机触发了英国报刊及公众对近东事务的关注。在著作中大卫·厄克特呼吁英国和法国应该及时干涉土耳其，以阻止俄国对土耳其的侵略。当然，这部著作与大卫·厄克特的其他政治著作一样危言耸听地对东方的未来进行了预测，其中不乏夸大之嫌。著作中主要阐述了俄国对土耳其及黑海海峡的觊觎之心，这将给欧洲均势带来毁灭性的后果，不仅会影响到地中海的自由和法国的政治利益，而且会损害英国自身在黎凡特、亚洲及地中海的贸易和政治自由，并由此谴责俄国在政治上的不道德；预测俄国一旦攫取了伊斯坦布尔和达达尼尔海峡，则势必要侵入印度。故而，英国应该当机立断遏制俄国，并且激发土耳其的麻木状态。此著作的出版引发了报刊的极大关注，英国的报刊如《泰晤士报》、《外国季刊评论》

---

① Gertrude Robinson.*David Urquart:Some Chapters in the Life of A Victorian Knight Errant of Justice and Liberty*,New York:Augustus M.Kelley Publishers,1970,pp.46-47.
② 大卫·厄克特的传记作者格特鲁德·鲁宾逊在脚注中写道：1885—1891年英国驻伊斯坦布尔大使威廉·怀特爵士（Sir William White）曾经说一个人如果不了解大卫·厄克特的话，那么他都不能伪装了解东方，至今那些了解令人困惑的、错综复杂的"东方问题"的人们，如果他们的观点超越了肤浅的知识的话，那么他们无不在重复大卫·厄克特的观点。参见 Gertrude Robinson.*David Urquart:Some Chapters in the Life of A Victorian Knight Errant of Justice and Liberty*,New York:Augustus M.Kelley Publishers,1970,p.46.

## 第三章 土耳其形象在英国的代表性认知：以大卫·厄克特为例

（Foreign Quarterly Review）、《晨报》（Morning Advertiser）、《英国与外国评论》、《季刊评论》和《晨报纪事》都对这部著作进行了评论和推荐；法国报纸也不例外，如《论坛杂志》（Journal des Debats）、《法国信使报》（Courrier Francois）等。[①]

《苏丹马赫穆德和穆罕默德·阿里帕夏》（The Sultan Mahmoud and Mehemet Ali Pasha）被认为是大卫·厄克特最好的著作之一。作者言辞激烈，为苏丹辩护，为土耳其辩护，并由此断言英国应该支持苏丹；而穆罕默德·阿里只是外国在土耳其进行外交的工具，不值得给予信任。同样，大卫·厄克特再次强调俄国对整个欧洲在伊斯坦布尔外交的控制，认为俄国的影响力和权力是无法估量的，故而，英国和法国应该联合遏制俄国的阴谋。

在所有的政治著作中首屈一指的是大卫·厄克特于 1835—1836 年发行的周刊《档案》，所含内容与大卫·厄克特的政治著作内容相近，是大卫·厄克特反俄宣传的主要阵地。19 世纪 30 年代[②]此周刊主要刊载大卫·厄克特从波兰革命者手中获取到的关于俄国电报的原始档案[③]，与此同时，大卫·厄克特补充了非常详细的注解，旨在揭露俄国对波兰和土耳其的野心。周刊的发行引起了英国报刊界的广泛关注，其刊发的文章及档案经常被《泰晤士报》和《晨报纪事》引用。此外，周刊非常关注英国与土耳其进行贸易交流的可能性以及切尔克斯争取独立的斗争。尽管英国政府出于大卫·厄克特曾经担任英国驻伊斯坦布尔大使馆秘书职务的考虑，试图撇清大卫·厄克特与此周刊的关系，但是人们仍然认为大卫·厄克特与此周刊不无牵连。事实证明，这样的猜测是正确的。大卫·厄克特对于他所发动的报刊运动的成就也不无自夸之嫌，在写给艾哈迈德帕夏（Ahmet Pasha）的信中就提到他所发动的报刊运动已经"奇迹般地"改变了英国公众对土耳

---

[①] David Urquhart.England,France,Russia,and Turkey,London:James Ridgway&Sons,1835,Appendix.
[②] 此期刊出版起初引发了广泛的关注，但是 1843 年后，风格大变，与大卫·厄克特的政治著作风格颇为相近。除过大卫·厄克特给予特别关注的阿富汗及塞尔维亚问题外，此时期的周刊刊登大量关于英国国内外政治的文章。
[③] 1830 年波兰革命者控制了华沙，这些档案是从君士坦丁档案馆拿出来的。还有一说，档案是从撒克逊档案馆偷来的。参见 Charles Webster.Urquhart,Ponsonby,and Palmerston,The English Historical Review,Vol.62,No.244,1947,p.332.

英国的土耳其形象研究（1800—1853）

其的舆论。①这样的说法也得到了《布莱克伍德爱丁堡期刊》的肯定：伦敦及地方的报刊对"东方问题"有了一种"全民基调"。②但显然这并不包括英国政府的态度，有学者认为帕默斯顿最初与大卫·厄克特"合作"出版了周刊③，但是因为观点主张方面的差异很快就使大卫·厄克特与帕默斯顿分道扬镳。帕默斯顿矢口否认知晓周刊的发行，但大卫·厄克特却力证帕默斯顿不仅知情，而且周刊曾经受到了外交部的"经济资助"，双方对此争执不下，由此构成了大卫·厄克特与帕默斯顿争执的三大主题之一。④

毋庸置疑，大卫·厄克特在其政治著作中充分展示了其敏锐的政治嗅觉及写作才能。他具备一个优秀作者的才能，对事物有着敏锐的认识，并且可以将自己知晓的信息发挥到极致。但是与此同时，他冗长的无关讨论却又让人不知所云，甚至可能让读者望其作品而止步。大卫·厄克特在《东方近事》（Recent Affairs in the East）中试图证明俄国为了达到其统霸世界的目的，一方面愿意接受西方国家的鄙视；另一方面又希望东方国家仰慕它。大卫·厄克特在繁芜的叙述之中开始了他的观点阐述：

> 卓越成就的内在动力由两种较高的心理过程组合构成——一个是鄙视，另一个是羡慕；并不怀有但是暗示一种添加的情感，必须在行

---

① Reminiscences of William IV.Correspondence Between Lord Ponsonby and Mr.Urquhart,1833-1836, London:Diplomatic Review Office,1875,In G.H.Bolsover.David Urquhart and the Eastern Question, 1833-1837:A Study in Publicity and Diplomacy,*The Journal of Modern History*,Vol.8,No.4,1936,p.458.

② Blackwood's Edinburgh Magazine,XXXIX,1836,pp.145-155.

③ A.G.Tapleton.A Day with One of the Committees,From Macmillan's Magazine,March 1875,in Urquhart's Tract,I,p.A.

④ 其他两个争执的焦点分别是"维克森事件"以及英土贸易协定的谈判。大卫·厄克特为推进两国的贸易可谓精力交瘁，他的专著《土耳其及其资源》就是专门论述此主题的书籍。公允地说，大卫·厄克特是《英土贸易协定》谈判的发起人，他殚精竭虑地考察并且勾画出了《英土贸易协定》的框架及蓝图，但是却缺席于1838年双方达成贸易协定的一系列谈判。贸易协定使英国达到了目标，但是并没有实现大卫·厄克特的所有希望，尤其是在英国对土耳其应该作出一些让步方面（在大卫·厄克特的原稿中，英国对土耳其的进出口税是3%，再加上运输和港口关税，不能超过5%；然而英国政府最终的谈判结果是进口再加2%，出口再加9%，总数变为11%。实际上，关税增加到了17%）。贸易协定签订后，大卫·厄克特给《泰晤士报》写信证明贸易协定原稿就是自己起草的，并且将两个稿子放在平行的表格中进行了对比，结果贸易界认为原稿更好。参见Gertrude Robinson.*David Urquhart:Some Chapters in the Life of Victorian Knight Errant of Justice and Liberty*,New York:Augustus M.Kelley Publishers,1970,pp.59-61.

## 第三章 土耳其形象在英国的代表性认知:以大卫·厄克特为例

动、语言和姿态方面进行调整。①

我们从大卫·厄克特的政治著作中不难发现他经常用不充足的材料来证明他的观点,其中备受诟病的就是他对帕默斯顿的指控,在《土耳其及其资源》中,他盛赞土耳其的直接纳税制度,抨击欧洲的间接纳税制度。尽管他声称不相信预言,但是仍然预言如果希腊尝试间接纳税制度,则五年之内将会回归至土耳其的统治之下。②但是后来历史发展的轨迹并未印证他的预言,在这个意义上来说,他被封以"疯子""江湖骗子"的称号不算是凭空捏造。这在某种程度上也是因为大卫·厄克特膨胀的自我主义,他曾以全权代表的口吻写道:"我在巴黎接见了土耳其大使,与他商谈从土耳其获得让英国战舰穿过达达尼尔海峡的敕令的可能性。"此举遭到了帕默斯顿的奚落,这与庞森比认为他"威胁到了欧洲的和平"的判断如出一辙。大卫·厄克特将他的恐俄、仇俄、反俄思想发挥到了极致,在《塞尔维亚的历史片段》中将塞尔维亚每一阶段所取得的独立都归咎于俄国对土耳其苏丹的忠诚臣民的邪恶影响及唆使,完全不考虑其他的因素。正如他的传记的作者格特鲁德·鲁宾逊所言:"他成了喊'狼来了'的人,但实际上这里并没有狼的出没。"③

《东方精神》分为两卷,将内敛的政治评论与对希腊和阿尔巴尼亚天然壮观景色的描写融合在一起,颂扬土耳其的文化与文明。此书堪称大卫·厄克特游记类作品的代表作,文笔清新,描写生动。反映维多利亚式品位和观点的第一份独立于政治的周刊《雅典娜神庙》(*Athenaeum*)将它作为"最有意思、最生动的书",推荐给"社会各阶级的读者"。④在《东方精神》中大卫·厄克特对土耳其与英国的民族性格、习惯与风俗等方面进行了精辟的区别。认为他与"穆斯林之间的对话基于完全的平等"⑤。

---

① David Urquhart.*Recent Events in the East:Being a Reprint of Mr.Urquhart's Contribution to the Morning Advertiser During the Autumn of 1853*,London:Trübner&Co.,1854,p.170.
② David Urquhart.*Turkey and Its Resources*,London:Saunders and Otley,1833,p.251.
③ Gertrude Robinson.*David Urquhart:Some Chapters in the Life of Victorian Knight Errant of Justice and Liberty*,New York:Augustus M.Kelley Publishers,1970,p.172.
④ *Athenaeum*,1838,p.569.
⑤ David Urquhart.*The Spirit of the East*,London:James Moyes,Vol.I,1838,p.368.

简而言之,尽管大卫·厄克特非常高产,一生著作等身,但是其作品阐述的主题和思想却略显单调。概括说来,主要体现在两方面:一方面,土耳其具备重组的能力,这主要体现在它的地方政府制度以及其对自由贸易和直接纳税制度的接受,故而,英国应该给予其支持;另一方面,俄国对欧洲外交以及欧洲各国内政的干预与阴谋可谓无处不在。鉴于此,英国应该与法国联合,以遏制俄国权力及影响力的蔓延与发展。

## 第二节 土耳其的政治形象

### 一、地方政府制度

《土耳其及其资源》的出版使大卫·厄克特一夜之间成为土耳其问题的权威人士。尽管他乐观地衡量土耳其,颂扬它的文化与文明,但这并不意味着他无视危机四伏的土耳其帝国的衰亡。相反,在土耳其,"一个国家衰亡的所有因素都在积极地发挥着作用"[1]。大卫·厄克特在旅行途中亲眼看见过战争杀戮过后土耳其荒凉、血腥的一面:"子弹的射击与爆炸使地面千疮百孔;土壤就是泥土和铁的混合物;残缺的弹壳和子弹宛若石头一样散落在土壤中;周围时不时能发现人和马匹的白骨和骸髅。"[2]的确,年复一年,人们预言土耳其的生命即将耗竭,然而,土耳其却并没有轰然倒塌,相反,它与欧洲的贸易仍然在进行,并且呈现出增长的趋势。[3]那么,看起来分崩离析的土耳其帝国的各组成部分是通过什么黏结在一起的呢?1832 年大卫·厄克特在故地重游之际[4],看到阿尔巴尼亚地区发生了令他

---

[1] David Urquhart. *Turkey and Its Resources*, London: Saunders and Otley, 1833, p.12.
[2] David Urquhart. *The Spirit of the East*, London: James Moyes, Vol.I, 1838, pp.51-52.
[3] 大卫·厄克特在《土耳其及其资源》一书中写道:"这里发生的变化让我非常惊讶。那个时候起我就决心要研究如何修正土耳其的不幸,素丹何以赢得希腊和非穆斯林土耳其人的喜爱,我到处看到了这样的喜爱之情。正是那时我清楚地看到了地方政府制度的价值以及他们进行政治重组的能力。"参见 David Urquhart. *Turkey and Its Resources*, London: Saunders and Otley, 1833, p.12.
[4] 大卫·厄克特在阿尔巴尼亚和土耳其政府战争期间曾经去过阿尔巴尼亚,对此地恢复和平与平静不再抱有希望。但是一年多后,他因执行斯特朗福德·坎宁的秘密使命而再次来到了阿尔巴尼亚。参见 David Urquhart. *Turkey and Its Resources*, London: Saunders and Otley, 1833, p.2.

## 第三章 土耳其形象在英国的代表性认知：以大卫·厄克特为例

惊讶的变化，从而启发他去研究土耳其帝国维持长久统治的原因①。尽管他意识到可能存在一种独特的与东方相关的制度，但是他仍然不甚清楚，于是经过3年辛勤的统计调查，他收集贸易资料，记录了250个城镇与乡村的政府②，然后他猛地意识到土耳其帝国之所以长期以来似乎要衰亡但仍然屹立于世界，是因为其统治制度，即地方政府制度。"地方"一词指的是乡村、城镇地区的居民为他们当地事务管理而建立的组织。它与政治政府不同，并且独立于政治政府。③需要指出的是，大卫·厄克特所谈论的制度仅局限于土耳其欧洲地区，言下之意，土耳其亚洲地区不在其考察的范围之内。

事实上，早在1832年，大卫·厄克特在写给其叔叔的信中就详述了土耳其地方制度的主要框架。④概而言之，大卫·厄克特所表述的土耳其地方政府制度的脉络如下：土耳其城镇和乡村居民根据个人功绩和品质在候选人中进行选拔，总的来说，当选者一般是该地区德高望重的长者，首次任期为一年。如果能赢得群众信任的话，可以数年或者终生不经再次选举连续任职，但是一旦丧失了群众对他的信任，就再没有再次当选的可能。换言之，候选人的品质决定选举结果，群众的信任决定任期的长短。"尽管长久以来公众正义不断发挥作用，但是不会带来猛烈的冲击，相反，它可以永远保持被选官员的热情与诚信。"⑤在大卫·厄克特看来，"信任"的授予和接受升华了双方的品质。这种品格高尚的荣誉将会对整个地区发挥影响，授予的平等权利不会排斥任何人，他们有共同的情感和利益。⑥其中颇为有意思的是，进行选举的地方与这种制度的简洁颇为匹配，选举有可能在做完礼拜的教堂里进行，也有可能在村庄里的大树下进行。

然而，简单仪式下产生的地方政府官员的责任却很重大。首先，地方政府官员负责管理分配由政府分摊的税收任务。个人所能承担的税务由其

---

① David Urquhart. *Turkey and Its Resources*, London: Saunders and Otley, 1833, pp.1-2.
② David Urquhart. *The Spirit of the East*, London: James Moyes, Vol.I, 1838, p.xiii.
③ David Urquhart. *Turkey and Its Resources*, London: Saunders and Otley, 1833, p.17.
④ Urquhart to His Uncle, 9 March 1832, Urquhart MSS.
⑤ David Ross. *Opinions of the European Press on the Eastern Question*, London: James Ridgway & Sons, 1836, p.19.
⑥ David Urquhart. *Turkey and Its Resources*, London: Saunders and Otley, 1833, p.29.

财产来决定。故此,地方政府官员对整个地区成员的财产状况了如指掌。换言之,其对成员的谋生手段、所创造的财富以及所在行业等情况都有大体上的了解。实际上,在平等分配税务的制度之下,所有成员互为监督、担保。在某种程度上,税务这个共同负担会让该地区某个成员的个人富裕成为所有成员的共同利益,而个人的贫困和过失同样也会成为全地区共同的不幸,由此"他们为对方的富裕而欢欣,为对方的不幸而悲伤;他们斥责游手好闲的人,以免让其他人受到苛责;他们监视逃亡者以免其债务被扔给整个地区;他们镇压劫掠者免得替其受罪;他们为叛乱的顺从者没有受到惩罚、活着的人不用替死去的人做出赔偿而高兴"①。

这样,地方政府制度犹如纽带一样将乡村和城镇的人民维系在一起,使他们有强烈的利益、思想以及相互承担责任的"认同感"。布克哈特②认为"在土耳其人和阿拉伯人中没有爱国主义的情感"③。但是在大卫·厄克特看来,人们对地方政府的喜爱之情和共同的同情就是爱国主义的替代品。④在地方政府制度的管理下,整个地区呈现出一幅"同呼吸、共命运"的和谐图景。在这里没有特权阶层,没有特权利益,责任的相互性给了大众舆论审查的权利——一种最专制的权利。⑤换言之,在地方政府官员和大众之间存在一种相互监督的权利。一方面,在大众舆论的监督之下,官员对该地区行使"家长式"的监护,他们要为地区的每个成员负责,"站在贫穷和匮乏、软弱和压迫之间,他们被作为共同的父亲而受到爱戴"⑥;另一方面,地方政府官员并不滥用权力,否则会因"品质"问题而失去大众的"信任",从此丧失再次当选的权利。

其次,地方政府官员掌管着地方筹措的资金,这些资金主要用于偶发事件如路过该地的军队供给,给省都的礼物或者给中央政府官员的贿赂来保证免除强迫性劳动及其他类似要求。总的来说,"地方政府官员一般或者

---

① David Urquhart. *Turkey and Its Resources*, London: Saunders and Otley, 1833, pp.29-30.
② 大卫·厄克特指的应该是瑞士历史学家雅各布·布克哈特(Jacob Burckhardt, 1818—1897)。他最为知名的代表作是《意大利的文艺复兴文明》(*The Civilization of the Renaissance in Italy*)。
③ David Urquhart. *Turkey and Its Resources*, London: Saunders and Otley, 1833, p.120.
④ David Urquhart. *Turkey and Its Resources*, London: Saunders and Otley, 1833, p.viii.
⑤ David Urquhart. *Turkey and Its Resources*, London: Saunders and Otley, 1833, p.9.
⑥ David Urquhart. *Turkey and Its Resources*, London: Saunders and Otley, 1833, p.33.

## 第三章　土耳其形象在英国的代表性认知：以大卫·厄克特为例

基本上都是该地区最富裕的人或者在富人之列"①。但是令人可喜的是，对土耳其穷人而言，选举是一种惯例，而非法律。作为地区"忠诚的管家和智慧的长官"，地方政府官员更多的表现出的是一种慈爱，即将他们个人的优秀品质与具体的行动结合起来，为整个地区负责。尽管大卫·厄克特并未试图将这些制度追溯至古代的自由城邦和乡村共和国，然而在经过仔细甄别后，他认为两种制度从外表上看十分相似，但是原则却大不相同。古代的城邦或者乡村处于被隔绝的状态，是主人和奴隶的独立主体，可是土耳其的地方政府却是由完全平等的个体组成的。②因此，个体不会失去个性和品质；相反，他们融入了整个地区民族，以积极的勤劳与自我克制的节俭来顺从地接受地方政府官员摊派的税务。③

地方政府制度，尽管缺乏系统的发展，但仍然将土耳其帝国支撑到了现在，在此制度下运行的工业给土耳其帝国供应资源，该制度与君主的权力和利益相关。事实上，在土耳其帝国的复兴方面，对高层组织注入的力量就像心脏的血液循环到了头部。④许多人怀疑这样的制度将会肢解土耳其帝国，但是大卫·厄克特确信无疑地告诉大家："在不能组织物质的力量来更新被破坏的一切的时候，正是因为这个制度的发展才歼灭了近卫兵团，由此挽救了土耳其帝国，只有这个简单的制度才维持了苏丹的至高权力。即便希腊不同意我们的观点，我们也认为这个国家的情况恰好能证明这个长期以来被人们珍视的观点的合理性。"⑤

### 二、直接纳税制度

恰如大卫·罗斯所言，每一个政治问题都可以归结为一个经济问题，其中最抽象的一个问题可汇集为税收的数量和方式的问题。⑥大卫·厄克

---

① David Urquhart.*Turkey and Its Resources*,London:Saunders and Otley,1833,p.33.
② David Urquhart.*Turkey and Its Resources*,London:Saunders and Otley,1833,p.17.
③ David Urquhart.*Turkey and Its Resources*,London:Saunders and Otley,1833,p.34.
④ David Ross.*Opinions of the European Press on the Eastern Question*,London:James Ridgway&Sons,1836,pp.22-23.
⑤ David Ross.*Opinions of the European Press on the Eastern Question*,London:James Ridgway&Sons,1836,p.23.
⑥ David Ross.*Opinions of the European Press on the Eastern Question*,London:James Ridgway&Sons,1836,p.28.

特在深入研究土耳其地方政府制度的同时，也看到了另一个关乎土耳其人民福祉的制度，即直接纳税制度。众所周知，欧洲践行的是间接纳税制度，在大卫·厄克特看来，间接纳税制度导致百弊丛生，如它造成价格波动、供大于求、过度贸易、破产、虚假的财富、不益于健康的工业、生活必需品价格过高、贫穷以及对虚假犯罪惩罚的残忍方式。① 而这一切弊端在土耳其帝国从未存在过，其根本原因就是土耳其帝国采用的是直接纳税制度。直接纳税制度与地方政府制度之间的联系是前者通过后者来得到有效的实施。此二者是大卫·厄克特发现的土耳其经久存在的秘密。②

同地方政府制度一样，直接纳税制度也局限于土耳其帝国欧洲部分的农村地区，因为城市的纳税方式是从欧洲借鉴而来的。在城市里，有专门负责征缴人头税、消费税、内部关税的组织；而对外国商品征收的海关税则由政府官员来完成。尽管地方政府制度和由此产生的经济制度（直接纳税制度）是在土耳其帝国的混乱状态和压迫中偶然产生的，但是它们却成了一种尽管看似偶然，但实为必要的补偿。③ 尤为重要的是，城市里盛行的间接纳税制度是对欧洲经济制度的模仿，但是在乡村运行的直接纳税制度却可以追溯至古老的阿拉伯制度。开明的穆斯林尊崇这个制度，因此它才能作为伊斯兰教章程和教义的一部分而传承下来。在现代，阿拉伯人不再拥有在科学领域充当欧洲的老师的辉煌④，欧洲甚至怀疑阿拉伯人是否存在科学。尽管如此，阿拉伯人还是给世界展示了最了不起的政府结构。⑤ 与此同时，其也是一种简单的政府制度，其中地方政府制度和直接纳税制度之间的联系非常直接和必要，完全可以将它们看作一个问题。地方政府所有的道德和政治优势均可归功于直接纳税制度，后者催生了地方政府这个组织。⑥

---

① David Urquhart. *Turkey and Its Resources*, London: Saunders and Otley, 1833, p.16.
② David Urquhart. *Turkey and Its Resources*, London: Saunders and Otley, 1833, p.14.
③ David Urquhart. *Turkey and Its Resources*, London: Saunders and Otley, 1833, p.14.
④ 泰纳（Turner）认为阿拉伯哲学家思维敏捷、活跃、知识渊博，后来的哲学家从未超越他们。他们将逻辑、形而上学与实验哲学结合起来，在这一点上他们超越了希腊人。参见 Sharon Turner. History of England During the Middle Ages, In David Urquhart. *Turkey and Its Resources*, London: Saunders and Otley, 1833, p.15.
⑤ David Urquhart. *Turkey and Its Resources*, London: Saunders and Otley, 1833, p.15.
⑥ David Ross. *Opinions of the European Press on the Eastern Question*, London: James Ridgway & Sons, 1836, p.45.

## 第三章 土耳其形象在英国的代表性认知：以大卫·厄克特为例

回顾历史，大卫·厄克特建构出土耳其是东方"解救者"的形象。欧洲一般认为土耳其的统治带来的是混乱，在专制统治制度下基督徒遭受屈辱，希腊人经历了"奴隶的奴隶"的压迫。托马斯·戈登（Thomas Gordon）在著作《希腊革命史》(*History of the Greek Revolution*) 中曾力陈土耳其人对希腊人精神上的摧残。① 但在大卫·厄克特看来，在土耳其人的统治下，非穆斯林土耳其人的生活状况得到了逐步改善。希腊人在作为统治民族时丧失了所有的事业心和贸易精神，然而在土耳其人的统治下，他们恢复了事业心和贸易精神，有了一定程度的繁荣，这在不利环境下对最具有商业精神的民族是不可比拟的。② 换句话说，土耳其人的统治对于希腊人而言是一个令人高兴的改变。③ 当然，大卫·厄克特建构土耳其是非穆斯林土耳其人"拯救者"的形象是与土耳其统治之前东方帝国的统治相对比而言的，对于非穆斯林土耳其人而言，他们在土耳其统治者那里觅得庇护，有了获得改善或者矫正不幸的希望。这在某种程度上与土耳其人的历史有关，土耳其人是游牧民族，最初他们逐水草而行，也许正是这种简单的生活习俗促成了他们在成为征服者后依然追求简单的政府统治形式，即地方政府制度之下的直接纳税制度。从土耳其的经历来看，这在本质上决定了帝国因此不会被摧毁，相反，帝国重组的希望和未来土耳其繁荣的基本要素也基于此。

同样，大卫·厄克特将直接纳税制度也追溯到了久远的古代。结果他发现所有的大帝国如亚述帝国、巴比伦王国、波斯帝国、亚历山大帝国、查理曼帝国、罗马帝国或者萨拉森人的帝国，都以直接纳税的形式来筹集财政收入。无论在文明还是不文明的国家，不管它们是神权国家、君主制国家还是共和国——人、土地、以金钱或者房子或者其他有形物体为形式的资产都是直接纳税的。④ 换言之，直接纳税制度有"史"、有"据"可寻，尽管欧洲经常认为它是一种异常的制度。反之，在欧洲盛行的间接纳税制度并没有悠久的历史，从世界大国的经历去判断，它就是例外。据此，大

---

① Thomas Gordon.History of the Greek Revolution,*Blackwood's Edniburgh Magazine*,1833,p.483.
② David Urquhart.*Turkey and Its Resources*,London:Saunders and Otley,1833,p.22.
③ David Urquhart.*Turkey and Its Resources*,London:Saunders and Otley,1833,p.19.
④ David Urquhart.*Turkey and Its Resources*,London:Saunders and Otley,1833,pp.81-82.

卫·厄克特深信这种制度绝不是有害的尝试：它没有背离古老的智慧或者屈服于现代的理论家；它既不是野蛮民族粗野的权宜之计，也不是东方暴君纯粹的异想天开。①事实上，直接纳税制度和地方政府制度使"一个民族坚不可摧"②。在某种程度上，各个地方颇有"自治"的意味，大致上"这些原则像某些国家对其他国家实施的殖民政策"③。故而，希腊人、亚美尼亚人能够保存他们各自的语言、风俗、信仰等。

尽管在欧洲，一些人倡导以自由放任主义来修正欧洲所面临的社会问题，但是也有人对此提出异议，他们担心对生产的征税会让贫困等社会问题更加凸显。如果说面对社会问题，欧洲仍然在"自由放任"与"干预保护"之间踟蹰的话，那么根据大卫·罗斯和大卫·厄克特的观点，土耳其可以为其提供很好的范例。"让事物自行其是"是普遍富裕的基本原则④，言下之意，只要欧洲能效仿土耳其帝国"放任自流"的管理制度，则很快也能实现普遍的富裕。

大卫·厄克特在考察地方政府制度所带来的影响时，发现任何没有前途的地方只要被忽视，就能取得迅速的进步。⑤换言之，远离了土耳其当局控制的地方变得繁荣强大。大卫·厄克特选取了安拜拉基亚（Ambelakia）⑥的传奇故事来阐述地方政府制度下的普遍富裕。

> 活力让安拜拉基亚看起来更像荷兰的自治区，而非土耳其的乡村。它的勤奋、进步和活力让它的影响波及周边地区，并且孕育了繁荣的贸易……在过去的15年里，它的人口增加了3倍……在这个村子里，因懒惰而引起的堕落和焦虑不为人所知；安拜拉基亚人的心肠纯净，他们脸色安详……冲击周边地区的奴隶制度并没有殃及他们。他们就像他们的祖先一样，由他们的长辈和地方行政长官来自治……⑦

---

① David Urquhart. *Turkey and Its Resources*, London: Saunders and Otley, 1833, p.85.
② David Urquhart. *Turkey and Its Resources*, London: Saunders and Otley, 1833, p.21.
③ David Urquhart. *The Spirit of the East*, London: James Moyes, Vol.I, 1838, p.95.
④ David Ross. *Opinions of the European Press on the Eastern Question*, London: James Ridgway&Sons, 1836, p.29.
⑤ David Urquhart. *Turkey and Its Resources*, London: Saunders and Otley, 1833, p.45.
⑥ 一个可以鸟瞰希腊坦佩谷（Vale of Tempe）的村庄。
⑦ David Urquhart. *Turkey and Its Resources*, London: Saunders and Otley, 1833, p.48.

## 第三章　土耳其形象在英国的代表性认知：以大卫·厄克特为例

这里全民动员参与制造业生产，但是因为激烈的竞争，共同的利益大幅度地减少。由此，村民倡议建立贸易管理中心。人人购买这个股份公司的股份，然后根据整体利润来获得对应股份的红利。2年后，盈余利润几乎翻了1倍。

从来没有建立在这种经济原则上的社会，也从来没有哪个公司雇佣这么少的人来从事这么大规模的交易。把所有的利润都集中于安拜拉基亚，所有的代理人都是安拜拉基亚人，他们平等地分配利润。

整个公司呈现出一团和气：负责人公正无私、代理人干劲十足、工人们温顺努力。公司的利润日攀新高，每一份投资实现的利润从60%变成了100%；所有的利润都根据资金和勤奋以公正的比例分配给资本家和工人。股份增加了10倍。①

然而，随着地方政府实体的扩大，没有司法权威来介入其内讧，再加之骚乱、腐败等因素，最终导致安拜拉基亚全面衰落。曾经富甲一方的神奇村庄淹没于周边贫穷、落后的村落之中。究其衰落的本质，大卫·厄克特认为阻止工人对管理发挥该有的影响、参与利润的分享是贸易管理中心瓦解的真正原因。②就其"神奇"崛起的因素，大卫·厄克特更加倾向于将之归功于土耳其当局长达20年的不干预政策，在他看来，这是安拜拉基亚繁荣一时的秘诀，也是土耳其和希腊重组的希望。③

此外，大卫·厄克特在这些村庄里看到的是土耳其人与基督徒和平相处的美好场景，他们完全平等，并且心存善良……除过缴纳财产税外，他们并没有人头税、土地税。……土耳其人像基督徒一样需要缴纳税务。他们的勤劳、富裕情况完全相似，尽管宗教不同，但不足以将他们区分开。④

在土耳其的直接纳税制度运行中，预付税务最具特色，且能反映出土耳其人的诚信。阿拉伯人的惯例规定是任何一种农作物应该在收割之后才缴税。然而，在土耳其帝国这种做法被打破了，因为银行家是各行省

---

① David Urquhart. *Turkey and Its Resources*, London: Saunders and Otley, 1833, pp.50-51.
② David Urquhart. *Turkey and Its Resources*, London: Saunders and Otley, 1833, p.51.
③ David Urquhart. *Turkey and Its Resources*, London: Saunders and Otley, 1833, p.54.
④ David Urquhart. *Turkey and Its Resources*, London: Saunders and Otley, 1833, p.59.

税务的担保方,他们是土耳其真正的主人。为了迎合银行家的利益,就要求土耳其人在收割、剪羊毛之前就缴纳税务。农民与银行家达成口头上的协议,或者达成由地方政府官员代为签字的协约,在收割的前2—3个月农民收到银行家就土地农作物所预付的金钱。农作物的价格是约定的,因为预付款的原因,他们不能再将农作物出售给其他商人。虽然仍然存在获得农作物全部价值的可能,但是从来没有发生过否认收钱或者将已允诺出去的农作物再卖给其他商人情况。大卫·厄克特以个人经历确认土耳其人在此方面的诚实和信誉:"山里的一位牧羊人拒绝以任何价格将一块奶酪卖给我,因为他已经将所有的奶酪允诺给了一位商人。后来他当礼物送了一块给我,当我给他小费时,他说:'记着这不是奶酪的钱。'"[1]一言以蔽之,预付是直接纳税制度的一种方式,它可以激发人们的进取心,升华他们的品质,从而使他们更加勤劳,因而在土耳其没有游手好闲之人。[2]

正如我们在上文指出的一样,大卫·厄克特研究的土耳其不是伊斯坦布尔的土耳其,而是未被欧洲文明破坏的乡村土耳其。[3]为此,他去了塞尔维亚的农村、巴尔干行省,以及仍然处于土耳其统治之下的希腊。所到之处,他看到的是地方政府制度和直接纳税制度带来的好处——没有贫穷。大卫·厄克特将之归功于直接纳税制度,人民因此而免于遭受特权阶层的压榨以及国家税务的不平等分配。税务与个人财产数量直接相关,而政府对普遍富裕持有直接、理智的兴趣。[4]换言之,政府只是合理地收缴属于政府的那一部分,故而不会间接提高价格。在大卫·厄克特看来,直接纳税制度带来了两个深远的影响:其一,由于并不通过征缴税务来谋取利润,这就使所有的行业都处于开放的状态,不存在价格波动的问题,定期供应也有保障,排除了投机倒把的暴利,降低了损失的可能。其二,税务针对的是财产的数量,并不是生产者的生活必需品,这样不会抬高消费品的物价。即便是最贫穷的人也要消费,但是与此同时,他们劳动

---

[1] David Urquhart.*Turkey and Its Resources*,London:Saunders and Otley,1833,p.28.
[2] David Urquhart.*Turkey and Its Resources*,London:Saunders and Otley,1833,p.99.
[3] Gertrude Robinson.*David Urquhart:Some Chapters in the Life of Victorian Knight Errant of Justice and Liberty*,New York:Augustus M.Kelley Publishers,1970,p.31.
[4] David Urquhart.*Turkey and Its Resources*,London:Saunders and Otley,1833,p.28.

## 第三章　土耳其形象在英国的代表性认知：以大卫·厄克特为例

的"价格"会提高，积累财富的方式在整个群众中变得普及，故而在土耳其没有贫穷。①

我曾数个月在鲁姆利亚的腹地地区旅行，期间并没有得到宽厚的招待。我常常被安置在较穷的非穆斯林土耳其人家中，对他们的饭菜还算满意。每天我都要进几家小屋看看，我不断考察他们的生活境况，所以与最穷和最无知的人接触较多。但是我发现所有的屋子都铺了地毯，他们给我提供的住所也铺了垫子，根本就不存在因缺乏遮羞布而暴露的赤裸。最谦卑的农民无论在谈及他所熟悉的或者他所不熟悉的话题时都表现出了只有欧洲绅士才具有的风度！②

反观之下，"进步"的社会却成了罪恶的渊薮。1838年当大卫·厄克特从东方回到自我标榜为"一个自由、开明的国家"时，他看到的却是一个"奴隶制的国家"，在那里绝大多数人民没有一块称得上是自己的立足之地，甚至都没有在他们已失去的共有土地上喂养牛羊的权力。③其时，英国正面临非常严重的社会危机，伴随社会的严重分化，贫穷肆虐，工人们微薄的工资入不敷出，而新的济贫法阻止给予困境中的工人以实质性的救济，贫穷和痛苦很普遍。据记载，有的地方1/3的人口靠救济为生，但是显然微薄的救济只是杯水车薪。于是"人民的状况"使"刀叉问题"成了英国政治亟须解决的大问题。面对曾经古老快乐的英格兰与时下"英格兰现状问题"形成的莫大反差，启蒙开明的文人们针砭时弊，就如何走出这个"稍加推动"即能"引发雪崩"的民生问题建言献策。例如，主张慈善观点的人们一方面认为他们应该急穷人之所急，对穷人应该尽绵薄之力；另一方面他们却又鼓吹自身的幸运，认为穷人应该顺从于比其优越的阶层。再如，主张经济学观点的人们试图以供求关系来解释贫困，他们认为过多的人口导致了贫困，而经济规律并不以人的意志为转移，故此唯有限制人口、适应经济规律。

---

① David Urquhart.*Turkey and Its Resources*,London:Saunders and Otley,1833,pp.95-96.
② David Urquhart.*Turkey and Its Resources*,London:Saunders and Otley,1833,p.101.
③ Gertrude Robinson.*David Urquhart:Some Chapters in the Life of Victorian Knight Errant of Justice and Liberty*,New York:Augustus M.Kelley Publishers,1970,p.69.

显然，大卫·厄克特并不赞成上述思路，他似乎在东方找到了启发。在他看来，尽管在土耳其与文明相关的一些标记是缺席的：没有关乎穷人福祉的济贫法，没有表现出慈爱关怀的社会，没有在法律监控之下的平等，没有彰显法律公正的陪审团，但是贫穷同样也缺席于土耳其社会。尽管大卫·厄克特声言不愿在土耳其和西班牙之间做出对比，但他还是情不自禁地引用了英格里斯（Inglis）先生对西班牙村庄的描述，让那些在土耳其最贫困地区旅行的人们明白土耳其人所遭受的苦难只是欧洲国家——西班牙的 1/100。[1]

> 我看到的两三百人中无一不是衣衫褴褛，破旧的衣服让他们几乎是半裸的状态。男男女女看起来就像是一捆捆不相配的补丁，有着上百种色调和尺寸；我所见到的孩子们几乎是彻底裸体，他们连破烂的遮羞布都没有。我向他们撒了一些饼干，他们急切地扑了上去，抢来，然后狼吞虎咽地吃掉，他们对我来说更像狼崽，而非人类。人行道破烂不堪、街道崎岖不平，人们必须谨慎穿过。我曾经被这种恶劣的道路状况所困，由此看到了一两家可怜人居住的悲惨住所。我发现居住者和他的居住地就是绝配：家徒四壁——没桌子、没椅子，唯一可坐的就是几块大石头，我从没看到床上有类似床垫一样的东西……[2]

在孰优孰劣的对比之下，土耳其/东方成了解决英国/西方社会问题的蓝本。在大卫·厄克特看来，东方仍然保留了中世纪欧洲治理的方法。[3]在中世纪，道德法则被认为是治理的基础，就像现在的东方一样。尽管当时没有专门的道德法则，但却有口耳相传的不成文习俗。所有的人对这些法则"心知肚明"，尽管没有规则规定他们有遵守的义务，但是没有人质疑这些法则。同样，中世纪没有贫穷，因为款待穷人是一种宗教责任。在基督教教区没有人会食不果腹、衣不蔽体。在英国不同的教区，1/3 的

---

[1] David Urquhart. *Turkey and Its Resources*, London: Saunders and Otley, 1833, p.99.
[2] David Urquhart. *Turkey and Its Resources*, London: Saunders and Otley, 1833, p.100.
[3] 大卫·厄克特坚持认为行会社会主义者（the guild socialists）就是对中世纪精神的回归，是对它的直接继承。参见 David Urquhart. *Turkey and Its Resources*, London: Saunders and Otley, 1833, pp.29-31.

宗教财产都致力于济贫。①但是文明、进步、启蒙的英国，尽管有现代政府的管理，但是已经看不见曾经约束人们的道德法则，故而整个社会问题迭出。对此，大卫·厄克特提出了要以东方的办法来解决西方的这些社会问题。

## 三、对土耳其政治形象的评价

这种颇似"小型地方议会"的地方政府再加上直接纳税制度，给土耳其乡村居民创造了福祉。大卫·厄克特认为在每一个非穆斯林土耳其地区存在着上述两种制度，事实上，正是纳税制度决定了征税的方式。间接纳税制度使大量的纳税官成为现代社会中令人苦恼的祸根之一。直接纳税制度只要求地方政府的元素，对所有的人公正、平等和舒适。它们是同一个体系的两面，相互支持对方。②土耳其有中央集权化的权力，但是不用之于行政管理。尤其是在非穆斯林土耳其人居住地区，人民基本自治，地方政府只负责征纳税务，地方政府制度下的直接纳税制度使地区成员之间相互负责，像盎格鲁—撒克逊时期的互助会。在那儿，大卫·厄克特看到的是各个阶级融洽亲密地相处的景象。在非穆斯林土耳其人居住的地方，地方政府制度和直接纳税制度是地区成员的共同纽带和责任。在他看来，这种被责任黏结在一起的地区就像一个理想的家庭一样，人们在德高望重的老者的引领下和睦平等地相处，不遭受任何外在的剥削。地方政府官员征纳税务，他们根据人们的财产来估算其能承受的税务负担，这样可以在很大程度上让强者来帮助弱者。被征纳来的税款也主要用于为群众谋取福利或者处理关乎人们福祉的事务，如修缮道路和桥梁、提供学校和老师等。更为重要的是，在地方政府的管理之下，人们自己组织贸易，故而地方的工业和贸易是自由运行和流通的。总之，每一个地方政府就是一个家庭，所有的成员都被相互依赖的纽带连接在一起。

---

① 大卫·厄克特在其著作 *Wealth and Want* 中谈论了封建制度和贫穷问题。参见 David Urquhart. *Wealth and Want:Or Taxation as Influencing Private Riches and Public Liberty*.London:J.Ollivier,1845.
② David Ross.*Opinions of the European Press on the Eastern Question*,London:James Ridgway&Sons,1836, p.55.

实际上，在大卫·厄克特构建的土耳其政治形象话语中蕴含着欧文的空想社会主义思想。欧文在成年时代经历了英国社会的巨变，即工业革命。由于耳闻目睹过工业社会的种种不堪，他立志建立一个管理有序的社会，以解决工业革命所导致的社会和经济问题。①当时机器和技术发明使英国的社会发生了空前的变革，相应地，生产力有了迅猛的发展，按理来说，工业革命所创造的巨大财富应该能够给社会成员创造非凡的福祉，但是现实刚好相反，工人们频频失业，贫困接踵而至。故此，机器和技术发明并非救世良方，反之，它们成了社会坏疽的根源："世界上充满了财富⋯⋯但到处都是一片贫困。"②鉴于此，欧文提出了一个"彻底并且是切实可行的社会乌托邦"的构想，在那里"资本主义及竞争性的制度必定很快遭到肃清，一个和平友好的新时代即将开启"。③在欧文的思想构建框架中，"工人合作"的构想占据了极其重要的位置，他的"新和谐村"集中体现了他对平等且富裕社会的憧憬，在那里人们共同劳动、共同消费、共同保有财产。在他规划的合理社会体系中，社会成员按照年龄分为9组，其中，30—40岁的人负责从事内部管理，60岁以上的人负责监督公社制度规则的执行。在这样一个公正、平等、和谐的社会环境的影响下，人们的道德势必得到升华，因为"人的品质问题和邪恶是环境的产物"④。事实上，我们在大卫·厄克特建构的土耳其政治形象中能看到上述欧文理想社会主义蓝图的所有因素，除此之外，欧文创立的工会所践行的"自治"原则在大卫·厄克特建构的土耳其地方政府制度及直接纳税制度中均有体现。

但是大卫·厄克特与欧文之间也存在差异。欧文的活动和思想表现出英国劳动阶级在新形势下对平等的渴求和愿望已经产生了新的升华，即一

---

① G.D.H.Cole.Introduction,In Robert Owen.*A New View of Society & Other Writings*,London & Toronto:J.M. Dent & Sons Ltd.,1927,pp.viii-ix.

② （苏）维·波·沃尔金等：《论空想社会主义》中卷，郭一民等译，北京：商务印书馆，1982年，第307页。

③ G.D.H.Cole.Introduction,In Robert Owen.*A New View of Society,Other Writings*,London & Toronto:J.M. Dent & Sons Ltd.,1927,p.xiv.

④ G.D.H.Cole.Introduction,In Robert Owen.*A New View of Society,Other Writings*,London & Toronto:J.M. Dent & Sons Ltd.,1927,p.xiv.

种"向前看"的平等追求。①但是根据上文的分析，我们看到大卫·厄克特建构的土耳其政治形象蓝图却是一种"向后看"的视角：他将地方政府制度下人们的精诚合作追溯至盎格鲁—撒克逊时期的互助会；将直接纳税制度同样溯源至久远历史上存在过的大国；将道德回望的视角拉伸至中世纪。由此，我们可以说欧文与大卫·厄克特在工业革命所致的尖锐社会问题面前，都没有苟安于现实，他们对理想或者"乌托邦"社会的构想雏形的出发点是一致的，即平等幸福的千禧盛世愿景，但是二者在阐释各自理念主张的契合点上却显现出了"背道而驰"的趋向。如果我们借用钱乘旦和陈晓律两位先生对英国激进主义一词的阐释的话②，相比较于欧文，大卫·厄克特显得更加"激进"，即更具"正本清源"精神。换言之，为了挞伐欧洲现行制度，大卫·厄克特选择了"回归传统，向传统寻求庇护"，借用"传统的延续性"③来证明土耳其地方政府制度和直接纳税制度的合理性及优越性。

## 第三节　土耳其的经济形象

在《欧洲报刊论东方问题》一书中，编辑大卫·罗斯在前言中明确申明此书的目的就是揭露在欧洲盛行的有关土耳其的错误观点。④为此，他将1832年发表在土耳其报纸《土耳其通报》上的一篇名为"论土耳其治下的自由贸易"（*On the Freedom of Commerce in the Ottoman Dominions*）的

---

① 钱乘旦、陈晓律：《在传统与变革之间：英国文化模式溯源》，南京：江苏人民出版社，2010年，第110页。
② 钱乘旦和陈晓律两位先生认为英国激进主义独具特色："激进"（radical）这个词源出于拉丁文"根基"（radix）一词，带有"刨根问底""触动根基"的含义，但同时也带有"归根到底""正本清源"的意思，即要对现有制度进行大幅度的根本变革。参见钱乘旦、陈晓律：《在传统与变革之间：英国文化模式溯源》，南京：江苏人民出版社，2010年，第166页。
③ 钱乘旦、陈晓律：《在传统与变革之间：英国文化模式溯源》，南京：江苏人民出版社，2010年，第166—171页。
④ David Ross.*Opinions of the European Press on the Eastern Question*,London:James Ridgway&Sons,1836,p.iiv.此书的编者大卫·罗斯是大卫·厄克特反俄亲土运动历程中的亲密战友。此书中所有文章的作者都是匿名，9篇文章是关于大卫·厄克特的著作，其中《土耳其及其资源》的书评5篇，《英国、法国、俄国和土耳其》的书评4篇，这些文章无不显示出大卫·厄克特对大卫·罗斯的影响之大。

文章作为他的开篇之作,由此我们可以站在土耳其人自身的视角来重新解读被欧洲误解和错误表述的土耳其。在他看来,理智、宽容和好客一直是土耳其帝国与欧洲国家之间相互影响的因素。从苏丹在伊斯坦布尔建都以来,土耳其人就将所有的港口向欧洲人开放,即无限自由的贸易一直无限制地进行,与此同时,极其温和的海关关税是对自由贸易的补充。①由此,我们可以推断对于土耳其帝国而言,宗教和民族差异并没有成为它推行自由贸易的障碍。事实上,历史提供了最好的明证:在土耳其帝国兴盛时期,它就慷慨地向欧洲国家敞开了贸易的大门,1535年它与法国签订的第一个贸易条约就是遵循自由贸易的精神与原则而得以完成的。现在尽管"这些条约的性质已经过时,但是基本原则却没变"②。在大卫·厄克特看来,正是由于土耳其苏丹的慷慨,文明欧洲才得以在土耳其帝国进行自由贸易的特权。在这样宽厚的背景下,英国于1580年获得了在土耳其帝国贸易的特权。1675年,土耳其给予英国的特惠经历了较大的修改,英国的特权范围也因此有了扩大。

## 一、土耳其的地缘重要性

土耳其的人口达2500万③,位于亚欧大陆的结合部,扼守黑海海峡。④

---

① David Ross.*The European Press of the Eastern Question*.London:James Ridgway&Sons,1836,p.3.实际上,大卫·厄克特在其专著《土耳其及其资源》中也有相同的表达,根据我们对上下文语境的理解,应该是桑顿先生(Mr.Thornton)对土耳其贸易的经典论述,但是由于大卫·厄克特的书没有给出参考文献,笔者查阅后推测极有可能是托马斯·桑顿的专著 *The Present State of Turkey; or A Description of the Political,Civil and Religious Constitution,Government and Laws of the Ottoman Empire*,London:Joseph Mawman,1807.
② David Urquhart.*Turkey and Its Resources*,London:Saunders and Otley,1833,p.131.
③ David Ross.*Opinions of the European Press on the Eastern Question*.London:James Ridgway&Sons,1836,p.200.此章节是大卫·罗斯对柯贝特(Cobbett,19世纪英国著名政治评论家)关于土耳其和俄国主张的评论,从上下文很难判断这个人口数字是大卫·罗斯还是柯贝特的推测。另外,此书的其他地方提到土耳其帝国的人口应该是3000万,参见此书第309页。事实上,对土耳其帝国人口的数量在学界的争议颇大,如大卫·厄克特在1833年曾经估计帝国的人口数是1200万,他认为土耳其政府在人口的统计和估算方面有夸大的嫌疑,旨在突出帝国的重要性。但是,他也承认1200万是一个相对保守的数字。参见 David Urquhart.*Turkey and Its Resources*,London:Saunders and Otley, 1833,p.270.
④ 黑海海峡是土耳其境内博斯普鲁斯海峡和达达尼尔海峡及它们之间的马尔马拉海的总称。拿破仑曾经就黑海海峡的重要性有过经典评论:"谁控制了海峡,谁就统治了世界。"

## 第三章 土耳其形象在英国的代表性认知:以大卫·厄克特为例

相较于俄国统治者对黑海海峡一以贯之的重视①,英国直到19世纪30年代才开始关注它在黑海的贸易前景②。当然,土耳其帝国统辖范围之下的埃及、叙利亚、阿拉伯等地对英国在东地中海及印度的利益的重要性不言而喻,故而英国必然反对或者遏制在近东问题上对欧洲均势及其利益造成威慑的举措。再者,1815年之后,鉴于欧洲各国采取了自我保护的贸易政策,英国在欧洲大陆的市场因此大为收缩,迫于国内商人和生产的压力,英国只能寻求新的产品销售地和原料供应地,由此,近东的土耳其帝国进入了英国贸易筹划的视野。英国与土耳其商品的进出口关系能很好地解释这一现象:1827年,英国从土耳其进口的商品只占进口总额的3%,而出口商品的数量不及出口总额的2%;但是时隔25年后,英国在土耳其的进出口商品占进出口总额的比重均高于3%。③难怪,历史学家贝利选择从希腊独立战争到克里米亚战争这一时间段来阐释历史和经济之间的内在联系,从中也可以看出英国在近东政策的嬗变。④

实际上,英国做出"忽视"近东贸易的选择也是出于无奈。东印度公司之所以放弃一条更加直接的天然路线,即从东地中海开始,穿过红海、

---

① 学界一般认为俄国对黑海海峡的觊觎之心始于彼得大帝,他首先占领了亚速,1711年普鲁士战败后被迫放弃,但是到他去世时,打开了俄国通向黑海的道路。同年,亚速被俄国夺回。通过法国干预调停的俄土战争以1739年的《贝尔格莱德和约》告终,俄国被禁止在黑海拥有或者建设舰队,因为把俄国从黑海赶出去被认为符合欧洲的利益,故此,黑海仍然在土耳其帝国的掌控之下。1768年,土俄纷争再起,1774年《库楚克·开纳吉条约》得到了欧洲的首肯,这相当于承认俄国获得了黑海及附近的一些海岸,它的商船可以自由行驶在土耳其政府统治下的一些海域。

② 学者们关于英国下定决心维护土耳其帝国的研究各有侧重点,在政治动机方面,如关于帕默斯顿给予土耳其以重视的时间节点尚存争议,一般认为以1833年的《温加尔·伊斯凯莱西条约》为分水岭,参见R.L.Baker.Palmerston on the Treaty of Unkiar Skelessi,*English Historical Review*,XLIII,1928,pp.83-89. 但是也有学者认为帕默斯顿在此条约之前就已经开始支持土耳其。参见M.Vereté.Palmerston and the Levant Crisis,1832,*Journal of Modern History*,XXIV,1952,pp.143-151. 持经济动机主张的杰出代表是贝利和普里尔,参见Frank E.Bailey.The Economics of British Foreign Policy,1825-50,*Journal of Modern History*,XII,1940,pp.449-484;Frank E.Bailey.*British Policy and the Turkish Reform Movement,A Study in Anglo-Turkish Relations,1826-1853*,Cambridge:Harvard University Press,1942;Vernon J.Puryer.*International Economics and Diplomacy in the Near East:A Study of British Commercial Policy in the Levant 1834-1853*,London:Oxford University Press,1935.

③ Frank E.Bailey.The Economics of British Foreign Policy,1825-1850,*The Journal of Modern History*,Vol.12,No.4,1940,p.451.

④ Frank E.Bailey.The Economics of British Foreign Policy,1825-1850,*The Journal of Modern History*,Vol.12,No.4,1940,pp.449-484.

美索不达米亚和海湾,是因为三个因素。首先,这条路线需要从陆地穿过沙漠,这使商人们的货物极有可能受到游牧部落的控制。其次,红海不为人所知的珊瑚礁和变幻莫测的风向、印度洋上的西南季风、海湾的海盗都会严重影响航海航行。最后,彼时土耳其政府对基督教侵入者的仇视和妒忌使绕道此地的路线更加艰难,再加之大量装载货物的船运对于直接路线是不可能的事情。简而言之,绕过好望角航行的困难与直接路线相比微不足道,故此英国在早期并没有给予此地区太多的关注。直到19世纪30年代这种有意地"忽略"才出现较大的改观。其时,一些积极因素使穿过苏伊士地峡、绕道叙利亚、幼发拉底河、海湾的铁路和水路计划都有了实现的可能:蒸汽船、铁路和电报的发展使建立一条更加直接的运输路线成为可能;土耳其的声望已经日落西山,埃及为帕夏穆罕默德·阿里所控制;海湾的海盗已被英国镇压;红海的珊瑚礁也被英国的水文学家绘出。由此,英国政府开始认真考虑这条路线的可行性。

对英国商人而言,距离因素促使他们请求英国政府能考察绕道埃及的水路路线:地中海和苏伊士地峡至印度的距离只是绕道好望角路线的1/3,但是英国政府最初并没有做出积极的响应。直到19世纪30年代它才有所行动,下议院为此成立了特殊委员会来勘测这条短航线的可行性。帕默斯顿从一开始就反对这条运河路线的开辟,认为其不仅可行性低而且从政治上讲也是一件很危险的事情,他担心这会改变欧洲国家之间的关系。在他看来,产品的输入可能会严重影响土耳其与其他国家之间的外交关系。①他更感兴趣的是绕道叙利亚和美索不达米亚到印度的一条短路线,言下之意,他赞成开辟一条在土耳其苏丹治下领土上的路线,由此,他可以赢得马赫穆德二世的友谊。②从中不难看出,土耳其帝国的地理位置在1833年后英国对近东政策的考虑中扮演了很重要的角色。对此,大卫·厄克特深有体会,在1838年5月23日格拉斯哥商会晚宴上发表的演讲中,他给予土耳其帝国以全方位的衡量:

> 从海运的角度来看土耳其,它的重要性堪与英国相提并论,大海

---

① Palmerston to Canning, July 24, 1851, F.O.78/411.
② H.L.Hoskins. *British Routes to India*, London: Longmans, 1928, p.147.

## 第三章 土耳其形象在英国的代表性认知：以大卫·厄克特为例

将它的首都一分为二，三个大海处于其控制之下。它扼守欧亚大陆，控制着欧洲一半的贸易，橡树林覆盖了它的海岸，欧洲、亚洲和非洲最高贵的河流流过它的领土——成千上万的水手在它的统治下谋生。从政治角度来看，它的独立事关全世界的海上平衡、维护欧洲和平及英国在印度的统治。从贸易的角度来看，它的内部繁荣或者征税的遏制都对它的产品和进口商品不施加任何限制。它肥沃的土壤可以生产出大量的原材料，（但是）英国却在反民族谄媚的祭坛之上牺牲了朋友的利益和它的贸易繁荣。当欧洲大陆联合起来反对我们时，正是土耳其提供给英国的便利才使英国的商品得以被引进土耳其。正是我们与土耳其的贸易关系使我们推翻了拿破仑的政治权力，在万劫不复中营救了英国。正是通过与土耳其贸易关系的加强，我们遏制了一个比法国更加危险的国家，比拿破仑更加贪婪的敌人。[①]

### 二、英国的贸易处境

此外，另一个不容忽视的因素就是英国与土耳其苏丹治下领土在贸易方面的增长。事实上，欧洲各国的贸易力量在拿破仑战争期间均受到了压制，战后各国都渴望拓展本国的对外贸易。然而，各国出于保护本国贸易充足发展的利益考虑，均采取了保护性措施。由此，战后各国的贸易关税"一夜之间"提高了很多，英国也不例外。对英国而言，它失去了欧洲的市场[②]，但是它的高关税在一定程度上弥补了其在市场方面的损失，即英国试图让贸易在一失一得之间实现平衡。然而，1819—1835年英国的对外贸易还是经历了萧条时代。[③]时至1838年，大卫·厄克特的演讲依然聚焦于英国贸易的艰难处境，他向听众们讲述了一个"令人目瞪口呆"的事实：

---

[①] David Urquhart.Foreign Policy and Commerce:Speeches Delivered at a Dinner Given by the Commercial Community of Glasgow,London:Nabu Press,2011,pp.10-11.

[②] "我们与富裕、文明欧洲民族之间的贸易本该给我们的贸易拓展提供更广阔的空间，但是现在却大幅度地滑落了。1832—1836年我们出口给欧洲的年平均商品价值比拿破仑战争结束后5年下降了近20%。参见 G.R.Porter.*Progress of the Nation*,London:W.Clowrs and Sons,1912,p.482.

[③] G.R.Porter.*Progress of the Nation*,London:W.Clowrs and Sons,1912,p.478.

英国的土耳其形象研究（1800—1853）

去年我们的出口没有超过我们在本世纪（19世纪）第二年的出口，比我们在和平后第一年的50万英镑要少，在和平后，我们出口给欧洲的是260万英镑，但是我们在1836年的贸易已经降至180万英镑，战争结束后7年我们与老顾客的贸易平均减少了20%以上。而与此同时，那些国家的贸易增长了近30%。英国的人口及生产人口增长了25%，原材料下降了1/3，运输及英国的生产力有了巨大的拓展。但是我们与欧洲真正的贸易减少了不止20%。即便是20%，情况仍令人担忧，就我们的位置而言，足以唤醒最令人焦虑的考量。……就每天增长的800人口中，只有20个人依靠农业来谋生，剩下的都直接或者间接在外贸中谋生，他们的健康和食物取决于我们与其他国家贸易的进展。①

在1825年之后英国的保护政策和殖民地扩张备受舆论的指责，在欧洲市场无法得到拓展的情况下，近东首次在英国历史上成了极具重要的地方。一位作家形象地写道：曼彻斯特的制造商不得不以"给黑人、棕色人和伊斯兰世界生产的衬衫"来谋生。言下之意，东方为英国贸易的拓展提供了广阔的前景：

德国市场萧条，法国市场关闭，而土耳其和东方的市场却生机勃勃。1839—1849年——早期铁路时代的中间时代，起始和终结两个年代的正常贸易都不错，出口的数字都在攀升——船运到海外的平纹棉织品增长了2倍多……运到印度、锡兰和土耳其的平纹棉制品增长了3倍多……②

1827年，英国卖给俄国的商品价值7 500 000美元，而卖给土耳其和希腊的商品价值却是俄国的3倍。到1845年，俄国出售给英国的商品价值10 750 000美元，但是土耳其和希腊从英国购买的商品价值是11 050 000美元。1849年，英国出售给俄国的商品价值几乎跌落到了1827年的水平，但是土耳其

---

① David Urquhart. Foreign Policy and Commerce: Speeches Delivered at a Dinner Given by the Commercial Community of Glasgow, London: Nabu Press, 2011, pp.14-15.
② J.H.Clapham. *An Economic History of Modern Britain*, London: Cambridge University Press, 1939, pp.481-482.

## 第三章 土耳其形象在英国的代表性认知:以大卫·厄克特为例

从英国购买的商品价值却上升至 12 000 000 美元。① 一言以蔽之,与俄国相较而言,土耳其成了英国更重要的顾客。

尽管官方数据不完全,但是我们仍然可以从表 3-1 看出,1825—1853 年,英国出口至土耳其的商品价值基本上呈现出一路上升的状态,其中以 1848 年为巅峰时期,与 1825 年的出口价值相比,增加了 9 倍,此后有回落,但与 1825 年相比仍然显现出上升的趋势。与此同时,英国从土耳其进口的商品价值也稳步上升,尤其是在 1838 年签订《英土贸易协定》后基本上保持了稳定上升的势头。从英国和土耳其的贸易差额来看,英国在与土耳其的贸易交流过程中成功保持了贸易顺差(除 1825 年、1928 年外)。

表 3-1　1825—1853 年英国向土耳其的进出口对照官方数据

| 年份 | 出口(英镑) | 进口(英镑) | 贸易差额(英镑) |
| --- | --- | --- | --- |
| 1825 | 1 079 671 | 1 207 172 | 127 501 |
| 1826 | 1 104 897 | 818 516 | 286 381 |
| 1827 | 1 078 920 | 598 650 | 480 270 |
| 1828 | 423 151 | 731 943 | 308 792 |
| 1829 | 1 394 588 | 431 062 | 963 526 |
| 1830 | 2 745 723 | 726 065 | 2 019 658 |
| 1831 | 2 113 928 | 759 797 | 1 354 131 |
| 1832 | 2 091 590 | 654 146 | 1 437 444 |
| 1833 | 2 450 204 | 643 958 | 1 806 246 |
| 1834 | 2 467 944 | 741 280 | 1 726 664 |
| 1835 | 2 706 591 | 879 089 | 1 827 502 |
| 1836 | 3 649 925 | 1 030 110 | 2 619 815 |
| 1837 | 2 747 807 | 841 395 | 1 906 412 |
| 1838 | 4 672 720 | 789 118 | 3 883 602 |
| 1839 | 3 578 561 | 1 196 430 | 2 382 131 |
| 1840 | 3 673 903 | 1 240 812 | 2 433 091 |
| 1841 | 3 630 792 | 1 212 749 | 2 418 043 |
| 1842 | 4 688 207 | 1 168 036 | 3 520 171 |
| 1843 | 5 440 941 | 1 243 759 | 4 197 182 |
| 1844 | 7 688 406 | 1 292 989 | 6 395 417 |
| 1845 | 7 620 140 | 1 465 972 | 6 154 168 |

---

① Veron John Puryear.*International Economics and Diplomacy in the Near East:A Study of British Commercial Policy in the Levant 1834-1853*,London:Oxford University Press,1935,pp.108-109.

英国的土耳其形象研究（1800—1853）

续表

| 年份 | 出口（英镑） | 进口（英镑） | 贸易差额（英镑） |
| --- | --- | --- | --- |
| 1846 | — | 1 071 340 | — |
| 1847 | 7 619 106 | | |
| 1848 | 11 186 524 | | |
| 1849 | 2 373 669 | | |
| 1850 | 2 515 821 | | |
| 1851 | 7 479 175 | | |
| 1852 | 8 489 100 | 2 252 283 | 6 236 817 |
| 1853 | — | 3 050 518 | |

就贸易而言，俄国在两方面给英国带来了危险和困惑，一方面，《亚德里安堡和约》已经给予俄国商人在黑海海峡、多瑙河及黑海地区的特权地位。单就多瑙河而言，它是欧洲的天然动脉，如果它的航海不被封锁，匈牙利领土的所有资源以及多瑙河支流沿岸的资源都可以彻底毁灭俄国的出口及运输贸易。此外，还能增加它南部边界[①]的内部繁荣并且能凸显这一区域的政治重要性。再加上俄国在波斯和中亚的扩张势必影响到英国在此地的传统纺织品贸易，如俄国向南方的前进威胁到了英国穿越波斯北部的商队路线。尤其是 1828 年俄国与波斯签订的条约使俄国距离从特拉比松到大不里士的道路不到 14.5 千米，由此抢去了英国在此地的贸易，预计贸易价值每年达 1500 万英镑[②]。另一方面，英国和俄国之间的贸易差额呈现出对英国不利的趋势。换言之，英国成了俄国商品的输入国。从 19 世纪 20 年代起，俄国主粮产品的出口逐渐增长，1832—1840 年俄国的粮食贸易平均增长了 56%。[③] 尽管此时期英国商人仍然在俄国市场上占据优势地位[④]，但是俄国向英国出售的粮食和其他农产品逐年增加：1832 年，英国从俄国

---

① 主要是指匈牙利和波兰的行省加利西亚省。大卫·厄克特认为匈牙利的繁荣势必会遏制俄国在该地区的扩张，加利西亚省被认为是波兰最先进的行省。参见 David Urquhart.*Turkey and Its Resources*,London:Saunders and Otley,1833,pp.164-165.
② Richard Cobden.*The Political Writings of Richard Cobden*,London:W.Ridgway,1867,p.142.
③ A.N.Shebunin.Rossiia na Blizhnem Vostokie（Russia in the Near East），In Veron John Puryear.*England,Russia,and the Straits Question 1844-1856*,Archon Books,Vol.62,No.4,1965,p.88.
④ 统计数字显示 1832 年英国出售给俄国的商品与出口商品总数的比例是 59∶142，余下的比例依次被汉萨同盟、美国、法国、奥地利、土耳其占有；1836 年英国出售给俄国的商品与出口商品总数的比例是 79∶167；1840 年是 75∶196。Annales du Commerce,pp.14-15,In Veron John Puryear,*England,Russia,and the Straits Question 1844-1856*,Archon Books,Vol.62,No.4,1965,p.85.

## 第三章  土耳其形象在英国的代表性认知：以大卫·厄克特为例

购买的粮食与农产品总数的比例是 95∶129；1836 年是 130∶200；1840 年是 133∶195。①仅敖德萨港口一地英国购买俄国粮食的价值就是出口给俄国商品价值的 2 倍多，英国从阿尔汉格尔斯克购买了俄国出口小麦的 90%，同样的购买优势在俄国于黑海和波罗的海出口的主要产品（如亚麻籽、燕麦、大麦、动物油脂、牛皮、铁、大麻、亚麻及焦油等）中都有所体现。②英国驻伊斯坦布尔大臣布龙菲尔德（T.A.D.Bloomfield）曾在 1841 年 10 月给外交部写信谈及俄国在中亚的扩张问题：

> 欧洲不需要俄国粗糙的商品，故而这样的商品找到的唯一出口在亚洲，俄国的禁止性制度以及对国内产品保护的大目标就是以比英国产品低的价格在东方进行贸易。到目前为止，他们没有得逞，我不太确定这样的竞争是否给我们的利益造成了损失，但是俄国人是一个不屈不挠的民族，这个帝国正在走向文明，它的运输方式（人们非常关注这个问题）得到了改善，俄国和这些国家在地理上的相近可能对英国的贸易带来恶性影响。③

俄国对英国除过这种"无声的侵略"之外，还有"有声"的禁止性贸易制度。总之，俄国双管齐下的贸易攻势使英国的贸易处于非常不利的境况。尽管英国官方试图与俄国方面接洽，以期在给俄国出售工业制品方面有所改变，但是俄国人并没有给予积极的响应。④

对比之下，土耳其政府的关税制度与欧洲其他国家的关税制度可谓反其道而行之，土耳其政府对进口产品只征收 3% 的关税，但是对于出口产品的关税高达 12%。从中不难看出它对保持贸易平衡几乎没有概念，遑论保护性制度了。⑤这大概就是土耳其帝国被称为世界上最慷慨国家的原因。1838

---

① Annales du Commerce, pp.14-15, In Veron John Puryear. *England, Russia, and the Straits Question 1844-1856*, *Archon Books*, Vol.62, No.4, 1965, p.85.
② Parliament Papers. XLVI, 1844, pp.553-558. 转引自 Veron John Puryear. *England, Russia, and the Straits Question 1844-1856*, *Archon Books*, Vol.62, No.4, 1965, p.89.
③ Bloomfield to Aberdeen, 2 October 1841, *British Board of Trade*, 1841, p.76.
④ 直到 1842 年 10 月涅塞尔和阿伯丁才开始就双方贸易的相互性开始谈判。
⑤ 例如，英国的进口关税平均是 20%，参见 Nassau William Senior. *A Journal Kept in Turkey and Greece in the Autumn of 1857 and the Beginning of 1858*, Whitefish: Kessinger Publishing LLC, 2007, p.185.

年《英土贸易协定》将土耳其的进口关税提升至 5%，但是出口关税仍然保持不变。该条约终结了土耳其政府指定的垄断，这就意味着，只要欧洲大国缴纳 5% 的进口产品税就可以在土耳其境内销售产品。

实际上，19 世纪 30 年代英国面临的问题就是如何在土耳其和俄国之间做出选择。就当时的形势而言，如果选择了俄国就意味着土耳其帝国一旦解体，则英国和俄国可以瓜分土耳其的遗产①；如果选择与土耳其合作，则英国可以将土耳其作为抵制俄国继续在亚洲进行政治渗透和经济扩展的堡垒，从而在近东贸易中独占鳌头。②利害相权之下，英国选择了后者。1838 年土耳其与英国签订了新的贸易条约，土耳其的自由贸易和俄国的保护性制度形成了鲜明的对比。贝利对海关记录作了最粗略的分析，认为有两点突出的地方：首先，出口至土耳其的商品数量证明土耳其已经成为英国制成品的重要出口地，并且越来越重要；1825—1855 年从土耳其进口的商品增加了 2 倍，但是出口的商品却增加了 3 倍，贸易差额对英国有利。其次，从黎凡特进入到英国的农产品逐渐占据了优势，而对英国用于交换的商品主要是制成品。③事实上，英国与土耳其之间的贸易协定使土耳其失去了附加的进出口税收，由此更加依赖外国贷款。实质上，此后土耳其逐渐成了英国名副其实的经商附庸。

## 三、自由贸易

无疑，一个自由、独立的土耳其将有利于英国，尤其是在《英土贸易协定》签订后，土耳其可以更好地成为英国的产品出口地。在《土耳

---

① 1844 年，在沙皇尼古拉一世访英期间，俄国与英国的共识就是尽量维持土耳其，但是万一土耳其瓦解，则就土耳其的瓜分问题预先达成谅解，这种谅解被俄国的外交大臣涅塞尔总结，史称《涅塞尔备忘录》。这个备忘录在 1854 年 3 月 31 日被出版之前只为英国内阁中的少数议员所知。英国认为谅解是双方意见的交换，是沙皇的一个口头承诺，并不是一个具有束缚性的条约，但是尼古拉一世的理解是英国、俄国双方在土耳其问题上已经达成共识，这就为以后英俄在此问题上的分道扬镳埋下了伏笔。参见 Veron John Puryear.England,Russia,and the Straits Question,1844-1856, Archon Books,Vol.62,No.4,1965,pp.51-74.

② Veron John Puryear.England,Russia,and the Straits Question 1844-1856,Archon Books,Vol.62,No.4,1965, p.76.

③ 英国出口给土耳其的制成品主要包括棉布、白糖、铁和钢（不包括矿）、毛织品（纱线及产品）、未锻轧锡、五金和餐具等。参见 Frank E.Bailey.The Economics of British Foreign Policy,1825-1850,The Journal of Modern History,Vol.12,No.4,1940,p.468.

## 第三章 土耳其形象在英国的代表性认知：以大卫·厄克特为例

其及其资源》一书中，大卫·厄克特盛赞土耳其的自由贸易，认为它可与土耳其苏丹给予基督教国家的热情好客相媲美："贸易恢复了它神圣的特点，即使彻底与宗教截然不同。"① 与欧洲贸易的复杂相比较，土耳其具有以下优点：

> 贸易的极端简洁可以在商人的商铺中看到：没有相关的法律规定；除过一个常见的账本，没有其他书；没有赊账；没有贴现票据；没有债券；甚至没有收据；所有的交易都用现金；没有虚构资金；没有风险；没有因破产而造成的损失；一个资金可能超过 20 000 英镑的商人没有小职员，他将一个小箱子放在地毯上，将胳膊肘撑在上面，胳膊将之围起来后立刻就成了他的银行和会计室。
>
> 跟着商队的商人事实上不会遇到太多危险，但是会有些许花费。住宿免费，完全有保障；他永远不会受到价格波动的威胁；他无须害怕代理人或者经纪人的无知或欺诈；他用自己的商品或者金钱来交换他的所需；在购买之前查看、考察商品；他没有赚取巨额财富的可能，但是完全能获得对勤勉的回报；他可以做非常小的资金投资。商人没有法人权利或者相关经验也能从事贸易，他需要的是智慧、勤勉、坚忍和节俭，不管他的利润、花费是多么的微不足道，他都认为自己已经走在致富的道路之上。②

由此，在土耳其贸易过程中没有欧洲贸易过程中那种繁文缛节。这种简洁的贸易给土耳其带来了一定程度的繁荣。尤为重要的是，这种免于各种风险的简洁贸易使一种"勤劳即能致富的"贸易精神在人民大众中得到传播。得益于从小耳濡目染的对贸易的敏锐性及环境的熏陶，土耳其人很小的时候就普遍开始思考贸易③，故而，贸易遍布土耳其的各个角落，因为"没有人能从事自由职业、投资政府证券；没有人因资金的固定比

---

① David Urquhart. *Turkey and Its Resources*, London: Saunders and Otley, 1833, p.135.
② David Urquhart. *Turkey and Its Resources*, London: Saunders and Otley, 1833, pp.136-137.
③ 东方人的孩子一般年幼时就开始为家庭分担忧虑，希腊农民的学校在农闲时每天花费数小时给孩子们教授关于贸易的知识，这使他们看起来像小大人；这与那些每天花费 8 小时多坐在长凳上学习知识的西方孩子形成了巨大的反差，这些知识无用，还摧残了孩子们的身心健康。参见 David Urquhart. *Turkey and Its Resources*, London: Saunders and Otley, 1833, p.138.

例收入或者凭副业而脱离农业或者贸易事务来谋生；每个人必须自己参与贸易或者将资金投入使用，由此所有的人不断从事一些可以带来利息或者利润的投资"①。

总而言之，土耳其的自由贸易简单明了，土耳其人的贸易精神充满了活力，呈现出"人尽其才、物尽其用"的美好景象。在大卫·厄克特看来，土耳其的贸易恰如其地方政府制度及直接纳税制度一样蕴含着深刻的道德法则。在东方/土耳其，看不到复杂法律对贸易的干涉。在西方/欧洲，政府经常假托提高收入、加强内部繁荣等言辞来干涉贸易的进行，但是在土耳其，贸易得以持久的基础却是道德法则。"没有人能否认政府的效率因此而有了非常大的提高，从而杜绝了人民的反对与不满，刑法失去了一半的残忍，但却获得了双倍的效力，因为它没有将道德和法律放在对立的面上——如果收入的提高不受法律干涉的话。"②

实际上，大卫·厄克特在建构土耳其自由贸易形象的同时也注意到土耳其专制统治下的弊政：农民会遭受不公正和压迫；政府代理人也会因为自己的所作所为而遭受相应的惩罚；制造商得承担普遍的不安全，很难逃脱当地行政长官的控制和盘剥。③他们一方面公开谴责东方暴政；另一方面仍然期待土耳其的新生，只不过这样的新生得借助西方/欧洲与土耳其之间的贸易联系。具体而言，就是通过令人尊敬的贸易，我们织布机的产品……土耳其人用他们过剩的农产品④来交换我们的工业品……⑤言下之意，在土耳其与英国之间的贸易关系中，双方扮演的角色不同，土耳其成为原材料的供给地，英国在拿走原材料的同时还之以它的工业品。

19世纪时土耳其帝国是一个以农业为主的国家，它主要的农产品包括谷物、棉花、羊毛等。尽管它的一些行省也有生产出口产品的优势，如突尼斯的红帽、克什米尔的披肩、巴格达的棉缎、赫拉特的地毯等，但是因

---

① David Urquhart.*Turkey and Its Resources*,London:Saunders and Otley,1833,p.138.
② David Urquhart.*Turkey and Its Resources*,London:Saunders and Otley,1833,p.81.
③ David Urquhart.*Turkey and Its Resources*,London:Saunders and Otley,1833,p.139.
④ 大卫·厄克特原文中使用的词是 superfluous，意为"过剩的、过多的"。但是乌比奇尼却认为土耳其的农业从没有发展到可以自足的程度。参见 M.A.Ubicini.*Letters on Turkey*,trans.,Lady Easthope, London:John Murray,Vol.I,1856,pp.307-338.
⑤ David Urquhart.*Turkey and Its Resources*,London:Saunders and Otley,1833,p.140.

## 第三章 土耳其形象在英国的代表性认知：以大卫·厄克特为例

为不稳定的政治局势，再加上土耳其非常高的出口税（12%），所以它的出口产品并没有形成优势。但是土耳其从苏莱曼时期就开始允许外国商品自由进入帝国的传统做法对英国商人具有非常大的吸引力。尤为重要的是，土耳其对进口商品只有3%的从价税和很少的停靠费。①这对于英国商人而言是不可多得的商机，是颇具价值的市场。

大卫·厄克特更倾向于将英国/西方和土耳其/东方之间的联系建立在自由贸易的信仰之上，"事实上，一条海湾将东方和西方分割开来不可能不让人遗憾，同样让人觉得不可思议的是与东方进行广泛贸易的希望与憧憬以及伴随贸易而迅速产生的富裕与幸福"②。无疑，英国在这种能给两国人民带来福祉的贸易关系中占据了支配性的地位，它能给土耳其的经济注入活力。大卫·厄克特发现有英国织布机的地方，就会展现出一番繁荣的景象。然而，英国的出口和进口比例并不协调，根据大卫·厄克特的研究，1827—1830年，英国的出口从531 704英镑增加到了1 139 616英镑，然而它的进口却没有相应的增长。英国就像一个缝纫用品店或者五金店，虽然能给土耳其农民展现出琳琅满目的商品，但是英国商人不用土耳其农民的农产品，土耳其农民也没有钱购买英国商人的商品，这些商品对于土耳其而言只能是一种虚荣的愿望。③由此，大卫·厄克特"第一个意识到英国商品价格的降低将会增强土耳其人的购买力，从而扩大英国商品的土耳其市场"④。

大卫·厄克特的著作和演讲的一个突出主题就是土耳其具有重组的可能，它的活力体现在我们上述的地方政府制度、直接纳税制度及自由贸易制度之中。但在《英国的政策与土耳其的改革运动》一书中，贝利却认为大卫·厄克特对坦齐马特的影响几乎全部在经济方面。⑤客观地说，这样的

---

① 此外，对外国商品的顾客再征收2%的税，这样整个税是5%。参见 J.R.McCulloch.*A Dictionary,Practical,Theoretical and Historical of Commerce and Commercial Navigation*,London:Cambridge University Press,2016,p.394.
② David Urquhart.*Turkey and Its Resources*,London:Saunders and Otley,1833,p.134.
③ David Urquhart.*Turkey and Its Resources*,London:Saunders and Otley,1833,p.144..
④ Frank Edgar Bailey.*British Policy and the Turkish Reform Movement:A Study in Anglo-Turkish Relations 1826-1853*,New York:Howard Fertig,1970,p.119.
⑤ Frank Edgar Bailey.*British Policy and the Turkish Reform Movement:A Study in Anglo-Turkish Relations 1826-1853*,New York:Howard Fertig,1970,pp.162-164.

判断有失公允,但是也在一定程度上体现出大卫·厄克特对自由贸易重要性的强调。鲁米利亚的自由贸易①激发了大卫·厄克特关于英土贸易形象的想象,在他眼中,英国与土耳其之间的自由贸易无疑能给后者注入活力和动力,与此同时,英国在这样的双向贸易关系中承担着核心推动的责任。

> 我情不自禁地将贸易比作人体结构,它使人类居住的地区充满了活力。贸易从作为心脏的英国开始,匆忙流过较大的血管,然后通过细小的通道在整个身体内散开。它能修复耗竭,提供力量,让物质发挥作用,使能量用于需要的地方。它提供得更多,促进它的生长,增强了它的力量,让整个身体充满了动力和活力。心脏的力量能推动更大量的血液,除非返回的血液在接受它的静脉中堵塞。堵塞的原因只在诊查心脏本身时才能显现出来。血液循环的通道仍然处于自然、灵活、积极的状态,返回血液的血管被感染了最奇怪的疾病——这种疾病让生命之血只能一滴滴地流过——一个血管僵化到了麻木状态——一个血管罹患动脉瘤,在那里大量的血液处于彻底停滞的状态——其他的血管则彻底封闭,血液只能强行打开新的绕道通道,甚至在自然、正当的通道里爆裂。但吊诡的是,这种疾病的暴发不是自然及不可避免的原因导致的,而是这颗心脏的主人导致的,他有责任将放置在急速跳动胸脯上的重量放置在他健壮的肩膀之上。②

由此就不难理解大卫·厄克特在多种场合为推动英土贸易大声地疾呼,土耳其"这条血管"的贸易由"心脏"英国来推动。如果英国不愿意承担起这种巨大的责任,那么土耳其的贸易有可能因流通不畅而麻木、停顿。那么英国如何能开展与土耳其之间良性的自由贸易呢?大卫·厄克特就此给出了两个思路:其一,降低英国商品的价格。其二,降低对土耳其原材料进口的关税。表面看来,两项提议均对英国不利,但实质上,英国是最终的受益者。在他看来,如果英国能主动降低商品的价格,那么势必增强土

---

① 鲁米利亚的自由贸易没有令人困惑的贸易中介、海关、保护、缺陷——人们对结果充满了信心,完全相信它们的准确性。大卫·厄克特认为这里的商品流通达到了极致。参见 David Urquhart. *Turkey and Its Resources*, London: Saunders and Otley, 1833, p.145.

② David Urquhart. *Turkey and Its Resources*, London: Saunders and Otley, 1833, pp.145-146.

### 第三章 土耳其形象在英国的代表性认知：以大卫·厄克特为例

耳其人民的购买力，由此英国的商品市场能够得到拓展；如果英国降低对土耳其原材料的关税，那么土耳其自然就会给予农业耕作以重视，那么它的农产品产量和质量也会随之得到提高，英国在土耳其的原材料市场也就能得到改善和拓宽，英国由此可以获得前景甚为开阔且价格低廉的原料市场。进而推之，英国可以用同样的策略获得土耳其丰富的矿物资源。事实上，1838年的《英土贸易协定》对于土耳其而言具有历史转折性，它的农业开始变得商业化，并且它在资本主义世界体系中变得边缘化或者半殖民化。① 从1845年起，英国与土耳其之间的贸易无论在进口还是出口方面均呈现出攀升的势头。一方面，土耳其成为英国原材料的输出国，输出的主要原材料有茜草根、生丝、葡萄干、羊毛、小麦和大鳞栎；另一方面，土耳其从英国进口大量的商品，其中以棉布、白糖、铁、钢、毛织品、五金制品及餐具为大宗商品。② 根据《伦敦经济学人》(*The London Economist*)公布的数据，1840—1851年英国出口到土耳其帝国（包括埃及和多瑙河行省）的商品，增加了约3倍。③

## 四、对土耳其经济形象的评价

需要指出的是，在建构土耳其作为英国原材料市场及产品销售市场的形象时，大卫·厄克特更加愿意以一种道德观念来粉饰英国对土耳其的贸易需求：这并不是机器的奇迹，也不是国内财富的积累；而是对英国的伟大品质，或者它对上百万与它没有任何看得见关系的人们命运的影响形成了一种公正的观点。④ 实质上，这是19世纪英国对东方"恩抚主义"的一种典型表述。维多利亚时期，英国的威望逐渐升至巅峰，英国的先进与伟大获得了普遍的认同。1836年由大卫·厄克特导演的"维克森事件"发生后，大卫·厄克特在格拉斯哥接受了庭审，当地的商人邀请他在一个晚宴上发表了演讲，大卫·厄克特就他自己拟定的贸易协定和英国政府与土耳

---

① 学界对此尚存争议，参见 Candan Badem.*The Ottoman Crimean War 1853-1856*,Leiden:Brill Academic Publishers,2010 p.58.
② Frank Edgar Bailey.*British Policy and the Turkish Reform Movement:A Study in Anglo-Turkish Relations 1826-1853*,New York:Howard Fertig,1970,pp.63-128.
③ Candan Badem.*The Ottoman Crimean War 1853-1856*,Leiden:Brill Academic Publishers,2010,p.59.
④ David Urquhart.*Turkey and Its Resources*,London:Saunders and Otley,1833,p.142.

其于1838年签订的贸易协定进行了对比。演讲结束后，他的朋友认为他的演讲非常"有启发性"，并且"有力地讲述了我们国家的地位"。①对于19世纪的英国而言，它的地位指的就是它在世界的霸权，这种霸权蕴含政治、经济、外交、文化等多方面的因素。在演讲中大卫·厄克特将他的土耳其政策主要建立在政治和经济考虑之上。对俄国根深蒂固的怀疑和仇恨使他担心英国的霸权会受到俄国的威胁，以及近东、中亚国家会受到俄国的侵略，大卫·厄克特就此倡导以英国高贵的荣誉，即"被压迫民族的卫士"来应对挑战："英国的力量不在于她的刺刀，也不会受到她的三角旗的影响，而在于各国对其诚信的信心以及人类对其坚定的信任。"②在大卫·厄克特眼中，英国凭其高贵的品质来行使对世界的责任。"英国作为正义的执行者、国际公法的维护者，应该挺身向前。"③

无独有偶，我们在200年后的英国仍然能看到类似大卫·厄克特这种"英国是世界/东方/土耳其的救世主"的主张。坦珀利以一名英国帝国主义者、东方学家及亲斯特朗福德的视角来考量了英国在土耳其的政策，反映出了他的东方学崇拜英雄的思想：

> 斯特朗福德·坎宁着手将东方人赶到了新的道路上，这项任务难倒了那些赶牛羊牲畜的专家们。看起来有两种方法可以将东方人领到新的方向上。其一，模仿他们，屈服于他们，假装是他们中的一员。然后他们就像一群羊一样跟着领头羊。这就是劳伦斯对阿拉伯人的方法……其二就是英国人所采用的方法，他保持着他的信仰但是在现实中仍然引导东方人。"反对他们，说服自己有一种使命来达成他们自身愿望所不能完成的事情。"这就是推动，而不是引导，斯特朗福德·坎宁对土耳其人使用的正是这种办法。④

---

① Gertrude Robinson.*David Urquhart:Some Chapters in the Life of Victorian Knight Errant of Justice and Liberty*,New York:Augustus M.Kelley Publishers,1970,p.61.
② David Urquhart.*Foreign Policy and Commerce:Speeches Delivered at a Dinner Given by the Commercial Community of Glasgow*,London:Nabu Press,2011,p.18.
③ Gertrude Robinson.*David Urquhart:Some Chapters in the Life of Victorian Knight Errant of Justice and Liberty*,New York:Augustus M.Kelley Publishers,1970,p.165.
④ Harold Temperley.*England and the Near East:The Crimea*,London:Frank Cass,1964,pp.242-243.

## 第三章　土耳其形象在英国的代表性认知：以大卫·厄克特为例

一般认为，大卫·厄克特短暂的外交事业是一场显而易见的失败。这种失败主要归咎于他自己，他没有很好地履行大使馆第一秘书的职责，相反，他整天和朋友待在大使馆附近的一个小屋里与土耳其人谈话，或者研究或者写作。两个月中只有四次出现在大使馆的餐桌旁，"英国代表团"共同惊讶地发现他们的官方代表竟然穿着土耳其服装，有着土耳其的习惯，以土耳其的礼仪吃着土耳其的食物。这对英国在伊斯坦布尔的声望是多么大的打击！当着"异教徒"的面降低了英国人的优越感，这是不可饶恕的！①

由此不难看出英国人对 19 世纪的英国对土耳其/东方的仁慈的霸权、父权权威，以及民族优越性所产生的文化上的共鸣。诚然，大卫·厄克特建构了美好的土耳其形象，其中最突出的要素就是地方政府制度、直接纳税制度和自由贸易制度。他用"沉默的三年"进行了潜心的研究和缜密的思考，绘制出了颇具"乌托邦"色彩的理想国度，在那里地方群众就像家庭成员一样，被相互依赖的纽带联系在一起，他们并不遭受统治者的统治或者压迫。相反，他们与统治者一起受到一种潜藏于人性道德的约束，彰显出大卫·厄克特对于人性的思考。实际上，大卫·厄克特的这种新主张曾经让维多利亚时期的英国外交圈大为吃惊。因为他之前的著作基本上承袭了人们对土耳其一贯的定势思维：东方是专制的，而土耳其是东方的典型代表。事实上，在腐败的土耳其政府的统治下存在着表面上的专制，但是整个社会都忍受或者反抗这种专制。②尽管如此，大卫·厄克特更多的看到的是东方道德（具体地说是东方由来已久不成文的风俗习惯及道德法）给东方各阶层带来的相互尊重以及由此产生的平等，在那"摧毁欧洲的阶级仇恨闻所未闻"③。大卫·厄克特进而将东方的道德法则与习俗追溯至中世纪。在中世纪，道德法则是社会治理的基础，尽管没有法律规定人们

---

① 参见 Foreign Office Papers,309,78.Mr.Frazer. 备忘录谈及庞森比和大卫·厄克特之间的差异，July 27,1837,In Gertrude Robinson.*David Urquhart:Some Chapters in the Life of Victorian Knight Errant of Justice and Liberty*,New York:Augustus M.Kelley Publishers,1970,p.49.
② 格特鲁德·鲁宾逊认为土耳其政府的腐败在很大程度上是因为西方列强对东方制度的干预，参见 Gertrude Robinson.*David Urquhart:Some Chapters in the Life of Victorian Knight Errant of Justice and Liberty*,New York:Augustus M.Kelley Publishers,1970,p.67.
③ Gertrude Robinson.*David Urquhart:Some Chapters in the Life of Victorian Knight Errant of Justice and Liberty*,New York:Augustus M.Kelley Publishers,1970,p.68.

必须遵守不成文的道德法则，但是没有人质疑这些法则。相比之下，在现代欧洲，虽然有了明确规定人人必须遵守的法律，但是道德法则的缺席却使社会出现了各种不和谐。

同样，在经济方面，东方展示给大卫·厄克特的也是一幅与西方有着天壤之别的景象。在东方，大卫·厄克特看到的是自由贸易，其中以农业和手工业生产为主，生产的方式主要是家庭作坊式。人们在劳动之余纺纱、织布以供使用。而在现代欧洲，大卫·厄克特所面对的是现代文明所带来分工精细的机器工业生产。换言之，在现代欧洲，工业与农业之间出现了泾渭分明的分界线。在大卫·厄克特看来，现代欧洲/英国偏离的不仅是中世纪的欧洲/英国，而且是整个古老的世界。尽管现代科学带来了如织布机之类的文明，但是人类在获得了对自然的机械胜利的同时也失去了从劳动中所获得的快乐。大卫·厄克特断言新的工业制度意味着这个国家伟大之处的终结："纺纱机的消失就像鞋子的消失一样，接着就是马的消失，之后——除了混乱之外不再有国家的存在……"①尽管英国一再标榜自己是文明、启蒙的国家，但是大卫·厄克特却看到了文明所带来的愚蠢与堕落，因为英国在现代化的过程中付出的代价是健康的产业。虽然现代工厂取代了手工作坊，但是人民仍然遭遇贫困与恐慌，这与"贫穷与恐慌不为人所知的东方"形成了剧烈的反差。正是在这个层面上，大卫·厄克特对效仿现代欧洲文明的土耳其改革充满了忧虑。故而，"落后"的东方给了处于"文明"英国的大卫·厄克特新的启示，即回归古老的简单制度是现代欧洲/英国整治百弊的一剂良方。换句话说，"文明"欧洲/英国应向"落后"东方/土耳其学习。

无疑，大卫·厄克特追求的是民族公平与贸易繁荣并驾齐驱。然而，大卫·厄克特关于英国与土耳其的贸易的观点遭到了杰奥夫雷·纳什（Geoffrey P.Nash）的坦率批评。杰奥夫雷·纳什直截了当地说："如果大卫·厄克特用英国的产品来取代东方产品的计划得到完全实施，那么他如此热切赞成的传统社会如何能抵挡得住 19 世纪自由贸易制度所带来的

---

① Gertrude Robinson.*David Urquhart:Some Chapters in the Life of Victorian Knight Errant of Justice and Liberty*,New York:Augustus M.Kelley Publishers,1970,p.75.

## 第三章 土耳其形象在英国的代表性认知：以大卫·厄克特为例

全部影响呢？"①正如前文所述，大卫·厄克特认为有英国织布机的地方就能看到繁荣的景象，在他描述的英国与土耳其的贸易前景中，土耳其将成为英国产品的销售市场，这就意味着两国之间自由贸易的推进势必会促成更大量的英国产品在土耳其的出售，势必会造成对大卫·厄克特所推崇向往的家庭作坊式的手工工业和农业的致命冲击。在这种情形下，土耳其传统的自由贸易如何立足与生存呢？这就是大卫·厄克特在现实中力推英土贸易的蓝图与他所勾勒出的完美的土耳其传统贸易之间的悖论。

毋庸置疑，英国与土耳其之间的贸易将会增强土耳其的实力，但是伴随着英国产品的输入，是否有文化及观念的输入呢？对此，大卫·厄克特并没有给出明确的答案。不过我们仍然可以从他的描述中找出这个问题的答案。土耳其丝绸的质量堪与法国丝绸相媲美，被土耳其当地的农民视为黄金。之前丝绸在国内的消耗非常巨大，因为国内无人不穿丝绸，男人和女人服饰上的刺绣、农民的腰带、劳动者阶层以上那些人衬衫的部分衣料无不使用丝绸，即便在最穷的农民家里，他们粗糙的羊毛毛毯的金线也是用丝绸织成的，这让毛毯看起来非常夺目。但是英国产品的输入（比土耳其产品的价格更低）使当地人的品位发生了变化，棉织品将取代丝绸，直至英国能给他们提供改良的或者更加便宜的丝绸以及能适合他们品位的混合产品。在大卫·厄克特看来，这样的事实是不言自明的，他相信未来英国的产品能在棉布、丝绸和设备等领域控制所有的市场，因为在这些广袤无垠的地区没有什么能限制人们做出购买质量好且便宜的产品的选择。②

事实上，当他于1849—1851年在黎巴嫩旅行时，那里的酋长告诉他"英国现在是悬浮在黎巴嫩上方的一片乌云，它的纺纱机、条约、阴谋和困惑都在压迫着黎巴嫩"。③在那里，大卫·厄克特听闻了当地人对关税的激烈抨击："以前，我们出售我们的烟草和丝绸，做我们的衣服。现在我们购买除斗篷之外的一切，你们不再拿走我们的农产品。"④这样的前景对于英国

---

① Geoffrey P.Nash. *From Empire to Orient:Travelers to the Middle East 1830-1926*, London:I.B.Tauris, 2005, p.59.
② David Urquhart. *Turkey and Its Resources*, London:Saunders and Otley, 1833, pp.183-184.
③ David Urquhart. *Lebanon:A History and A Diary*, London:Thomas Cautley Newby, Vol.II, 1860, p.39.
④ David Urquhart. *Lebanon:A History and A Diary*, London:Thomas Cautley Newby, Vol.II, 1860, p.38.

英国的土耳其形象研究(1800—1853)

而言意味着产品销售市场的扩大,但对于土耳其而言则是土生自产产品市场的被吞噬与萎缩。换言之,欧洲对东方,或者英国对土耳其的影响呈现出日渐强化的趋势,显然这并不是大卫·厄克特所期望的结果。

## 第四节 土耳其的宗教形象

### 一、平等视角:宽容与仁爱的伊斯兰教

伊斯兰教的兴起与壮大无疑对基督教造成了很大的压力,二者之间的对峙与颉颃是顺理成章的事情。在危险感的压力(不管是真实的还是想象的)之下,一种对不同信仰的扭曲考量在人们的思想中逐渐成形。①这种对伊斯兰教的定势思维长期存在。尽管从12世纪起,西方的作品开始认真讨论伊斯兰教,但是中世纪论战中对伊斯兰教的错误表述一直延续至今。基督教世界对伊斯兰教的错误表述并没有因为它自身的分崩离析②而出现裂痕。这就意味着在宗教方面,二者之间没有妥协、没有观点的交流及思想的杂糅。基督徒对伊斯兰教前后一致的考量可能是其一直存在于欧洲人意识之中的一个原因。③但是需要注意的是,基督教世界与伊斯兰世界之间的对峙并不仅仅局限于宗教领域。虽然如此,但是并不排除基督教世界对伊斯兰文明的优点的承认与赞扬。关于这点我们已在前文做过探讨,此处不再赘述。

然而,总的来说,基督教世界对伊斯兰教的考量更多地表现为错误的表述,因为这与基督教世界的需求相一致:它可以防范基督徒背教思想的滋生,与此同时,也能让基督教世界在面对当时在诸多文明方面比自己优越的伊斯兰世界时保持一些自尊。④然而在19世纪,土耳其帝国再也不能带给基督教世界任何威胁。其时,基督教在与伊斯兰教争夺信仰和权力的竞争中完全占据了主动权。基督教世界的传教事业与其政治霸权如影相随,

---

① Norman Daniel.*Islam and the West*,Edinburgh:The Edinburgh University Press,1960,p.2.
② 主要是指欧洲意识形态的分裂,即宗教方面的破裂,形成天主教和新教两大阵营,再加上不可知论及无神论思想在欧洲也有了发展的势头。
③ Norman Daniel.*Islam and the West*,Edinburgh:The Edinburgh University Press,1960,p.269.
④ Norman Daniel.*Islam and the West*,Edinburgh:The Edinburgh University Press,1960,p.270.

## 第三章　土耳其形象在英国的代表性认知：以大卫·厄克特为例

总的来说，传教士们在传播宗教的时候带有优越的态度，就他们所信奉的基督教信仰而言，他们表现出欧洲或者西方文明的优越感。①

显然，这样的判断并不适用于大卫·厄克特。在《土耳其及其资源》一书中，大卫·厄克特并没有对土耳其的宗教做出定位与评判。但是在盛赞土耳其的自由贸易精神时，大卫·厄克特不止一次将土耳其贸易的神圣性和其宗教的宽容与仁爱相提并论，尤其是在朝拜之旅期间"尽管宗教截然不同，但贸易仍然保持着神圣的特点。土耳其人的虔诚与忏悔表现在……为朝拜者或者商人栽下可以纳凉的树木；他们修盖带宽敞大院子、铁门的栖身之处，这样就可以使商人的贸易免受暴力和大火的损失。各种品质、处境和宗教信仰的人都可以使用这些地方；在那儿最穷的人也有房间居住，最富的人也没有多余的房间"②。不可否认，大卫·厄克特的观点的落脚点恰如土耳其的终极目的——宣扬和践行具有神圣特点的贸易。但是我们也应该注意到，大卫·厄克特反复强调"大相径庭"的宗教并没有对自由贸易造成障碍，相反，宗教和贸易同时具备了热情好客的特点，这到底是宽容公正的宗教精神还是其他因素使然？我们不得而知，但是，从中我们可以察觉出大卫·厄克特以迥异于欧洲传教士的视角来衡量土耳其的宗教。借用马克西姆·鲁滨逊（Maxime Robinson）的话来说，大卫·厄克特"用兄弟般的、理解的眼睛"来看待"伊斯兰教的神秘。"③

综观欧洲旅行者对土耳其穆斯林的记录，就会发现他们的游记更多的强调的是穆斯林居民对旅行者的敌意，欧洲的旅行者可能困惑于土耳其人为什么不站起来迎接他们呢？为什么最卑微的土耳其人都以为欧洲人效劳而感到丢脸呢？土耳其人的答复是他们的宗教不许他们这样做。于是欧洲旅行者信以为真，将彼此间社会交际之门的关闭归咎于宗教。④然后所有对此问题的探究就此戛然而止，而大卫·厄克特在经过与穆斯林的两年交往之后，他以"最完整、最理想的平等"视角来观察他们，认为土耳其人

---

① William Montgomery Watt. *Muslim-Christian Encounters:Perceptions and Misperceptions*,New York: Routledge,2014,p.121.
② David Urquhart. *Turkey and Its Resources*,London:Saunders and Otley,1833,pp.135-136.
③ Maxime Robinson trans.Roger Venius. *Europe and the Mystique of Islam*,Seattle:University of Washington Press,1987,p.48.
④ David Urquhart. *The Spirit of the East*,London:James Moyes,Vol.I,1838,pp.361-362.

在欧洲旅行者眼中"怪异"的举动与他们的宗教信仰没有关联,"如果真相如此,君士坦丁堡就不可能在他们的统治之下。一个显著的例子就是君士坦丁堡的征服者不仅起立来迎接希腊大主教及其臣民和基督徒,而且陪着希腊大主教走到了宫殿门口,还让大臣们走路送他回家"①。

秉持与"穆斯林之间的对话基于完全的平等"②精神,大卫·厄克特试图在新教与伊斯兰教之间找到"平等的""实证",幸运的是,结果没让他失望。在斯科德拉(Scodra)逗留期间,大卫·厄克特和他的房东就宗教问题进行过彻夜探讨。结果他发现新教无论是在教义上还是在祷告的仪式上都要比天主教或者东正教简单得多;新教徒并不崇拜圣母玛利亚,也不向圣徒祷告;新教徒没有画像、十字架;他们不忏悔,只信奉福音书。由此,新教与伊斯兰教之间的区别就是穆斯林有《古兰经》,而《古兰经》的教义与福音书具有相似之处。③从这个意义上看,大卫·厄克特是试图在东西方的宗教之间建立一座可以沟通的桥梁。实际上,大卫·厄克特在考量伊斯兰教时潜意识地将之与基督教进行对比,公允地说,他情感的天平偏向于伊斯兰教,在对伊斯兰教的"宽容与仁爱"做出肯定之后,他"不由自主"地对比了一下基督教的"狭隘与恶毒",表达了对基督教徒攻下君士坦丁堡时的所作所为的反感。④难怪卡尔·马克思在《东方问题》中写道:"如果大卫·厄克特不是英国人,那他肯定宁愿成为一名土耳其人;如果他不是长老派加尔文主义教徒,除了伊斯兰教他不属于任何其他宗教。"⑤由此,在大卫·厄克特的眼中,基督教世界与伊斯兰世界在宗教意识形态之间的坚冰已经消融于一种宽容的衡量之中。

## 二、世俗化视角:兼顾政治与文化的伊斯兰教

与大多数从宗教的角度来衡量伊斯兰世界的欧洲人不同,大卫·厄克特尝试以伊斯兰教的世俗特点来衡量它的社会和政治影响。对于欧洲而言,

---

① David Urquhart.*The Spirit of the East*,London:James Moyes,Vol.I,1838,p.368.
② David Urquhart.*The Spirit of the East*,London:James Moyes,Vol.I,1838,pp.367-368.
③ David Urquhart.*The Spirit of the East*,London:James Moyes,Vol.II,1838,p.373.
④ David Urquhart.*The Spirit of the East*,London:James Moyes,Vol.I,1838,p.368.
⑤ Karl Marx,Eleanor Marx Aveling,Edward Aveling.*The Eastern Question*,London:Sonnenschein&Co. Limd.,1897,p.35.

## 第三章 土耳其形象在英国的代表性认知：以大卫·厄克特为例

宗教意味着信仰与教义，与政府的政策措施及形式完全不同。西方舆论的争执焦点与政府的形式相关，而东方宗教之争则与政府的措施相关。① 实质上在大卫·厄克特看来，伊斯兰教蕴含"信仰"与"实践"，此二者为伊斯兰教教训核心要义的两方面。②

> 东正教保留了沉重的税赋、垄断及特权。穆斯林则斥责垄断、特权，他们只承认单一的财产税……作为宗教，伊斯兰教没有传授新的教义；没有新的启示、戒律、祭司、教会。它给人们提供一种准则，给政府提供一种立法，而这一切都要宗教的批准才能得到实施。……它简单、全面、简练，律法得到了道德义务的支撑。在政治特征方面，它限制赋税，使人人在法律面前平等，把政府的自治奉为神圣的原则，通过宗教约束和道德义务对王权加以控制。由此，构成了信仰、准则与法律三位一体的完整计划。换言之，宗教义务、地方政府以及赋税的征收就成了荣誉的服务，而非利润，促成了整个地方的凝聚力。宗教的崇高、准则的简洁、经济制度的卓越、政治学说的自由赋予了伊斯兰教想象力与理智。所有的困难只是在于欧洲先入为主的观点。③

在欧洲既有的视野之下，伊斯兰教只是一种宗教。欧洲人没有意识到在阿拉伯世界中，政治与宗教是交织在一起的。实际上，《古兰经》提倡的就是令人羡慕的简单并且高效的政治制度传统，简洁的阿拉伯制度给伊斯兰世界带来了无穷的活力，其政治制度"适应得如此好、如此自然、如此简单，所有的国家都没有沦落为被奴役的国家……"④ 显然，在大卫·厄克特眼中，伊斯兰教同时兼顾了政治目标和宗教信仰。正如赫伯特·戈特沙尔克所说："伊斯兰教是政治的宗教或宗教的政治。伊斯兰教虽然是一种宗教，但它具有政治特征。穆罕默德在努力为伊斯兰教赢得信徒的同时又追求一

---

① David Urquhart. *The Spirit of the East*, London: James Moyes, Vol.I, 1838, p.xxvi.
② （埃及）艾哈迈德·爱敏：《阿拉伯—伊斯兰文化史》，纳忠译，北京：商务印书馆，1982年，第76页。
③ David Urquhart. *The Spirit of the East*, London: James Moyes, Vol.I, 1838, pp.xxvi-xxix.
④ David Urquhart. *Turkey and Its Resources*, London: Saunders and Otley, 1833, p.283.

种政治目标。在他看来,这两者是一个整体。"①

土耳其的外交大臣埃芬迪曾经指责法国革命是像伏尔泰和卢梭这样的无神论者的产物,认为宗教和神圣的律法是国家和社会唯一可靠的基础。②这在某种程度上可以诠释欧洲人对土耳其人接受现代文明所持的"先入之见",即现代文明与伊斯兰世界之间势必存在根本的冲突与巨大的鸿沟。难怪1812年当一位英国人听闻复兴土耳其的必要性之后曾经问道:"《古兰经》允许吗?"③事实上,在被誉为"播种时节"的坦齐马特时代,土耳其没有给那些对伊斯兰教持有定势思维的人们留下口实,相反,它有意模仿并且采用西欧的一些文明。在《东方学》中,爱德华·W.萨义德在讨论T.E.劳伦斯在阿拉伯人中的工作时说到了他的目标:"首先,激发(无生命、无时间、物理量的)东方进入运动状态;其次,为这一运动赋予一个本质上属于西方的形式。"④由此可以看出东方在接受西方影响时的被动,虽然这样的判断有失偏颇,过分强调了西方的影响,但是至少也从一个侧面反映出东方的行动背后有外部推动的因素。就土耳其的实际情况而言,它采取欧化改革的主要动力来自于内部有识之士的推动。他们意识到仅凭光荣传统与伊斯兰文明,很难再为土耳其重振帝国雄风提供动力,从而发起了以效仿西方文明为基础的早期社会改革运动。⑤故而,苏丹马赫穆德派一批陆军和海军学院的学生赴欧洲不同国家的首都学习,并且建立了用法语学习科学的医学院。⑥令人高兴的是,这种愿意拥抱现代文明的趋势有不断蔓延之势,大卫·厄克特在充分肯定土耳其有巨大的自我复兴能力之余,乐观地看到"许多土耳其年轻人已经掌握了欧洲国家的语

---

① (德)赫伯特·戈特沙尔克:《震撼世界的伊斯兰教》,阎瑞松译,西安:陕西人民出版社,1987年,第51页。
② Atif Efendi's Memorandum to the Divan, In Roderic H. Davison. *Reform in the Ottoman Empire 1856-1876*, Princeton: Princeton University Press, 1963, p.23.
③ Allan Cunningham. The Sick Man and the British Physician, *Middle East Studies*, Vol.17. No.2, 1981, p.166.
④ (美)爱德华·W.萨义德:《东方学》,王宇根译,北京:生活·读书·新知三联书店,2007年,第307页。
⑤ 黄维民:《中东国家通史:土耳其卷》,北京:商务印书馆,2002年,第116页。
⑥ (英)伯纳德·刘易斯:《现代土耳其的兴起》,范中廉译,北京:商务印书馆,1982年,第90—91页。

## 第三章 土耳其形象在英国的代表性认知：以大卫·厄克特为例

言——关于人和事物的诸多谬论和错误很快将会平息——很多广为人知的预言将不攻自破"①。

### 三、对土耳其宗教形象的评价

根据罗伯特·杰维斯（Robert Jervis）的观点，心理因素是宗教冲突出现的一个明显原因。从心理学的角度来讲，人都有保持自己原有认识的趋向。当人们接收新信息的时候，总是下意识地使新信息与自己原有的认识保持一致，这就是所谓的认知相符现象，是导致错误知觉的重要因素。②由此，在旧的宗教文明叙事框架下，基督教世界拒绝将伊斯兰教和其等量齐观，并且这种不平等的考量一旦形成之后，就在历史的发展过程中表现出很大的延续性，即与原认知相符。

然而，随着时间的推移，基督教世界开始对伊斯兰教进行新的考量，并且认可先知穆罕默德仁慈和非凡的品性："他有着只有伟人才有的无与伦比的才华和深谋远虑的策略，以勇气和充实的才华勇敢地面对逆境。"③19世纪初，尽管基督教世界对伊斯兰教的考量呈现出多变的视角，但是有两种主要的态度：其一，伊斯兰教是基督教的竞争者。其二，人类以理性的方式来了解与界定上帝和宇宙的本性。④于是，在理性的考量视角下，伊斯兰教作为一种信仰、一种文明，它得以摆脱传统思维定势的束缚，基督教世界除过深度思考其之外，有时还能赋予其一种"优越感"。故此，伊斯兰教也得以跳出陈旧的衡量窠臼，得以"正身清名"："如果我们宣称伊斯兰教是人类进步的障碍，是土耳其衰落的内在原因，那我们就歪曲了历史……因为当基督教西方仍然处于相对野蛮与无知时代之时，伊斯兰东方

---

① David Urquhart.*The Sultan Mahmoud and Mehemet Ali Pasha*.London:James Ridgway&Sons,1835, p.54.
② （美）罗伯特·杰维斯：《国际政治中的知觉与错误知觉》，秦亚青译，北京：世界知识出版社，2003年，第13页。
③ J.White.Sermons Preached Before the University of Oxford,in the Year 1784 at the Lecture Founded by the Rev.John Bampton,In Albert Hourani.*Islam in European Thought*,the Tanner Lectures on Human Value,Delivered at Clare Hall,Cambridge University,January 30 and 31 and February 1,1989,p.231.
④ Albert Hourani.*Islam in European Thought*,the Tanner Lectures on Human Value,Delivered at Clare Hall,Cambridge University,January 30 and 31 and February 1,1989,p.236.

已是文明、科学和艺术之乡了。"①更何况,在历史上欧洲有过从西班牙穆斯林那里借鉴文明的经历。

显然,大卫·厄克特在对伊斯兰教进行考量之时并没有受到欧洲既有认知相符思维框架的限制,在他看来,伊斯兰教除去扮演宗教信仰的角色之外,还兼有政治与文化的因素。也正是在苏丹马赫穆德二世西化的改革中,大卫·厄克特看到了土耳其自我复兴的潜力和能力。实际上,大卫·厄克特视角下的土耳其宗教形象突显的是对文明多样性的认可。从这个层面上来看,大卫·厄克特对土耳其的考量视角应该是受到了启蒙时代的影响,他建构的土耳其宗教形象消弭了传统偏见,增加了对文化多元性的理解。

但是需要指出的是,大卫·厄克特建构的土耳其宗教形象仍然囿于"白人叙事者"。威尔弗雷德·坎特威尔·斯密斯(Wilfred Cantwell Smith)曾经写道:"20多年来我研究东方,现在对非洲也有点研究,我发现西方文明在世界史中所扮演的角色的根本缺陷就是傲慢……"②大卫·厄克特试图在新教英国与伊斯兰土耳其之间建立一种平等的联系,他的确表现出了对文明多样性的理解和包容。但与此同时,他似乎又在宣扬英国新教的优越性,就基督徒、新教徒及英国人之间的共同特征未对土耳其人造成影响的话题,土耳其人认为,"作为基督徒,你们是他们之间分歧的保管人;作为新教徒,你们宗教的简洁教义及祷告使你们成为关注对象……作为英国人,你们是他们所有政治及民族希望和担心的保管人"③。杰奥夫雷·纳什认为大卫·厄克特回避了基督教福音派的胜利,实质上展示出的仍然是一种权力话语,因为在19世纪30年代英国倡导维护土耳其的独立并且意欲推动后者的内部改革,结合这样的背景,大卫·厄克特对伊斯兰教温和宽容的考量应该是出于政治的考虑。④结合大卫·厄克特试图通过

---

① James Lewis Farley.*Turks and Christians:A Solution of the Eastern Question*,London:Simpkin,Marshall& Co.,1876,p.18.
② John Hick,Brian Hebblethwaite.*Christianity and Other Religions:Selected Readings*,London:Collins,1980, p.98.
③ David Urquhart.*The Spirit of the East*,London:James Moyes,Vol.II,1838,p.371.
④ Geoffery P.Nash.*From Empire to Orient:Travellers to the Middle East 1830-1926*,London:I.B.Tauris, 2005,p.47.

第三章 土耳其形象在英国的代表性认知:以大卫·厄克特为例

贸易的联合推动英国与土耳其之间政治同盟的结成,这样的判断应该是公允的。

## 第五节 土耳其的外交形象

外交制度最初肇始于文艺复兴时期的意大利,16世纪时外交制度在中欧和西欧相继有了发展。自然地,外交制度与基督教世界的民族制度一致。但是随着时间的推移,外交制度经历了去基督教化和去欧洲化的过程。[①]就土耳其的情况而言,无论是在帝国如日中天之时还是日薄西山之时,除过有执行外交使命的代表团外,在很长一段时间内,土耳其政府对外交都没有表现出特殊的兴趣。这样的情景直至18世纪晚期才有所改观,塞利姆三世时期(1789—1807),具体来说是1793—1796年,土耳其才先后在伦敦、维也纳、柏林及巴黎等地设立了大使馆。这标志着土耳其的外交从单边主义向互动式外交转变。[②]遗憾的是,其时帝国已经了无优越感可言,公允地说,它已经丧失了与其他欧洲大国平起平坐的权力。故而"互动式外交"只能理解为欧洲施予它的被动式的"互动"。换言之,在外交方面,土耳其除过听命于欧洲大国的摆布外并无多少选择的余地,它唯一寄存的希望就是在欧洲大国的帮助之下能重振昔日帝国的威风。故此,设立在各国的大使馆除过代表土耳其政府之外,其工作人员还需要了解西方的技术及行政制度,以便在推动西化改革方面发挥积极的作用。

### 一、与欧洲"互动"外交的窘境

相对比于16—17世纪时欧洲各国竞相欲与土耳其帝国交好的场景,19世纪时帝国内部的孱弱处境使土耳其在欧洲外交的舞台上成为最无足轻重的国家,但是它的地缘政治的重要性却又使它成为欧洲国家争斗的焦点。在四个对土耳其尤为关注的欧洲大国中:第一个大国的主要目的就是造成

---

[①] J.C.Hurewitz.Ottoman Diplomacy and the European State System,*Middle East Journal*,Vol.15,No.2,1961,p.141.
[②] J.C.Hurewitz.Ottoman Diplomacy and the European State System,*Middle East Journal*,Vol.15,No.2,1961,p.147.

土耳其的混乱;第二个大国坚持认为应该维持土耳其的秩序与和平,但是其自身却处于最专制的政府状态;第三个大国努力地调和以争取一种普遍受支持的制度,但是却抱有肢解土耳其的计划;只有第四个大国对维持土耳其的完整和改革时弊有着直接和博爱的兴趣,但不幸的是没有具体与利益攸关的目标,或者是未作好准备,或者是干涉得太晚。①如果按照大卫·厄克特这段话的顺序来解读,不难发现这四个欧洲大国依次是俄国、奥地利、法国和英国。特定的地缘位置使土耳其受到了欧洲大国的牵制,具体来说,俄国在两方面对其造成了威慑:一方面,俄国出于对其自身地中海出口的考虑,觊觎土耳其的博斯普鲁斯海峡和达达尼尔海峡;另一方面,俄国煽动土耳其巴尔干地区的民族运动,从而与奥地利在此地形成了龃龉,因为后者也存在着与土耳其一样的多民族问题。此外,俄国的南进政策与英国的东进政策在黑海海峡地区形成对峙,双方均打着保护土耳其的幌子:俄国自称是土耳其境内东正教徒的保护者,而英国声称它坚决维护土耳其政府,由此构成了从1821年起欧洲国际关系中最令人烦恼的事情。②与此同时,英国与法国在埃及和阿拉伯地区也有利益交织的冲突。困于所处的窘境,土耳其政府有两条对付欧洲大国的思路:其一,避免与任何大国发生冲突或者结盟,以维持现状。其二,与一个或者多个欧洲大国谈判合理的稳定结盟,但是这种选择势必将某一国放在了敌对的位置之上。③

由此,土耳其与欧洲大国之间反反复复的结盟与疏离严重导致其国内政局动荡,为了生存起见,土耳其苏丹不得不一次次向欧洲大国祈求庇护,从而造成了一个直接后果就是官员的频繁更换。以其外交大臣为例,1835—1899年52次易主,有过23位大臣。④尤其是在19世纪30年代,土耳其外交部门的重要性日益凸显,彼时其为了求得生存,只能努力在欧洲大国之间保持平衡。他们深刻地意识到平等对待所有列强的重要性。被认为是19世纪最为杰出的雷什德帕夏也不得不顺应欧洲大国的要求,试图让土耳

---

① David Urquhart.*Turkey and Its Resources*,London:Saunders and Otley,1833,p.vi.
② Elizabeth Wormeley Latimer.*Russia and Turkey in the Nineteenth Century*,Chicago:A.C.McClurg& Co.,1893,p.217.
③ William Hale.*Turkish Foreign Policy 1774-2000*,London:Frank Cass,2000,p.20.
④ J.C.Hurewitz.Ottoman Diplomacy and the European State System,*Middle East Journal*,Vol.15,No.2, 1961,p.149.

## 第三章 土耳其形象在英国的代表性认知：以大卫·厄克特为例

其的外交政策符合欧洲的思路。①即便是犀利指责欧洲大国对土耳其前后矛盾、阳奉阴违的虚伪政策的大卫·厄克特，在1833年12月到达伊斯坦布尔后很快就被对俄国的恐惧和猜测包围，为了拉近苏丹与英国的关系，大卫·厄克特成功地让原来亲俄的艾哈迈德帕夏"变心"，让他相信只有英国的保护才能维持土耳其的独立。不管艾哈迈德帕夏的观点如何，毋庸置疑，他是一位巧言令色的绅士、外交官及谄媚者。②如果以他过去的行动来为他作一开脱的话，无疑包括很多俄国的阴谋、压力和胁迫。③土耳其政治家、大臣杰夫代特帕夏（Cevdet Pasha）承认土耳其已经失去了权力，它的大臣失去了荣耀与尊严，每个人都在谋求某个大国大使馆的庇护。故而，大国卷入土耳其的内部事务变得公开化。④

对此，大卫·厄克特有着清醒的认识，对土耳其的政治状态表现出极大的忧虑，帝国政治局势"如果有利，则会推动快速复兴；如果不利，则加速解体"⑤。在他看来，俄国对苏丹所施加的影响在与奥地利和法国的联系中可以得到更好的理解。就奥地利而言，它对土耳其的福祉表现出了模棱两可的态度，它害怕自由思想的传播以及俄国影响力的蔓延，愿意在希腊革命爆发之时援助土耳其进行镇压。它的目标就是维持土耳其作为一个迁就的、无影响力的国家。⑥换言之，它希冀土耳其强大到可以抵制俄国，但是同时也能虚弱到要依靠奥地利。法国也在政治影响和贸易优势方面与俄国竞争。故此，大卫·厄克特认为英国应该及时与法国联合来遏制俄国在土耳其的阴谋。他声称《安德里亚堡条约》是对土耳其永远都不能恢复的打击。⑦面对1833年危机给英国造成的被动局面，大卫·厄克特认为只要英国与其他欧洲大国联合即可消弭俄国的影响，但是同时他又警告英国需采取理性的举措，否则恶果难料："我们没有采取预防措施，我们后来的干预不能挽回错误或修复损失。允许俄国对土耳其政府施以保护，但

---

① Candan Badem.*The Ottoman Crimean War 1853-1856*,Leiden:Brill Academic Publishers,2010,p.48.
② 艾哈迈德帕夏在土耳其政坛活跃20年，从中不难看出他待人接物的灵活性。
③ Achmet to Urquhart,10 March 1835,Urquhart MSS.
④ Candan Badem,*The Ottoman Crimean War 1853-1856*,Leiden:Brill Academic Publishers,2010,pp.48-49.
⑤ David Urquhart.*Turkey and Its Resources*,London:Saunders and Otley,1833,p.218.
⑥ David Urquhart.*Turkey and Its Resources*,London:Saunders and Otley,1833,p.221.
⑦ David Urquhart.*Turkey and Its Resources*,London:Saunders and Otley,1833,p.218.

是我们随时可以与奥地利联合起来占据黑海地区。俄国会出于同样的原因感激我们。它的目标是土耳其出现混乱,如果我们有任何激烈的举措,一旦不合时宜,只能加速它的最终目标。"①

公允地说,上述大卫·厄克特对19世纪初土耳其在欧洲的外交处境的判断整体上是客观的。但是同时也要看到大卫·厄克特视角下对俄国干预土耳其外交及政治的放大化。在他看来,自希腊独立革命以降,在土耳其发生的每一件大事背后都隐藏着俄国的阴谋,并且俄国每一次打出的外交牌遵循的都是一个模式:先煽动制造混乱,接着全身而退,而后作壁上观,最后坐收渔翁之利。换言之,俄国在土耳其扮演着双重角色:煽动者和复仇者。②1827年《伦敦条约》的签订使"我们(笔者注:英国)不仅失去了阻止分裂的权力,而且增强了我们对手的力量,加速了我们对盟友的征服。《亚德里安堡和约》签订之后,俄国对土耳其实行的不再是榨取、索取和威胁政策了,反之,土耳其不得不祈求、恳求、哀求沙皇的慷慨和宽宏大量,此合约之后再谈土耳其独立就是徒劳。《温加尔·伊斯凯莱西条约》则让土耳其丧失了独立,《阿克曼协定》何尝不是如此呢?"③总之,大卫·厄克特认为在希腊独立革命期间俄国已将土耳其从欧洲隔离,再加上法国和英国的错误决策,土耳其只能靠欧洲王室的外交决定来求得生存。④

## 二、与英国"保护"框架下外交认识上的差异

在大卫·厄克特的所有著作中,《英国、法国、俄国和土耳其》一书颇能代表他对土耳其外交的政治主张,即将土耳其置于英国的"保护"框架之下可以摧毁俄国的阴谋。具体而言,法国和英国出于对俄国在地中海扩张的考虑而分别从西面和东面形成对俄国南进政策的抵制,换言之,法国和英国的结盟可以让土耳其控制黑海。由此"我们可以避免战争或确保成

---

① David Urquhart.*Turkey and Its Resources*,London:Saunders and Otley,1833,p.236.
② David Urquhart.*England,France,Russia and Turkey*,London:James Ridgway & Sons,1835,p.51.
③ David Urquhart.*England,France,Russia and Turkey*,London:James Ridgway&Sons,1835,p.22,pp.36-37,pp.50-51.
④ David Urquhart.*England,France,Russia and Turkey*,London:James Ridgway & Sons,1835,p.6.

## 第三章 土耳其形象在英国的代表性认知:以大卫·厄克特为例

功"①。但是这个"成功"到底指的是土耳其复兴的成功还是英国实现了其政治与经济目标的成功,大卫·厄克特没作详解。但从整本书的解读来看,大卫·厄克特所言的"成功"应该指的是他对土耳其的外交主张的成功。在他看来,当时土耳其被动、困窘的外交处境应该归咎于两方面的因素:一方面,欧洲大国的不作为;另一方面,苏丹马赫穆德二世在危机中依靠俄国沙皇的庇护。而这一反民族的立场触发了土耳其人民对苏丹的不满:"我们愿意为保护苏丹流尽最后一滴血,但是为什么他对俄国人那么好呢?我们认为他不值得我们喜爱,直至他得到英国建议的引导。"②从这个层面上来看,土耳其人认同英国的"引导",用大卫·厄克特的话来说,唯一能拯救土耳其的国家就是英国。③

但是土耳其内部危机问题两次凸显了英国和土耳其在外交方面的认识差异。首先,19世纪30年代埃及帕夏穆罕默德·阿里引发的土耳其内部危机被认为比土耳其历史上任何一次叛乱都危险,因为它使土耳其险象环生,尤其是让苏丹的地位岌岌可危。由此,苏丹急需英国的实际援助,以镇压埃及帕夏的挑衅,从而维持苏丹的权威及帝国的完整。但是帕默斯顿始终停留于口头上的"维持土耳其的完整与独立",而未见有任何实际行动。1833年危机爆发后,庞森比力主英国派遣军舰前往黑海④,大卫·厄克特也认为英国军舰进入黑海不仅可以向俄国昭示土耳其有英国的支持,而且也可以使英国在土耳其政府获得支配性的地位,以引导后者的行动。⑤但是帕默斯顿除过向俄国严正抗议之外,仅授意庞森比提醒土耳其政府波兰的命运下场,言下之意,希望土耳其政府不要依赖俄国的援助,而是通过改革来增强自身的力量。同时,他告知马赫穆德二世英国下定决心要维持土耳其的完整与独立,他宁愿在伊斯坦布尔看到穆罕默德·阿里,也不

---

① David Urquhart.*England,France,Russia and Turkey*,London:James Ridgway & Sons,1835,p.58.
② David Urquhart.*England,France,Russia and Turkey*,London:James Ridgway & Sons,1835,p.67.
③ David Urquhart.*England,France,Russia and Turkey*,London:James Ridgway & Sons,1835,p.58.
④ 斯特拉福德·坎宁也力主英国派遣军舰,参见 C.W.Crawley.Anglo-Russian Relations 1815-1840, *The Cambridge Historical Journal*,Vol.3,No.1,1929,p.61;Canning's Memorandum,December 19,1832 (Appendix 1),In Frank Edgar Bailey.*British Policy and the Turkish Reform Movement:A Study on Anglo-Turkish Relations 1826-1853*,New York:Howard Fertig,1970,p.240.
⑤ David Urquhart.*England,France,Russia and Turkey*,London:James Ridgway&Sons,1835,p.143.

英国的土耳其形象研究（1800—1853）

愿看到一个受圣彼得堡控制的苏丹。①换言之，英国绝不希望苏丹成为俄国沙皇的附庸。其中除过直接表达要维持土耳其外，对苏丹的威胁要挟之意凸显。但是就庞森比提议援助苏丹以对付埃及帕夏的要求，帕默斯顿却明确表示拒绝，他再次强调英国要维持土耳其的完整与独立，只不过这次警告的对象变成了埃及帕夏。②面对苏丹派来请求实际援助的雷什德帕夏，帕默斯顿除极尽地主之谊外，就土耳其改革给出了很多好建议，认为抵制埃及帕夏为时已晚，而置前来求援的雷什德帕夏的无奈处境于不顾。③

其次，鉴于英国与土耳其之间的贸易差额出现了有利于英国的趋势，英国和土耳其于1838年8月16日在土耳其雷什德帕夏的家乡巴尔塔里曼（Balta Liman）签订了《英土贸易协定》。表面看来，这个贸易协定"既能满足英国贸易的利益，又能满足苏丹马赫穆德二世统治的热情"④。但实际上，英国和土耳其存在认识方面的差异："苏丹之所以同意签订《英土贸易协定》，是因为有人使他相信这个协定能毁灭穆罕默德·阿里"⑤。但是帕默斯顿却乐意在埃及保留穆罕默德·阿里帕夏。与此同时他也期望英国和土耳其之间的关系能够更好。⑥这就为《英土贸易协定》签订之后赶赴伦敦，企图达成土耳其梦寐以求的政治联盟的雷什德帕夏的失败埋下了伏笔。在土耳其看来，它欲借助贸易协定达到与英国结成政治联盟以遏制或者毁灭埃及帕夏的目标；而英国的着眼点在于将土耳其作为其生产原料供应地及制成品销售地，故此二者之间在认识上的差异决定了雷什德帕夏赴英失败的必然性。

简而言之，土耳其内部危机两次凸显了英国和土耳其在外交认识方面的差异。对于英国而言，它一方面希冀在黑海占据比俄国更大的优势；另一方面，它不愿意卷入任何破坏近东和平的战争。由此帕默斯顿力促土耳

---

① Palmerston to Ponsonby,6 Dec.1833.No.23.F.O.78/220.
② Palmerston to Campbell,26 Oct.1834.No.17.F.O.78/244.
③ Sir Charles Webster.*The Foreign Policy of Palmerston 1830-1841*,London:G.Bell&Sons Ltd.,Vol.I,1951, p.341.
④ H.L.Bulwer.*Life of Palmerston*,London:Bentley,Vol.II,1870-1874,p.257.
⑤ Adolphus Slade.*Travels in Germany and Russia 1838-1839*,London:Longmans,1840,p.283.
⑥ E.Hertslet.*Complete Collection of Treaties:A Collection of Treaties and Conventions Between Great Britain and Foreign Powers*, London:Butterworth,Vol.II,1827-1895,p.284.

## 第三章　土耳其形象在英国的代表性认知：以大卫·厄克特为例

其苏丹开展内部改革以抵制俄国从外部造成的威慑以及穆罕默德·阿里帕夏从内部带来的压力。帕默斯顿于1849年3月22日在下议院的演讲最能体现英国的立场：

> 从政治上讲，土耳其的独立非常重要……毋庸置疑，与我们有贸易交流的国家中没有一个国家的关税比土耳其更低、更慷慨。我们与土耳其的贸易逐年增加，尽管目前没有达到最大值，但是只要土耳其的内部管理能得到改善，我们的贸易交流将逐渐增加，不仅仅是我们，而且是欧洲所有的贸易国家，以及那些曾经是文明中心的地区。①

这样的论调是否受到了大卫·厄克特对土耳其政治主张的影响，我们不得而知，但是帕默斯顿的演讲的确折射出与大卫·厄克特一样的主张，英国谨防土耳其被俄国或者穆罕默德·阿里帕夏颠覆的着眼点在于土耳其的自由贸易和温和关税："英国会允许欧洲唯一存在自由贸易的地方覆灭吗？英国会允许自由贸易制度存在的国家被地球上最专制的国家吞并吗？英国会允许世界上第一个自由贸易之国被这个专制国家占领吗？"②无疑，大卫·厄克特的这番诘问是针对俄国发出的，但至少这从侧面反映出了英国考量土耳其的一个基本立足点，这就与土耳其试图以与英国结成政治同盟为至上的主张在本质上构成了双方在外交认识上不可逾越的鸿沟。

### 三、对土耳其外交形象的评价

19世纪上半期土耳其在与欧洲的"互动式"外交过程中，偶尔会表现出与其自身弱势权力不相匹配的强势话语。威廉·黑尔（William Hale）认为从军事力量（在很大程度上是帝国的人口）、经济资源及发展水平等因素来衡量土耳其的话，在国际体系中它应该属于中等国家。在威廉·黑尔看来，一个典型的中等国家有抵制大国压力的能力，虽然可能因为地缘政治的关系，它会有一些区域性影响，但是却不能对全球政治产生影响。而一

---

① House of Commons Hansard Archives:Historic Hansard:1803-2005(1849),p.1145.参见 http://hansard.millbanksystems.com/commons/1849/mar/22/moldavia-and-wallachia#S3V0103P0_18490322_HOC_32(2017-02-17).

② David Urquhart.*England,France,Russia and Turkey*,London:James Ridgway & Sons,1835,p.122.

旦遭遇战争的威胁，它只能借助于外部联盟或者利用大国之间的均势来谋求生机。①但是，土耳其并没有这样正确地衡量过自身，相反，它仍然自视为一个大国，至少在1853年克里米亚战争爆发前夕，土耳其的官方声称如此。②如果我们可以将此理解为曾经作为"世界的恐慌"之国在经历过"精神挫折感"后的一种自我安慰的话，土耳其如此定位自己也可以理解。

正如我们在上文中所探讨的一样，19世纪上半期土耳其的外交处境颇为艰难，它内外交困的处境经常受到欧洲大国的干涉与摆布，最终结局也经常就是土耳其在"不得已而为之"中接受诸大国的裁定。但间或土耳其也会表现出"蓄之久而发之暴"的反抗，从而造成其弱势权力与强势话语之间的不相匹配，其中较为生动的例子就是在纳瓦里诺事件。土耳其与埃及的舰队惨遭摧毁之后，欧洲大国希冀缓和与土耳其的外交关系，但是6个星期后，所有通过外交和平解决问题的希望全部落空，法国和英国大使馆开始撤出，几天后，俄国也紧随其后。紧接着欧洲大国在向土耳其政府提出护照申请被拒绝后，法国人首先登上了船，英国人，包括大使及其家人不得不天黑后登上了两条雇来的商船。接踵而至的就是苏丹宣布伊斯兰世界与基督教世界进行"圣战"。事实上，类似的"强势话语"在19世纪上半期的土耳其历史中上演过不止一次，例如，1853年克里米亚战争爆发前夕，俄国与法国争夺圣地问题，俄国以与土耳其切断外交关系相要挟，遂导致英国、法国、奥地利的斡旋。斡旋所产生的《维也纳照会》得到了俄国的接受，但是土耳其拒不接受，即便欧洲大国极尽说服之能事，雷什德帕夏也不为所动，他不无挖苦地说："最好土耳其一开始就屈服，欧洲大国给予了土耳其很多援助之后却不合时宜地要求土耳其放弃。"③根据民国时期学者翟楚的研究，欧洲列强之间相互或防备或攻击的状态受"力"的掣肘，总体而言，无"力"则弱，有"力"则强。④实际上，这个关于权力政治的逻辑不仅适用于欧洲列强，应该说它也适用于国际政治。但是就

---

① William Hale.*Turkish Foreign Policy 1774-2000*,London:Frank Cass,2000,pp.1-2.
② Candan Badem.*The Ottoman Crimean War 1853-1856*,Leiden:Brill Academic Publishers,2010,p.46.
③ Stanley Lane-Poole.*The Life of the Right Honourable Stratford Canning:Viscount Straford de Redeliffe*,London&New York:Longmans,Green,Vol.Ⅱ,1888,p.293.
④ 翟楚：《近代欧洲之政治与外交》，上海：商务印书馆，1946年，第40页。

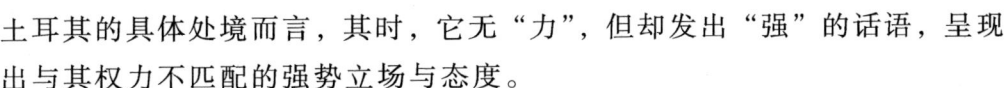

土耳其的具体处境而言,其时,它无"力",但却发出"强"的话语,呈现出与其权力不匹配的强势立场与态度。

## 小　　结

大卫·厄克特急速骤升的亲土反俄思想在政治上成就他的同时也使他成为英国土耳其/"东方问题"的权威。他以一股戆直的热情建构了19世纪上半期土耳其在英国的形象话语。从政治上看,土耳其的地方政府制度和直接纳税制度确保了具有强烈团结意识的颇带几分"社会主义"要素的合理社会;从经济上看,土耳其的地缘政治使其在地中海贸易领域的重要性凸显,英国在权衡与古老贸易伙伴——俄国的贸易利弊后毅然决定抛弃俄国而转向欧洲唯一践行自由贸易制度的土耳其,在表面上看,英土贸易可以实现互惠,而实质上,土耳其沦为英国的经济附庸;从宗教上看,大卫·厄克特以平等、世俗化的视角建构了宽容与仁爱的伊斯兰教,在他看来,伊斯兰教是兼顾政治与文化的文明宗教,然而大卫·厄克特终究还是没能跳出"白人叙事者"的窠臼,时而流露出作为英国人的优越;从外交上看,大卫·厄克特建构了与欧洲的"互动式"外交给土耳其带来的被动窘境形象,在英国"保护"框架下的土耳其因为与英国在外交认识视角上的差异而潜藏着本质上无法逾越的鸿沟,而土耳其间或表现出与其弱势权力不相匹配的强势话语。总之,虽然大卫·厄克特着力建构带着文明光辉的土耳其文明与文化,但实际上他把土耳其笼罩在英国的"霸权"之下,使土耳其形象的建构处于"英国的监控"之下。

# 第四章 人格化的土耳其形象及争论

## 第一节 苏丹马赫穆德二世形象的争论

我们在本书开篇就对形象进行了界定,指出民族形象因其成员的复杂性而呈现出相应的庞杂。民族成员中的精英人物因做出关乎民族重大利益的决定而对普通百姓产生了很大的影响力。就土耳其的具体情况而言,精英人物层面的典型代表就是土耳其苏丹。土耳其苏丹的至尊地位在三个层面得到了充分的体现:其一,他是游牧部落的首领。其二,他是拜占庭帝国皇帝的继任者。其三,他声称是穆斯林的宗教领袖。[1]苏丹的权威由此得以昭彰天下。19世纪初土耳其正在经历内忧外患的严峻考验:从外部环境看,欧洲大国俄国、英国、法国都对其造成了一定的威胁,其中尤以俄国为甚;从内部环境看,近卫兵团随时可能哗变、乌里玛帮派林立,地方行省如塞尔维亚、阿尔巴尼亚、希腊等叛乱迭起,帕夏们也蠢蠢欲动……简而言之,帝国处于深刻的危机之中。但是这种"危难时刻"却也蕴藏了"良机",于是外部因素和内部因素合力推动了土耳其西化改革的肇始。无疑,19世纪土耳其的改革是自上而下的意图复兴帝国的西化尝试,整饬帝国内部衰落是马赫穆德二世的主要意图,因而可以说坦齐马特在起源上是土耳其的。[2]从这个

---

[1] Sir Charles Eliot.*Turkey in Europe*,London:Frank Cass,2006,p.87.
[2] Frank Edgar Bailey.*British Policy and the Turkish Reform Movement:A Study in Anglo-Turkish Relations 1826-1853*,New York:Howard Fertig,1970,p.38.

意义上，帝国苏丹形象构建了坦齐马特时期整个土耳其民族形象。

总体而言，苏丹形象的构建从文献来源方面来看，主要有三种：其一，有简短旅行经历的旅行者所记录的文献，此类文献主要聚焦于苏丹的外表、体格等外在特征。其二，那些熟悉苏丹西化改革，并且在思想上颇有深度的亲历者所记录的文献。其三，颇有洞察力的时事评论家们所著述的文献。被不同类型文献构建的苏丹形象大致可以归纳为两类：其一，东方专制君主的形象，显示出专制残酷、愚昧野蛮的特征。其二，改革的苏丹形象，呈现出开明西化、愿意接受文明的特征。换言之，在苏丹身上集结了两种大相径庭的特点，即东方性与西方性的融合，尽管残酷而专断，但却开化而温和，难怪专门研究坦齐马特改革的土耳其学者杜根（Dogan Gürpinar）认为马赫穆德二世是"谜一般的苏丹"①。

## 一、东方专制君主

19世纪的许多作品充斥着"民族特点"和"民族特征"的描述。尽管这些特征并不一定代表善或者恶，但是无疑它们表达了作者对不同种族的喜恶之情。②从这个视角上来看，一些英国作者对苏丹的外貌特征的表述仍然囿于对东方描述的旧叙事框架，他们建构的仍然是刻板的、落后的东方形象。据德国学者莱茵霍尔德·希佛（Reinhold Schiffer）对19世纪英国旅行文献的整理发现，马赫穆德二世是19世纪最受关注的苏丹。③在文献中我们可以看出，作为万民之尊的苏丹虽然可能有超然于芸芸众生的王者气概，但是从外貌学的角度看，他与普通的东方人并无二致：他（马赫穆德二世）身材矮小；面色非常苍白；鼻子有些向上翻；眼睛、眉毛和胡须乌黑发亮。虽然"温和而慈爱，表情丰富且端庄尊贵"，但是一双"沉思且敏锐的眼睛"却暗含"一种保守的天性"；他的面容"忧郁"，但却"让

---

① Dogan Gürpinar.The Rise and Fall of Turcophilism in Nineteenth-Century British Discourses:Visions of the Turk,"Young"and"Old",*British Journal of Middle Eastern Studies*,Vol.39,No.2,2012,p.351.
② Dogan Gürpinar.The Rise and Fall of Turcophilism in Nineteenth-Century British Discourses:Visions of the Turk,"Young"and"Old",*British Journal Of Middle Eastern Studies*,Vol.39,No.2,2012,pp.359-360.
③ Reinhold Schiffer.*Oriental Panorama:British Travelers in 19th Century Turkey*,Netherlands:Rodopi B.V.,1999,p.314.

人欣慰",流露出一种唯有东方君主才有的威严。①在西化改革开端之际赴伊斯坦布尔旅行的查理斯·麦克法莱（Charles Macfarlane）的笔下,虽然对马赫穆德二世的描述在某种程度上透露出了改革时代的气息,"苏丹摆脱了病态的后宫生活,培养了对军队生活的热爱,原本苍白的脸色因此变成了具有男性气概的棕色"②,但是对其形象的构建仍然局限于东方的视角:虽然忧郁,但是这个注定要失败的人却有着坚定、自信的气概,傲慢中夹杂着凶残,他眉毛高挑、弯曲;眼睛和胡须乌黑……完全符合东方暴君的特点。③

无独有偶,其他旅行者笔下记录的苏丹形象依然承载着诸多东方特点:作为最潇洒的土耳其人④,苏丹膀圆健硕,然而他的下肢并不健美,长时间的盘腿坐姿阻碍了血液的循环,使他的双腿有些扭曲。⑤

无疑,英国旅行者以一种非常有选择性的方式塑造了苏丹的形象,强化了苏丹作为东方君主的归类特征:苍白的面色暗示苏丹过往的"格子"⑥生活;作为君主虽然高贵慈爱,但这种正面形象的建构却又在"东方暴君"负面形象的建构中被解构,表现出的仍然是那个被意识形态化的东方,延续了历史上东方形象话语的表述。

事实上,对马赫穆德二世作为东方专制君主形象的建构不仅局限于其外貌特征。据记载,马赫穆德二世登基之后不久,一位非常有地位的法国人陪同他进餐,他允诺可以满足这位法国朋友的一些要求。孰知这位法国人品位极低,请求看看后宫最漂亮的女人。马赫穆德二世传唤仆人去执行命令,不久一位仆人端来了一块盖着布的盘子。法国人揭开布的瞬间,看到的是一位美丽女性正在滴血的脑袋。而马赫穆德二世却平静地告诉他,

---

① Reinhold Schiffer.*Oriental Panorama:British Travelers in 19th Century Turkey*,Netherlands:Rodopi B.V.,1999,p.314.
② Charles Macfarlane.*Constantinople in 1828*,London:Saunders and Otley,Vol.I,1829,p.500.
③ Charles Macfarlane.*Constantinople in 1828*,London:Saunders and Otley,Vol.I,1829,p.504.
④ Hobhouse,John Cam.*A Journey Through Albania and Other Provinces of Turkey in Europe and Asia,to Constantinople,During the Years 1809 and 1810*,London:Whittaker,1837,pp.998-999.
⑤ Charles Macfarlane.*Constantinople in 1828*,London:Saunders and Otley,Vol.I,1829,p.502.
⑥ 1603 年起,出于对素丹王位继承人的保护之意,素丹的兄弟们被迫开始"格子"或者"笼子"的生活。参见（美）戴维森:《从瓦解到新生：土耳其的现代化历程》,张增建、刘同舜译,上海:学林出版社,1996 年,第 76 页。

后宫活着的女性是任何人都不能看到的。曾在马赫穆德二世舰队担任海军上将的阿道弗斯·斯莱德（Adolphus Slade）对苏丹的"犯罪"以及他所使用的暴力手段惊恐不已，"他一天之内可能要砍掉 14 颗脑袋"①。事实上，对冷酷暴君形象的建构不仅在于这样恣意杀头的行为之上，将苏丹归纳于"东方专制君主"的主要争议集中体现在其对近卫兵团的摧毁之上。英国报刊《考察家报》（*The Examiner*）认为马赫穆德二世歼灭近卫兵团这个事件给恪守传统的土耳其穆斯林带来了无可比拟的触动："这个事件在穆斯林中间引发的恐惧就像天主教徒的解放曾经在启蒙英国人心中激发的恐惧一样。"②阿道弗斯·斯莱德对此也持相似的观点，迥然于基督徒对马赫穆德二世的肯定与褒扬——认为他消灭了"土耳其的肿瘤"（that cancer of Turkey），阿道弗斯·斯莱德对此观点进行了反驳，认为腐败才是土耳其真正的肿瘤。③他认为苏丹的改革摧毁了"自由人士视之为可贵的，基督教国家长久以来一直为之斗争的权利"④。苏丹"开着战车辗过贵族和近卫军的脖子，他下定决心把人民拴在车轮上，让他们遭受极其严重的奴役。由此，苏丹和土耳其人民之间在整个帝国内开始了一场沉默的战争。因为苏丹没有意识到近卫军只是一棵枝繁叶茂的大树上嫁接出的枝条，这棵大树就是土耳其传统。因此，苏丹鲁莽、可怕的改革无异于杀鸡取卵"。⑤

## 二、改革家

对于西方而言，土耳其问题是一个"无穷尽困难之源"——"东方问题"，即落后、衰败的帝国的未来去向对欧洲造成了很大的困扰；对于土耳其人而言，此乃"西方问题"，即如何在西方列强的强压之下实现帝国军队、经济的现代化。很多关于土耳其的史学著作在提及马赫穆德二世时往往喜

---

① Adolphus Slade.*Records of Travels in Turkey,Greece,&c.,and of a Cruise in the Black Sea,with the Capitan Pasha,in the Years 1829,1830,and 1831*,London:Saunders and Otley,1833,p.110.
② *Examiner*,June 28,1829,p.430.
③ Adolphus Slade.*Records of Travels in Turkey,Greece,&c.,and of a Cruise in the Black Sea,with the Capitan Pasha,in the Years 1829,1830,and 1831*,London:Saunders and Otley,1833,p.262.
④ Adolphus Slade.*Records of Travels in Turkey,Greece,&c.,and of a Cruise in the Black Sea,with the Capitan Pasha,in the Years 1829,1830,and 1831*,London:Saunders and Otley,1833,p.275.
⑤ Adolphus Slade.*Records of Travels in Turkey,Greece,&c.,and of a Cruise in the Black Sea,with the Capitan Pasha,in the Years 1829,1830,and 1831*,London:Saunders and Otley,1833,pp.266-269.

欢加上"改革者"这个词来作为对他的同位修饰语,由此凸显学者们对苏丹马赫穆德二世的定位。①

大卫·厄克特是苏丹马赫穆德二世西化改革的热忱支持者,他在1831年参观完阿尔巴尼亚及土耳其欧洲部分的大部分地区后并没有指望这个国家能平静下来,但是几个月后当他重返故地时,"已经发生的变化令他大吃一惊",由此,他认为"这是土耳其历史上最卓越的时期"②。在他看来,马赫穆德二世完成了自穆罕穆德四世之后所有苏丹的首要目标,即歼灭近卫军团、根除贵族及征服阿尔巴尼亚。为了佐证他给予苏丹改革的支持的合理性,他附加了一条注释:"1827—1830年,当希腊农民有机会和我单独谈论土耳其人时,他们表达的是对土耳其人的仇恨、鄙视和恐惧。但时至1832年,我发现基督教农民一说起苏丹或者大维齐时就会说:'愿上帝拿走我的十年给他增寿吧。'"③事实上,大卫·厄克特并没有将马赫穆德二世竭力推进的西化改革所带来的新气象完全归功于其一人,而是将审视土耳其改革的视角置于一个更加宽泛的背景,当时土耳其的欧洲处境令人担忧,但是重压之下的马赫穆德二世取得了诸多被欧洲开明人士所认可的成就:与之前的苏丹相比,马赫穆德二世时期的土耳其王室表现出了节约、温和、人性等特点;土耳其政府的改革取得了渐进且真实的进步……大卫·厄克特承认个人在急剧变化中的重要作用,但是就土耳其而言,他更倾向于将之归功于土耳其的制度及土耳其人的性格,只不过这些令人欣喜的变化恰好与马赫穆德二世的性情相吻合。④

马赫穆德二世采取改革举措之后,土耳其呈现出新的气象:人们再也看不到自戕的托钵僧;军队的头饰也由更加世俗的圆筒形无边毡帽代替了穆斯林头巾;杖打、在集市上对犯罪者的惩罚手段、监狱里极端折磨的酷

---

① 参见 Sir Edwin Pears.*Turkey and Its People*,London:Methuen&Co.Ltd.,1912,p.10.另外,埃德温·皮尔斯曾在伊斯坦布尔的领事法庭任职,*Forty Years in Constantinople,the Recollections of Sir Edwin Pears,1873-1915* 就基于此段经历,被认为是研究1908年土耳其宪法革命的必读经典之作。他的 *Turkey and Its People* 被公认为是其代表作。
② David Urquhart.*Turkey and Its Resources*,London:Saunders and Otley,1833,pp.1-2.
③ David Urquhart.*Turkey and Its Resources*,London:Saunders and Otley,1833,pp.114-115.
④ David Urquhart.*Sultan Mahmoud,and Mehemet Ali Pasha*,London:James Ridgway&Sons,1835,pp.21-22.

刑及剌刑均消失。①马赫穆德二世因积极推进国家的欧洲化而摇身一变，成为"土耳其的彼得一世"，并被冠以"东方巨狮"的绰号。②虽然英国文献多有论及苏丹的残忍、独断专行，但"马赫穆德并不是为残忍而残忍"③，他用"铁一般的意志力和政治远见"④来挽救正在分崩离析的帝国。听闻土耳其改革令人欣喜的开端，帕默斯顿指示庞森比激励土耳其的大臣们"以日益增加的热情和毅力将开局良好的制度、军队、海军、经济和政府改革"进行下去。⑤总而言之，马赫穆德二世力推改革的举措得到了英国文献作者很大的关注，一些报纸如《爱丁堡评论》给予马赫穆德二世"专制"的形象以新的解读与积极的评价，认为马赫穆德二世镇压近卫军团是新制度的基石，不得不以血来巩固。⑥言下之意，马赫穆德二世剪除桀骜不驯的近卫军团的行动是不得已而为之。"它是对人类文明和利益的一种捍卫。这位苏丹崇高的品质激发了我的想象力，我下定决心要去伊斯坦布尔，要亲眼看看这位令人仰慕的人。"⑦

此外，马赫穆德二世表现出愿意接受充满人性的文明的一面。在有关土耳其的历史记录中，读者们应该对这样的场景并不陌生：用来美化马赫穆德二世后宫大门帕夏的头颅、送到马赫穆德二世面前用来邀功的战俘们的耳朵。但是在实行西化改革后，马赫穆德二世明显地表现出愿意向人性的欧洲学习的姿态，他不仅宽恕了政治罪犯和叛乱的帕夏，而且还根据他们的政治能力重新启用了他们，故而，伊斯坦布尔的监狱空无一人，后宫的大门上不再有被斩首的头颅。⑧马赫穆德二世在位期间至少两次视察了

---

① Richard Burgess.Greece and Levant;or Diary of A Summer's Excursion in 1834,London:Longmans,Vol.I,1835,pp.238-239.
② Adolphus Slade.*Records of Travels in Turkey,Greece,&c.,and of a Cruise in the Black Sea,with the Capitan Pasha,in the Years 1829,1830,and 1831*,London:Saunders and Otley,1833,p.59.
③ Charles Macfarlane.*Constantinople in 1828*,London:Saunders and Otley,1829,p.309.
④ Stanley Lane-Pool.*The Story of Turkey*,New York:G.P.Putnam's Sons,1888,p.344.
⑤ Palmerston to Ponsonby,December 8,1835,F.O.78/251.
⑥ Reinhold Schiffer.*Oriental Panorama:British Travelers in 19th Century Turkey*,Netherlands:Rodopi B.V.,1999,p.320.
⑦ Charles Colville Frankland.*Travels to and From Constantinople in the Years 1827 and 1828*,London:S.and R.Bentley,Vol.I,1829,pp.1-2.
⑧ David Urquhart.*Sultan Mahmoud,and Mehemet Ali Pasha*,London:James Ridgway&Sons,1835,p.20.

他的基督教臣民①,从侧面反映出他平等对待臣民的思想主张。他训诫各行省的重要人物应该平等对待穆斯林和非穆斯林,由此赢得了非穆斯林土耳其人的信心与喜爱。毋庸置疑,马赫穆德二世追求欧化的改革行动以及对帝国内非穆斯林一视同仁的提议,与19世纪欧洲所崇尚"善良""公正""正义"的主张合拍。故而,英国的文献对马赫穆德二世的改革充满了信心,其乐观的衡量势必会影响到英国公众对土耳其改革的考量。1836年英国的一份报纸如此写道:

> 苏丹马赫穆德二世承担起了完成政治改革的重任……激进的改革,我们最自由的人士提出的改革议案及最胆大的革新与其相比,都是微不足道的。他已经采取了行动来颠覆整个民族的习俗和思想;从彼得大帝以降,没有君主能借专制权力对社会产生如此显著的变化。②

事实上,英国对马赫穆德二世的西化改革充满了进步、乐观视角的考量,马赫穆德二世触发了欧洲观察家们的密切关注,莱茵霍尔德·希佛(Reinhold Schiffer)认为马赫穆德二世之后,只有凯末尔因推行土耳其的西化改革才再次享有同等被欧洲赞誉的殊荣。③

## 三、对苏丹马赫穆德二世形象的评价

综上所述,东方与西方的差异在同一个苏丹身上得到了体现,但是二者并不总是同时出现。换言之,东方和西方之间的选择是在动态的时代背景下彰显其存在的意义的。④就西方/英国观察家们的视角来看,苏丹专制

---

① Helmuth von Moltke.Briefe über Zustände und Begebenheiten in der Türkei,值得一提的是毛奇(Moltke)于1837年曾经陪同素丹进行了一次视察工作。转引自 Roderic H.Davison.*Reform in the Ottoman Empire 1856-1876*,Princeton:Princeton University Press,1963,p.27.
② Reinhold Schiffer.*Oriental Panorama:British Travelers in 19th Century Turkey*,Netherlands:Rodopi B.V.,1999,p.319.
③ Reinhold Schiffer.*Oriental Panorama:British Travelers in 19th Century Turkey*,Netherlands:Rodopi B.V.,1999,p.321.
④ 这里的东方与西方的所指借用了亚里士多德对欧洲和亚洲居民特点的区分。在亚里士多德看来,居住在寒冷欧洲土地上的居民"虽在智力和技能方面有些不足,但却充满精神",而生活在温暖亚洲土地上的人民"聪明且在性情方面灵巧,但是他们缺乏精神"。参见 Zachary Lockman.*Contending Visions of the Middle East:The History and Politics of Orientalism*,Cambridge:Cambridge University Press,2010,p.12.

第四章　人格化的土耳其形象及争论

的行为能为其东方专制君主的形象提供最佳的佐证。事实上，马赫穆德二世一举歼灭了近卫兵团；无情地镇压了土耳其年高德劭的贵族，而且没收了一些地方省督的世袭及教会的财产，由此被冠以土耳其的"彼得一世"与"亨利八世"①的称号，可谓实至名归。实质上，改革的东方苏丹的专制行为与创新的欧洲的民主并行不悖。换言之，在苏丹马赫穆德二世的身上能体现专制与自由的一致。无疑，马赫穆德二世在文化上是亲欧洲的，他命令将民族服装（包括穆斯林头巾）、民族武器（包括土耳其短弯刀等）搁置一旁，取而代之的是欧式的帽子、服饰及现代化的军事装备。自然地，恪守传统穆斯林文化的土耳其人会觉得马赫穆德二世所采取的措施与让他们"异端化"并无二致，因为土耳其的民族习俗被认为是从亚伯拉罕那里沿袭下来的，并且受到了先知穆罕默德的尊崇。故此，马赫穆德二世的西化改革势必会遭到贵族保守主义拥护者的反对。阿道弗斯·斯莱德就指责马赫穆德二世的改革急速、猛烈且不加选择，在摧毁旧制度糟粕的同时也摧毁了其精华（有时摧毁的只是精华）。②

然而，急剧的改革终究要颠覆旧的思想：

> 这就是我多次听闻的新军队，这就是要保护土耳其免受敌人入侵的军队！以安拉的名义，苏丹要这些没胡子的、不起眼的、带着闪亮步枪的小伙子们有什么用！这意味着什么？土耳其人正是用马刀征服了基督教的领土和国家，他们也应该使用马刀来保卫他们的国家。马刀是马赫穆德及其人民的武器，而不是我所看到的插在步枪末端的旱烟袋……为什么他们看起来一点都不像土耳其人！马赫穆德的土地能被这样的人保护？"他不断地说着，指责他所看到的一切，不时地用"如果它能使安拉高兴的话""如果能被安拉赞美的话""我们明白"等土耳其正统的感叹句来表达他的怒气。在他看来，一切都是愚蠢的。但是当他看到射击、排成一队的规则射击、排射击、密集方阵的防御方法——所有这些都完成得比较好，还有一些他从没想象过的防御方法。他不得不承认他手持马刀就能剁碎这样一支军队并不是一件轻而

---

① （英）伯纳德·刘易斯：《中东》，郑之书译，北京：中国友谊出版社，2004年，第100页。
② Bernard Lewis.Some English Travelers in the East,*Middle Eastern Studies*,Vol.4,No.3,1968,p.304.

易举的事情。事实上，最后他的观念的进步只是受到了信仰的阻碍，尽管这种作战方式聪明有效，但是并不适合穆斯林，因为它们来源于"异教徒"。①

显然，这名反对变革的老派土耳其人再次搬出宗教来抵制源自异邦的文明与制度，但是"摆在面前的只有一条路，那就是现代化和西化。土耳其可能行动得快些或是慢些，可能是走直路或绕弯路，但是，倒退是不可能的"②。毋庸置疑，马赫穆德二世的改革是土耳其追求现代文明的变奏曲，为20世纪凯末尔的世俗化改革铺就了一定的基础。

事实上，法国记者乌比奇尼（Abdolonyme Ubicini）对马赫穆德二世作了最公允的评价，他认为其虽然"残忍、专断"，但是他无疑给"播种时节"的坦齐马特改革起了奠基的作用。乌比奇尼认为坦齐马特时期的改革要温和得多，因为此时它的目标在于改善而非颠覆。③言下之意，马赫穆德二世推动的西化改革要激进得多，其面临的更大挑战在于颠覆而非改善，由此造成了旧体系被摧毁，但是新体系却又未确立。在英国文献建构的苏丹既专制又开明的形象话语的表述上，文明开化的苏丹形象的建构是用来迎接新时代的挑战，而专制冷酷暴君的形象得以延续的深层次原因则在于落后的东方急需西方文明的启蒙与拯救。

## 第二节 土耳其和希腊形象的争论

1833年6月英国的托利派报刊《布莱克伍德爱丁堡期刊》刊登了一篇名为"土耳其的衰亡"（The Fall of Turkey）的文章，其中提出的一个观点是土耳其迅速衰亡的最直接、最强大的原因无疑是希腊革命以及英国在纳瓦里诺击败了土耳其海军。④事实上，也就是在这两次关乎土耳其生死存亡的大事件中凸显了英国对土耳其和希腊形象的大争论。

---

① Charles Mac Farlane. *Constantinople in 1828:A Residence of Sixteen Months in the Turkish Capital and Provinces*,London:Saunders and Otley,1829,pp.59-60.
② （英）伯纳德·刘易斯：《中东》，郑之书译，北京：中国友谊出版社，2004年，第136页。
③ M.A.Ubicini. *Letters on Turkey*,trans.,Lady Easthope,London:J.Murray,Vol.Ⅰ,1856,p.212.
④ The Fall of Turkey,*Blackwood's Edinburgh Magazine*,June 1833,p.943.

# 第四章 人格化的土耳其形象及争论

## 一、土耳其人与希腊人的残忍人性之辨

1821年希腊独立革命爆发后，英国报刊就土耳其人嗜杀成性的凶残进行了大量报道。在希腊人攻占伯罗奔尼撒和摩利亚半岛的过程中，他们几乎歼灭了苏丹派来的30 000人军队，这使"伊斯坦布尔土耳其人的愤怒和混乱达到了无以复加的程度，所有的市场和商店都被关闭，土耳其人抢劫并且杀戮那些胆敢在大街上行走的基督徒，那些被叫作法兰克人的外国人也难逃厄运。可以说在伊斯坦布尔的所有基督徒站在了坟墓的边缘……土耳其政府无情残酷的举动在土耳其编年史上也是史无前例的"①。当时，无论是英国报刊还是游记均记载了土耳其人的血腥暴行所带来的恐惧。

但是就在英国报刊长篇累牍地报道土耳其人让人心碎的暴行之际，伦敦勋爵德里（Lord of London-Derry）郑重其事地指出英国人对希腊的同情"方向有所偏差"，成为首个对希腊人的事业表现出不以为然的人。他认为土耳其与希腊双方的残忍旗鼓相当。②从现有材料来看，希腊人在独立革命过程中的确对土耳其压迫者表现出了同样的残暴。1821年希腊在夺取纳瓦林（Nawarin）和的黎波里后对土耳其人大开杀戒，最初有3000余人被杀。两天后，塔楼上突然挂起了基督教旗帜，希腊人对毫无防备的土耳其妇女和儿童进行了残忍的杀戮。当年12月的《绅士期刊》用符号删略掉了一些残忍的细节，并且用括号说明"场面太血腥，不宜于刊出"③，希腊人令人不寒而栗的残忍由此可见一斑。在夺取土耳其人的领地后，希腊人表现出要为被烧毁的家园复仇的一面，由此他们下定决心要让省督府这个血腥、野蛮、奢华之地化为灰烬。他们烧毁了省督府，围绕着它欢悦呐喊，这样可怕的报复持续了两天，被屠杀的土耳其人达到了6000人。④《布莱克伍德爱丁堡期刊》认为历史不屑于记录野蛮人的肉体和精神折磨，反之，它因看到了他们的毁灭而欣喜不已⑤。1822年在夺取摩利亚半岛的过程中，

---

① *The Examiner*, June 17, 1821, p.372.
② *The Examiner*, July 21, 1821, p.458.
③ *The Gentleman's Magazine*, December, 1821, p.635.
④ Greece No.Ⅱ, *Blackwood's Edinburgh Magazine*, November, 1826, p.828.
⑤ Greece No.Ⅲ, *Blackwood's Edinburgh Magazine*, December, 1826, p.838.

土耳其军队饱受饥饿、疾病、暴风雨、伤口之殇，最终被希腊军队困在了大山之中，"（希腊）山民，现在稳操胜券，俯视山下的巨大墓地，耐心等候庆贺土耳其人的死亡……土耳其人首先用完了粮草供应；其次吃掉了他们的马匹；再次吃掉了周围的草木、马鞍及装备的皮革；最后开始吃同伴们的尸体！这样的死亡持续了三个星期，希腊人仍然在这个墓穴的周边监视，土耳其人的尸体在逐时增加"。①

有关土耳其人和希腊人到底谁更残忍的争论旷日持久。有一种观点认为希腊人同土耳其人一样是野蛮人，如果给予前者武器或者金钱方面的援助，那么获得权力的野蛮人将会残暴地灭绝他们的敌人。②1821年4月双方在佩特雷（Patrass，希腊西部港市）展开了激战，整座城市被点燃，双方在废墟中战斗，没有任何怜悯地屠杀彼此，那些被宽恕的囚犯认为是狂热救了他们的生命。③《邮报》对这场骇人听闻的战争中的"相互残忍"表示悲叹。④而另外一种观点认为希腊人之所以表现出冷酷的残忍，是因为他们为其压迫者的冷血杀戮所激怒，但是他们的复仇行为没有那么残忍。

## 二、希腊文明的救赎？抑或堕落？

人们一般认为希腊人是古老的、高贵的民族的后裔，他们在近代的堕落多被归咎于统治者的专制。而1822年刊登在《布莱克伍德爱丁堡期刊》上的一篇名为"希腊人与希腊事业"的文章的作者却秉持一种大相径庭的观点。他认为，在君士坦丁堡失守之前，东方的野蛮人已经宛若秃鹫一般扑向了希腊这具已然堕落的尸体，"今昔对比，历史告诉我们，希腊和欧洲的拜占庭帝国事实上在伊斯兰征服者的统治下复兴了"。⑤作者进一步指出，土耳其治下诸多希腊城市都呈现出了现代的特征，显现出一种朝气蓬勃的繁荣。罗多斯托（Rhodosto）附近的城镇外观可与英国城镇的外观相媲美……英国或者美国的城镇都没有海德拉（Hydra）发展迅速。这里有

---

① Greece No.Ⅲ,*Blackwood's Edinburgh Magazine*,December,1826,p.839.
② *The Examiner*,January 6,1822,p.2.
③ The Revolution of Greece,*Blackwood's Edinburgh Magazine*,April,1833,p.498.
④ *The Examiner*,January 6,1823,p.535.
⑤ The Greeks and the Greek Cause,*Blackwood's Edinburgh Magazine*,October,1822,p.467.

第四章　人格化的土耳其形象及争论

40个教堂，其中2个装有非常漂亮的塔尖。其人口超过了20 000人，许多房子漂亮美观，装饰有来自法国和意大利的家具……希腊人的道德和政治状态得到了改善，而这种改善是由土耳其人做出的！①

事实上，关于土耳其形象的争论不仅局限于报刊记者或者旅行家中，一些政治家对此也颇为关注。在英国1822年5月的议会会议上，一位名叫威尔莫特（Wilmot）的政务次长就站了出来，为土耳其之"专制暴君"的形象正名，"爱奥尼亚的希腊人有适合他们自己的自由，他们现在的处境比以往自由了许多，在之前统治者的统治之下，他们总是一个无法安宁、永不知足的民族，所以不能给予他们比政府已经给予的自由更多的自由！"②而《考察家报》的记者却认为此观点卑鄙、冷血、可耻。他很难相信这竟然出自一名英国官员之口，并且这样的观点竟然得到了英国议会大多数成员的认可！③伴随着土希战争的推进，这样唇枪舌剑的争论也显现出白热化的态势。

### 三、纳瓦里诺事件的上议院之争

1828年1月29日英国的上议院会议即是其中的突出事例。当时适逢科德林顿指挥的英国、法国、俄国舰队在纳瓦里诺打败土耳其舰队不久，由此，此次会议就从这次海战的争论而始。④争论围绕土耳其究竟是否是英国的老盟友而展开。一方面，以国王为首的一方承认土耳其是英国的老盟友，他们认为缔约国⑤和土耳其政府的舰队在纳瓦林港（the Port of Navarin）⑥发生冲突是一起非常"不幸的"事件。国王对此冲突感到悲伤，

---

① The Greeks and the Greek Cause, *Blackwood's Edinburgh Magazine*, October, 1822, pp.469-470.
② *The Examiner*, May 19, 1822, p.313.
③ *The Examiner*, May 19, 1822, p.313.
④ 学界一般的观点认为尽管纳瓦里诺海战粉碎了土耳其舰队，推动了希腊民族解放的进程，但英国指挥官科德林顿并没有得到英国政府的褒奖，因为当时英国政府给他的使命是维持地中海均势，防止俄国势力的扩张。但是科德林顿并没有遵守命令，因此他在纳瓦里诺海战之后的余生就是一次次地为自己当时击毁土耳其军舰的行动进行辩解。故而此人也是一个颇有争议的人物。从现有材料来看，英国上议院的议员们对科德林顿持肯定和褒扬态度，参见 United Parliament. *The Examiner*, February 3, 1828, pp.68-70.
⑤ 1826年4月，英国、俄国签订了《圣彼得堡议定书》，就希腊问题向土耳其提出调解。
⑥ 即纳瓦里诺港。

并且认为这样的冲突不该发生在老盟友的海军身上。①奇切斯特伯爵（the Earl of Chichester）、格雷伯爵和诺贝尔男爵（the Noble Baron）都对纳瓦里诺海战之"不幸的"这个前置修饰语进行了解读，间接承认了土耳其是英国的老盟友，他们的演讲得到了很多议员的积极回应——说得对！说得对！②威灵顿公爵也承认土耳其政府是英国的老盟友，并且指出土耳其是维护欧洲均势的基本组成部分，这不仅对英国，而且对整个欧洲都意义重大。若不是英国议会对土耳其政府的影响，那么这次战争可能会给欧洲带来1812年般的灾难。③曾任英国驻伊斯坦布尔大使的斯特拉特福德·坎宁也就自己的亲身经历力证土耳其对英国的忠诚和真诚的友谊，认为纳瓦里诺海战是一起"不幸的"事件，"非常偶然"。④

另一方面，霍兰德勋爵（Lord Holland）却以自己丰富的阅历驳斥了土耳其是英国的老盟友的说法。首先，他不知道议员们把古老和盟友两个词附加在土耳其身上的用意。因为土耳其和英国之间只是在和平和商业条约方面曾经结盟。其次，这种结盟关系存在了最多7年。期间，土耳其一次又一次地违反了条约中的每一项条款，甚至迫使英国向伊斯坦布尔派遣舰队去强制执行某些条约。最后，他认为纳瓦里诺海战是土耳其咎由自取，并且认可土耳其是基督教国家的大敌人的观点。随后他根据英国对土耳其的政策，得出结论说与其支持还不如反对这个半野蛮的国家。⑤

## 四、对土耳其和希腊形象争论的评价

综而观之，希腊独立革命期间，英国报刊及游记对土耳其形象争论不休，其中既有肯定也有否定。肯定评价中甚至存在故意拔高之嫌；否定评价中也有有失公允的成分。这些争论体现出英国不同人士对土耳其的不同考量，同时折射出形象话语背后的深层次因素。如上所述，英国关于土耳其形象的争论体现出个人的认识差异。换言之，英国对土耳其形象话语的

---

① United Parliament, *The Examiner*, February 3, 1828, p.68.
② United Parliament, *The Examiner*, February 3, 1828, p.69.
③ United Parliament, *The Examiner*, February 3, 1828, p.69.
④ United Parliament, *The Examiner*, February 3, 1828, p.69.
⑤ United Parliament, *The Examiner*, February 3, 1828, p.69.

第四章　人格化的土耳其形象及争论

建构因人而异，它折射出政治、经济及社会文化因素对形象话语的羁绊，体现出英国在希腊问题上的矛盾。

首先，19世纪20年代西班牙、葡萄牙、意大利及希腊追求自由的革命总会在英国引起一番争吵，这些争论实质上是保守主义与自由主义的一种公开较量。总的来说，英国的托利派报刊指责革命，维护正统主义和君主制；而辉格派报刊却拥护革命，讴歌自由主义和民主制度。例如，《奥地利观察家》(*The Austrian Observer*)和《伦敦邮报》(*The London Courier*)等神圣同盟的报刊给读者反复灌输的是反希腊的新闻报道：希腊事业走到尽头了。①而《考察家报》在希腊革命发生一个月后，虽然指责希腊民族是"混杂堕落的民族"，但仍然认为"欧洲人民有权利为自由而战"，欢呼"希腊人终于武装起义了，这是多么振奋人心的消息！"②英国政府在1823年5月承认希腊为交战国之前，可以说对土希战争是持中立姿态的。1825年10月9日的《伦敦公报》刊登了国王的"中立宣言"，其中特别反对掳掠土耳其人，并严格要求英国人要恪守《外国服役方案》(*Foreign Enlistment Bill*)，不得参与土耳其政府和希腊之间的冲突，否则会招致法律惩罚。③照此推理，在充当旁观者的英国人眼中，交战的双方都表现出了令人震惊的反人类的一面。④进而言之，土耳其人的残忍证明了其偏执、专制政府统治的不合理性，"土耳其人是这片土地上的野蛮主人，将之驱逐出欧洲将是一件大好事"⑤；希腊人的残忍反照出维持土耳其统治的正统性和合理性："苏丹不是整个帝国的君主吗？希腊人不是他的臣民吗？他们不是叛乱吗？他不是只是把他们作为叛乱者惩罚吗？历史上对叛乱者的惩罚少见吗？"⑥诚然，报刊的观点会随英国执政党的态度而发生改变。1823年11月托利派报刊《邮报》和《季刊评论》开始给予希腊人的胜利大量抽象的祝愿。⑦

---

① *Examiner*, October 13, 1822, p.646.
② *Examiner*, April 5, 1821, p.231.
③ *Examiner*, Oct 9, 1825, p.647.
④ United Parliament, *The Examiner*, February 3, 1828, p.68.
⑤ *Examiner*, December 16, 1821, p.791.
⑥ The Greeks and the Greek Cause, *Blackwood's Edinburgh Magazine*, October, 1822, p.472.
⑦ *Examiner*, November 30, 1823, p.669.

其次，1828年上议院会议争论中的主角们对土耳其是否是英国老盟友的考量受到了各自政治立场的掣肘。威灵顿公爵是托利党的典型代表，故而捍卫传统，鄙视激进的进步与改革。霍兰德勋爵是19世纪早期辉格党派政治的主要人物，其拥护自由主义和革命运动。事实上，在卡斯尔雷时期，他虽然不赞同神圣同盟直接干涉西班牙革命的行径，但整体上还是追随神圣同盟的政策。① 但到了斯特拉福德·坎宁时期，英国在处理希腊问题上表现出了矛盾的立场。作为皮特自由派阵营代表，斯特拉福德·坎宁一方面不支持欧洲的自由主义和革命行动；另一方面又认为一个专制的坏政府应该被推翻。② 换言之，一方面，英国反对追求自由独立的希腊革命，欲维持土耳其君主的正统统治；另一方面，它排斥土耳其的专制政府，欲对同宗文明的希腊施以援手。此时期英国的报刊也就此展开了激烈的争论。就前一种立场而言，"任何国家无权干涉另一国的内部事务。一个国家自己有权来决定其统治方式，它可以选择最坏的专制，如果没有伤害到其邻国的话，它有不遭受其他国家干涉的权利"③。言下之意，不管土耳其对希腊采取了何种统治方式，不管它统治的专制到了何种程度，只要没有妨碍其他国家，则他们无权干涉其内部事务。从当时英国报刊争论的情况来看，一些人士认为土耳其获得希腊和统治希腊的方式同英国对于印度、爱尔兰等地如出一辙。那么否认了土耳其君主统治的正统性就相当于承认了英国对上述地区统治的不合理性。④ 就后一种立场而言，英国强调与希腊在文化、宗教方面的同根性。希腊不幸落入了一个来自亚洲的非基督教暴君之手的悲惨遭遇拷问着欧洲基督教国家友谊的真诚度。希腊人急切呼吁同他们一样理性的英国人能成为同驾一车的伙伴，像兄弟般参与这场神圣战争。⑤ 而英国也希望能把希腊这个艺术和文学之发源地从野蛮且无知的统治中解救出来，恢复它曾经拥有过的文明

---

① 陈文艺：《评十九世纪上半叶英国对外政策的演变》，《史学月刊》1985年第6期，第96页。
② 刘成：《和平外交与欧洲均势——卡斯尔雷、坎宁时期的英国外交政策》，《苏州大学学报》（哲学社会科学版）2012年第5期，第164页。
③ The Faction, *The Blackwood's Edinburgh Magazine*, October, 1827, p.417.
④ Greeks, *Examiner*, January, 6, 1822, p.1; Greeks and the Greek Cause, *The Blackwood's Edinburgh Magazine*, October, 1822, p.471; January, 1828, pp.25-32.
⑤ Thomas Gordon. *History of the Greek Revolution*, *The Blackwood's Edinburgh Magazine*, 1833, p.479.

与才智。①尽管英国政府在希腊独立革命期间表现出在保守主义和自由主义之间艰难抉择的尴尬,但最终鉴于俄国对其在地中海甚至在印度的政治经济利益的威胁,威灵顿政府承认希腊为完全独立的主权国家。而后更是出于对地中海权力平衡的考虑而与土耳其再次结成亲密的同盟国,重写续写了二者之间的古老盟友关系。

综上所述,希腊革命期间英国对土耳其形象的认识不尽相同:作为土希战争旁观者的英国认为土耳其人与希腊人表现出了旗鼓相当的反人类的残忍;土耳其形象的褒扬者受保守主义思想的影响,倾向于维护土耳其君主制统治的正统性;土耳其形象的贬斥者则受自由主义思想的影响,着眼于土耳其与西方历史上在文化、宗教方面的对峙和颉颃,力证土耳其君主制统治的不合理性。再加之一些旅行者基于个人认识的差异及相异的政治主张,故而此时期对土耳其形象的话语表述呈现出相互抵牾的态势。尽管英国关于土耳其形象的争论表现出无法弥合的分歧,但英国最终做出的选择还是基于其至尊的国家利益。这反映了斯特拉福德·坎宁那段著名的演讲:"我希望我对世界上其他国家有友好的态度……但我不得不承认,在政治事件中,我考虑的至高目标就是英国的利益。"②

希腊独立革命引发英国国内不休的争论,由此建构了复杂多元化的土耳其形象。该形象话语既缘于英国不同人士对土耳其的异议考量,又折射出政治、经济及社会文化因素对形象话语的羁绊。争论实质上体现出英国在保守主义与自由主义之间的抉择矛盾,裹挟其中的是英国对土耳其君主制统治之正统性和合理性的支持与反对,折射出19世纪英国对人性之"善"与"恶"所给予的道德审视。

## 第三节 土耳其形象的欧洲性的争论

在爱德华·W.萨义德对东方的界定中,伊斯兰教的阿拉伯是最典型的东方,鉴于伊斯兰教曾经在历史上给欧洲造成了"一个持久的创伤性

---

① *Examiner*, November 30, 1823, p.769.
② James Joll. *Britain and Europe: Pitt to Churchill 1793-1940*, London: Kaye, 1950, p.88.

体验"①,即萨拉森人入侵西欧和土耳其人直叩维也纳城门的记忆成了欧洲人的一个"隐秘的梦魇"②。自然地,在欧洲人的思维方式里,土耳其无论在种族上、宗教上,还是文化上都与欧洲的其他民族不一样,由此,将土耳其排斥于欧洲之外看起来似乎是一种合理的主张。然而,事实上,土耳其却是巴尔干、君士坦丁堡,以及海峡的主人,这至少从客观的地理事实方面证明土耳其是欧洲大家庭中的一员。16世纪时,欧洲的君主借口好客的神圣性,曾向"野蛮"的苏丹要求贸易的自由③,于是,法国、英国等欧洲国家先后与土耳其建立了贸易关系,由此,土耳其在贸易上成为欧洲的一部分。到19世纪,欧洲出于两方面的考虑对土耳其表现出浓厚的兴趣:其一,欧洲大国觊觎在近东扩张经济和战略利益。其二,基督教欧洲欲解救处于土耳其压迫之下的基督徒。④于是,欧洲大国竞相斡旋于土耳其的竞争舞台之上,由此,"土耳其问题不仅成了一个欧洲问题,而且还成了一个重要问题"⑤。从19世纪的现实情况看,土耳其的地理位置、资源及贸易的确会影响参与竞争的每一个欧洲国家,难怪一位杰出的外交官说:"欧洲不会为比利时的独立开一枪,东方将成为欧洲斗争的舞台。"⑥

虽然土耳其在欧洲的经济与地理方面扮演了举足轻重的角色,但是它并没有参加1815年的维也纳会议,它不是"欧洲协调"的成员,在欧洲政治中它不能发挥作用。即便1841年它参与了《伦敦海峡公约》,但仍然不是"欧洲协调"的一员。直至1856年它才被吸纳进"欧洲协调",由此它在外交上成为欧洲的一部分。然而土耳其在宗教、文化和政治等领域所呈现出的与欧洲异若霄壤的差异使土耳其人代表的是"欧洲认同所拒绝的凶

---

① (美)爱德华·W.萨义德:《东方学》,王宇根译,北京:生活·读书·新知三联书店,2007年,第75页。
② (美)塞缪尔·亨廷顿:《文明的冲突与世界秩序的重建》,周琪、刘绯、张立平等译,北京:新华出版社,1998年,第155页。
③ David Urquhart.*Turkey and Its Resources*,London:Saunders and Otley,1833,p.125.
④ Vernon J.Puryer.*International Economics and Diplomacy in the Near East:A Study of British Commercial Policy in the Levant 1834-1853*,London:Oxford University Press,1935,p.2.
⑤ David Urquhart.*England,France,Russia and Turkey*,London:James Ridgway&Sons,1835,p.115.
⑥ David Urquhart.*England,France,Russia and Turkey*,London:James Ridgway&Sons,1835,p.115.

## 第四章　人格化的土耳其形象及争论

残、野蛮、专断、压迫、暴力和对欧洲文明的威胁"①。换言之，即便在政治上获得了欧洲的认可，但是欧洲对土耳其的考量却仍然被置于东西之间无形"铁幕"的旧叙事框架之下。

在19世纪的欧洲看来，土耳其人虽然定居在欧洲，但并没有生根，像亚美尼亚人一样一直被视作欧洲的入侵者。②"这个优秀的民族像花种子一样长在了一个错误的地方"③，即在陌生土地上定居下来的土耳其人被视为对欧洲利益造成侵蚀的民族。在政治方面，土耳其人仍然是专制、野蛮的民族，对基督徒进行着一以贯之的暴力压迫，这显然与19世纪光明、文明的欧洲不相吻合。在经济方面，越来越穷的土耳其欧洲部分阻碍了英国的利益。如果它能返回它的"天然之家"——亚洲，英国的资金与工业将会有广大且有利可图的市场。④

事实上，这种将土耳其视作欧洲外来者的态度并不局限于詹姆斯·路易斯·法利一人，持类似主张的人群中还有查尔斯·爱略特爵士，他曾经担任过英国驻土耳其大使一职，著有《欧洲之土耳其》一书，此书被公认为是研究19世纪土耳其与欧洲关系的经典之作。在书中，查尔斯·爱略特将土耳其人比作"斗牛士"⑤，实际上强调的就是土耳其民族的"非文明化"，即"游牧文化"(nomadism)。在查尔斯·爱略特看来，土耳其人的"游牧文化"是永恒的。言下之意，尽管土耳其人在欧洲居住了很多年，但仍然是欧洲的陌生人——他们是家园的掠夺者，只知利用，不知贡献，

---

① Erkan Erdogdu.*Turkey and Europe:Undivided but not United*,*Middle East Review of International Affairs*,Vol.6,No.2,2002,p.2.
② Sir Charles Eliot.*Turkey in Europe*,London:Frank Cass,2006,p.10.
③ Elizabeth Wormeley Latimer.*Russia and Turkey in the Nineteenth Century*,Chicago:A.C.McClurg& Co.,1893,p.94.
④ James Lewis Farley.*Turks and Christians:A Solution of the Eastern Question*,London:Simpkin,Marshall&Co.,Publishers,1876,pp.178-179.詹姆斯·路易斯·法利是19世纪英国著名的银行家、外交官，曾在土耳其银行中担任总会计师一职，对土耳其人民、统治者和它的贸易及财政情况颇为了解，被认为是保加利亚问题研究的权威人士。他著有多部关于"东方问题"的著作，其中《土耳其人和基督徒：东方问题的解决办法》(*Turks and Christians:A Solution of the Eastern Question*)颇受关注。詹姆斯·路易斯·法利认为土耳其的改革应该将基督教人口的自治与素丹权威的维持结合起来。欧洲大国将他的一些提议强加给土耳其政府，最终得到了土耳其政府的采纳。
⑤ Sir Charles Eliot.*Turkey in Europe*,London:Frank Cass,2006,p.67.

并且一直以来他们就没有适应城市的或者定居的生活。①

从这方面看,土耳其人可被称为"两面人"。尤其是对于追求西化改革的土耳其而言,他们根深蒂固的"游牧文化"势必造成与现代"欧洲文明"之间的对峙,对于19世纪的土耳其而言,它一心面向西方,追随西方,但对于欧洲而言,土耳其应该回归东方,因为它的"天然之家"在东方亚洲。这就使土耳其的认同出现了严重的危机,它非欧非亚、非西非东的文明使它处于一种无所适从的尴尬处境。也许博斯普鲁斯海峡大桥两端所写的话最能折射出土耳其的欧洲性及亚洲性,它的一端写着"欢迎来到亚洲";而另一端写着"欢迎来到欧洲"。

奥尔军·帕慕克在探讨东西方的归属时曾提出"通常,你要想明白你究竟站在东方还是西方,只需看你如何提出某些历史事件。对西人来说,1453年5月29日是君士坦丁堡的陷落;对东方人来说则是伊斯坦布尔的征服。"②就19世纪的欧洲文明而言,指的只是西欧主宰下的文明,即便是身处东欧的俄罗斯也被排斥在欧洲文明之外:"如果俄国占据了伊斯坦布尔,它在欧洲将发挥压倒性影响,这对欧洲文明是致命的,将有损于英国的利益。"③恰巧,俄国和土耳其同样横跨亚欧两洲,在英国的叙事框架下,俄国仍然是"野蛮的""非人性的"④。

实际上,在土耳其的欧洲性与亚洲性、西方与东方的归属性上存在着"东方学"视域下的话语建构。这一话语与粗俗的政治权力没有直接的对应关系,而是在与不同形式的权力进行不均衡交换的过程中被创造出来并且存在于这一交换过程之中的,其发展与演变在某种程度上也受制于其与政治权力、学术权力、文化权力、道德权力之间的交换。⑤无疑,在19世纪,被置于权力话语框架下的土耳其不能也无法表述自己,

---

① Bernard Lewis.Some English Travellers in the East,*Middle Eastern Studies*,Vol.4,No.3,1968,p.312.
② 吴志攀:《"我仅为土耳其人写作"——与帕慕克谈话》,《作家走廊》2009年第1期,第29—30页。
③ Vernon J.Puryer.*International Economics and Diplomacy in the Near East:A Study of British Commercial Policy in the Levant 1834-1853*,London:Oxford University Press,1935,p.315.
④ Eric Edmund Kleist.*European or Oriental?:British Perception of Russia in the Nineteenth Century*,PhD. Dissertation of Georgia State University,2003.
⑤ (美)爱德华·W.萨义德:《东方学》,王宇根译,北京:生活·读书·新知三联书店,2007年,第16页。

它无法消除自身在欧洲人眼中的文化现实，因为权力的天平已经做出了倾向于维持欧洲文化和道德等方面优越性的决定。为了生存，尽管会遭遇严重的认同危机，土耳其似乎别无选择，只能成为那个自诩文明的欧洲的一部分。实质上，这是东方国家的"自我东方化"①，即他们认同西方文化霸权下自身"落后"的"他者"地位。借用奥尔罕·帕慕克的话说，就是"非西方的国家，倘若他们拥有伟大的传统和悠久的历史，就总是会非常关注国际上对自己的认可，以及如何把自己再现、表现的问题"②。

## 小　结

19世纪土耳其的改革被普遍视为一次"土学为体，西学为用"的自上而下的改革。在这个意义上来看，土耳其的苏丹形象构建了西化改革时期整个土耳其民族形象。英国文献构建了东方专制君主的苏丹与改革的苏丹两种形象。换言之，在苏丹身上集结了两种大相径庭的特点，即东方性与西方性的融合，尽管残酷而专断，但却开化而温和。实际上，文明开化的苏丹形象的建构是用来迎接新时代的挑战，而专制冷酷暴君的形象得以延续的深层次原因在于"落后"的东方急需西方文明的启蒙与拯救。希腊独立战争与纳瓦里诺事件引发了英国对土耳其人的大争论，他们可能是残忍的，但却给希腊带来了复兴；他们可能是野蛮的，但却是英国200多年的老盟友。实质上，这些争论是保守主义与自由主义的一种公开较量。与此同时，争论者们的观点主张也受到了他们的政治立场的掣肘，裹挟其中的还有19世纪英国对人性之"善"与"恶"的道德考量。另外，在历史发展的进程中，土耳其不仅吸收了一些希腊文化，

---

① 这个概念是由土耳其裔美国学者阿里夫·德里克（Arif Dirl）在其著作《后革命氛围》中提出的。他认为爱德华·W.萨义德的《东方学》只注意到东方主义是西方人创造的，忽略了东方主义也是东方人自我构建的产物。换言之，东方主义在某种程度上也是东方人的自我东方化。参见（美）阿里夫·德里克：《后革命氛围》，王宁等译，北京：中国社会科学出版社，1999年，第281—282页。
② 杨振同译：《奥尔罕·帕慕克访谈录：〈我的名字叫红〉》，《世界文化》2007年第5期，第27—28页。

而且也汲取了亚洲文化。这就造成它非亚非欧、非东非西的文化归属性。分裂的二元文化使土耳其出现了无所适从的认同危机。实质上，关于土耳其欧洲性的争论在本质上受到了权力话语表述的限制，出于生存的考虑，19世纪的土耳其尽管遭遇了"自我东方化"的困惑与焦虑，但仍然表现出乐意拥抱欧洲文明的倾向。

# 结　　语

在《近代欧洲之政治与外交》一书中，翟楚先生将近代外交的特征归纳为三点：其一，国际关系，实为武力相对的关系，力强则胜，力弱则败，故唯"国力外交"，始有避战技术，应战实力。其二，国际关系，实为利害相互的关系，有利则友，有害则敌，故唯"自主外交"，始能维持生存，避免侵略。其三，国际关系，实为权术相谋的关系，有术则成，无术则败，故唯"全能外交"，始能折冲樽俎之间，决胜疆场之外。① 换言之，一国的治国之道在于既有"权"（Power）又有"术"（Tact）。② 就前者而言，Power 这个词在英语中有着一语双关的蕴涵：一方面可用来指称"大国"（与 great power 意义相当）；另一方面，这个词又意指"强权"。Tact 这个词指的是外交的技艺与能力。如果我们以后世的视角来回望 19 世纪欧洲在近东的政治与外交，就不难发现这三点外交特征非常贴合当时的现实情况。从"力"的角度来看，就我们所关注的欧洲国家中，英国为最强，因为在 19 世纪中期以后唯有英国实际完成了工业化，这就为其在 19 世纪更好地扮演欧洲权力均衡体系的"公断人"提供了保障，例如，在 1833 年危机中，英国就和法国携手扮演了"保住了欧洲自由"的角色。事实上，英国凭其实力以及受到其传统外交思想的影响，在 19 世纪欧洲外交的舞台上不止一次将受到搅乱的欧洲势力的平衡拉回至新的平衡状态，其作为"权力均衡的掌控者"

---

① 翟楚：《近代欧洲之政治与外交》，上海：商务印书馆，1946 年，第 149 页。
② 翟楚：《近代欧洲之政治与外交》，上海：商务印书馆，1946 年，第 145 页。

可以用亨利八世的一句名言得到最佳的诠释:"我支持谁,谁就取胜。"①相比之下,土耳其最弱,在俄国的南进与英国的东进(后者要缓和得多)的压力之下,再加之来自其他欧洲大国对其领土的觊觎之心所造成的不利国际形势,使其"自主外交"频生危机,其中最受欧洲国家苛责的就是1833年危机中处于"囚徒"困境而不得不与欧洲国家眼中的"魔鬼"——俄国结盟。一时间,英国和法国不惜以武力相威胁,意图吓阻俄国。其实,类似这样剑拔弩张的紧张状态在19世纪的近东出现过不止一次,大国之间竞争之激烈让艾瑞克·霍布斯鲍姆选择用"大赛局"(great game)来描述才更恰当。②

事实上,翟楚先生的主张究其本质,是基于现实主义的视角对近代欧洲的外交特征进行归纳。现实主义是在批评当时甚嚣尘上的理想主义的基础上被提出的。它依据人性本恶的逻辑进而推断出国家对国家利益、权力的期望。故而从现实主义视角来讲,国际政治像一切政治一样,是追逐权力的斗争。③换言之,国家之间的关系是一种权力关系,国际政治是一种权力的斗争。而国家在国际关系中的地位主要是由国家在国际政治中的权力地位来决定的。④但是需要谨记的是,国家与国际政治的关系并不是处于静止状态,相反,它具有动态的特性。这种关系伴随着权力的盛衰而变化,权力时而把一国推向权力斗争的前沿阵地,时而剥夺一国积极参加权力斗争的能力。⑤毋庸置疑,在19世纪的近东危机中,欧洲大国之间的关系就是国家权力政治之争的真实映射,导致他们在权力政治游戏中的冲突和斗争不断。然而,这样的冲突与斗争始终不能跳出19世纪被欧洲政治奉为圭臬的"均势"原则框架,于是在欧洲大国之间出现了变幻莫测的均衡体系的不断重组与打破。

---

① (美)汉斯·摩根索:《国家间政治:权力斗争与和平》,徐昕、郝望、李保平译,北京:北京大学出版社,2006年,第233页。
② (英)艾瑞克·霍布斯鲍姆:《革命的年代:1789—1848》,王章辉等译,南京:江苏人民出版社,1999年,第138页。
③ (美)汉斯·摩根索:《国家间政治:权力斗争与和平》,徐昕、郝望、李保平译,北京:北京大学出版社,2006年,第55页。
④ 倪世雄等:《当代西方国际关系理论》,上海:复旦大学出版社,2001年,第38页。
⑤ (美)汉斯·摩根索:《国家间政治:权力斗争与和平》,徐昕、郝望、李保平译,北京:北京大学出版社,2006年,第56页。

# 结 语

土耳其并未参加1815年的维也纳会议，但在会议上卡斯尔雷试图谋求将其纳入欧洲领土以保证体系，但是后来鉴于整个设想不切实际而作罢。①19世纪20年代以后，欧洲对因法国大革命思想蔓延而触发的民族革命呈现出革命力量和反革命力量两个阵营的分化。在希腊问题上英国也曾表现出奔走于两大阵营之间的"无所适从"，一方面它反俄反土，予以希腊独立革命自由主义的支持；另一方面却又欲与坚守"正统主义"立场的俄国及土耳其联合以谋求在近东的领导权。于是在斡旋于为希腊独立之欧洲外交的问题上，欧洲大国先后进行了三次联合的尝试："欧洲协调"（1815—1825）、英俄联盟（1826）及英俄法联盟（1827）。

在"欧洲协调"时期，英国表现出联奥抗俄的倾向，但同时因恪守"不干涉其他国家内政"的原则也表现出不愿与奥地利沆瀣一气的倾向，这就在某种程度上造成了意识形态领域的法国革命理想与神圣同盟理想之间的争斗，从而使希腊问题变得更加复杂。此后英国因担心被欧洲其他国家排除出解决希腊问题的事务中，在对"欧洲协调"形成现实疏离之后又主动采取与俄国对话的策略，以遏制俄国对希腊问题的掌控权，1826年4月签订的《圣彼得堡议定书》使英国将俄国谋求置希腊于其"保护"框架之下的不利局面扭转至对自己有利的局面，即英国变"被动"为"主动"，获得了解决希腊问题的领导权。但是与此同时，也造成了"欧洲协调"的分裂。"欧洲协调"从此不"协调"。1827年《伦敦条约》的签订使英国充分考虑到自己在近东的贸易利益而决定与俄国、法国联手强迫土耳其承认希腊独立，即英国完全抛弃了200多年的老盟友——土耳其。接踵而至的是1833危机的爆发，期间，陷于绝境的土耳其被迫与对其有着觊觎之心的俄国结盟，从而搅乱了欧洲的势力均衡，于是英国和法国携手创造了新的势力均衡力量，两国不惜以出动军舰来威慑俄国。事实上，在这种欧洲大的协调框架之下隐藏着各种力量的博弈与组合，从表面看来，土俄联盟形成与英法联盟的对峙；与此同时，土耳其与埃及对峙；受到法国恩惠的埃及与俄国和英国对峙；此时奥地利选择与俄国站在一起。由此黑海海峡问题就成了欧洲大国争相施予控制与解决的新争端，英国与俄国就此开启了在近

---

① C.J.Bartlett.*Castlereagh*,New York:Palgrave Macmillan,1966,p.225.

东长达5年的"武装和平"。①事实上，在谋求终结俄国在黑海海峡地区的优势的过程中，英国和法国表面看来是"同仇敌忾"，但实际上两国在埃及帕夏穆罕默德·阿里谋取独立的问题上的基本原则不尽一致：英国支持土耳其苏丹维持领土的完整，但法国欲支持埃及独立，以此来达到将埃及作为支点进而控制地中海东部的传统目标。

1838年的《英土贸易协定》彻底终结了俄国在黑海海峡的绝对优势，英国在赢得对土耳其贸易支配权的同时，提议欧洲5国共同维持土耳其的完整与独立。在充当土耳其"守护者"的同时，英国欲维持近东和平的原则却和土耳其欲与英国结为政治同盟的打算相悖离，换言之，英国"有限的防御联盟"②只要求埃及帕夏同意且遵从《英土贸易协定》，这与土耳其憧憬借英国的军事力量消灭埃及帕夏的"攻击性联盟"在本质上大异其趣，为双方在未来的分道扬镳埋下了伏笔。在1839—1841年的近东危机中，英国和法国最初联手抵制俄国，但是双方却在对埃及帕夏采取胁迫性措施方面互生间隙，法国出于将埃及作为其向北非扩张的支点考虑而与英国分道扬镳，这样埃及就成了法国在近东抵制英国的堡垒。就在英国在近东进退维谷之际，俄国却将就黑海海峡关闭问题谈判的橄榄枝投向了英国，其结果是1840年的《四国公约》决定和平时期关闭黑海海峡。表面看来，近东问题再次回归至"欧洲协调"的框架之下，实际上，英国已逐渐在近东问题的解决层面上占据主动位置。故此，与其说英国在《四国公约》中取得了对法国的优势（法国被欧洲孤立），毋宁说1844年的《英俄协定》更加昭示了英国的权力优越性，因为英国和俄国联手将法国挤出了瓜分土耳其遗产的队伍。但是好景不长，英俄两国在近东贸易竞争的激烈化，使对经济利益的考虑影响了两国对外交政策的决策。换言之，此时期经济因素在很大程度上形成了英国与俄国联盟的取舍去留。虽然经济视角不该得到过分的强调，但是当时经济因素的考虑对英国政治与外交的决策产生了非常大的影响，可以借用迪斯雷利在评价波兰事务时讲的一句话加以说明："在

---

① Vernon J.Puryer.*International Economics and Diplomacy in the Near East:A Study of British Commercial Policy in the Levant 1834-1853*,London:Oxford University Press,1935,p.11.
② Vernon J.Puryer.*International Economics and Diplomacy in the Near East:A Study of British Commercial Policy in the Levant 1834-1853*,London:Oxford University Press,1935,p.101.

这一时刻，世界的和平不是由政治家而是由资本家来维持的。"①迪斯雷利可能有些言过其实，但是也有一定的道理。总之，贸易因素的考虑加之俄国可能在政治上会形成对印度的威胁，使英国在19世纪40年代后期疏离了自己的传统贸易伙伴——俄国，尤其是1849年英国与土耳其的防御性盟约使土耳其不仅在经济上而且在政治上都沦落为英国的附庸。在某种程度上，英国就此攫取了在近东贸易层面和政治层面的双重领导权。当时，奥地利在经济利益方面与英国一致，尽管它与俄国在维持土耳其完整与独立方面秉持合作的原则，而法国加入克里米亚战争虽然是个谜②，但是它与俄国就圣地问题的托管纠纷却催生了战争的爆发，从而打破了拿破仑战争之后的欧洲和平。

总之，"欧洲的野心、对抗、利益、异想天开或反复无常的怪圈"③，究其本质就是权力政治游戏，卷入其中的欧洲各国都有各自政治、经济利益的考虑，加上外交结盟的戏码，使19世纪上半叶的近东问题深陷权力斗争的漩涡。在这个意义上来说，国际政治像一切政治一样，是追逐权力的斗争。无论国际政治的终极目标是什么，权力总是它的直接目标。④

在《20年危机（1919—1939）：国际关系研究导论》中，爱德华·卡尔指出："两种至关重要的因素在国际政治中起到了作用，这两种因素就是权力和道德。"⑤事实上，现实主义者在权力和道德孰轻孰重的权衡之上表现出了很大的困惑，一种能兼顾二者融合的政治似乎只是"乌托邦"式的理想。⑥如果面临在二者之间做出抉择的问题的话，现实主义者无疑倾向于选择权力，因为"道德是权力的产物"（马基雅维利）。换言之，对于现实

---

① Disraeli B.William,17 October 1863,In John.F.Kutolowski.British Economic Interests and the Polish Uprising,1861-1864,*The Polish Review*,Vol.29,No.4,1984,p.22.
② Veron John Puryear.England,Russia,and the Straits Question 1844-1856,*Archon Books*,Vol.62,No.4, 1965,p.138.
③ （美）汉斯·摩根索：《国家间政治：权力斗争与和平》，徐昕、郝望、李保平译，北京：北京大学出版社，2006年，第65页。
④ （美）汉斯·摩根索：《国家间政治：权力斗争与和平》，徐昕、郝望、李保平译，北京：北京大学出版社，2006年，第55页。
⑤ （英）爱德华·卡尔：《20年危机（1919—1939）：国际关系研究导论》，秦亚青译，北京：世界知识出版社，2005年，第96页。
⑥ 倪世雄等：《当代西方国际关系理论》，上海：复旦大学出版社，2001年，第84页。

主义者而言，权力是绝对的首要选择，而道德只不过是意识形态之辞，能够为表面上看似空洞的权力提供一种颇带匡正意味的粉饰。

就我们在文中探讨的掀起独立革命的希腊而言，它是欧洲文明的起源地，其古典美德一直为欧洲的知识分子所敬仰。故而在希腊请求欧洲国家支援其"正义、神圣的事业"①之时，欧洲自由主义者的宗教虔诚及人道主义同情被广泛激发，他们给予了希腊"全欧洲的同情"②。在那个政治自由主义觉醒的时代，对于基督教道德而言，压迫基督徒的土耳其人就是"恶魔"，在亚洲专制统治之下的欧洲民族唯有取得政治上的独立才有可能恢复昔日之美德。于是泛希腊主义运动在欧洲风起云涌，然而，好景不长，这种保卫希腊自由的浪漫主义精神呈现出丧失殆尽之势。纳瓦里诺事件发生之后，英国国王明确表示这样的冲突不该发生在老盟友的海军中间，威灵顿在1825年1月29日的上议院议会中宣称这完全是一次"偶然事件"③，以修复与"老盟友"土耳其之间恶化的关系。英国报纸《季刊评论》曾就此做出了犀利评价："他们权衡这个'朋友''盟友'的分量，意识到它至关重要。"④换言之，不管是给予希腊革命以同情，还是宣称土耳其为"老朋友"，欧洲大国均声称受到了"仁爱和友谊情感"的支配，但实质上"是为了实现各自的目标"⑤。

事实上，19世纪英国表现出愿意将其外交政策与道德伦理相联系的倾向。19世纪初，梅特涅伙同亚历山大镇压欧洲的民族革命，卡斯尔雷为此强烈抗议："对各国政府的品质来说，没有什么比这么一种观念更不道德或更有害了，即它们的武力要集体地用于支持既存权威，而不完全考虑它滥用的程度。"⑥如果卡斯尔雷没有自杀的话，不知他会如何解释英国在纳瓦里诺事件中伙同俄国和法国歼灭老盟友的海军这一"不幸事件"中裹挟的

---

① Virginia Penn.Philhellenism in England 1821-1827,*The Slavonic and East European Review*,Vol.14,No.41,1936,p.365.
② C.W.Crawley.*The Question of Greek Independence*,Cambridge:Cambridge University Press,1930, p.14.
③ United Parliament,*The Examiner*,February 3,1828,p.69.
④ The Greek Queation,*The Quarterly Review*,Oct,1830,p.553.
⑤ The Greek Queation,*The Quarterly Review*,Oct,1830,p.553.
⑥ （美）戈登·克雷格、（美）亚历山大·乔治：《武力与治国方略——我们时代的外交问题》，时殷弘、周桂银、石斌译，北京：商务印书馆，2004年，第47页。

# 结　语

道德。

　　当时在道德原则是否应当和究竟如何应用于外交政策的问题上存在着三个思想流派：其一，非道德主义者，所有那些相信道德问题只适用于对外政策目的，而不适用于达到此类目的手段的选择的人都可以划归此类，尤以"现实政治"方式的信奉者为极端。对非道德主义者来说，在手段的选择方面要应用的标准不是其道德性，而是其有效性。换言之，他们关心的是所选择的手段能否有效促进合乎道德的目标。其二，完美主义者，他们认为无论目的多么崇高和美善，也不能证明采用有悖于伦理道德的手段是正当的，其中以十足的和平主义者为典型。其三，非完美主义者，他们关注"在什么条件下何种目的证明何种手段正当？"即他们采用的是情势伦理（situational ethics）。① 显然，帕默斯顿不属于完美主义者之列，公允地说，帕默斯顿时而属于非道德主义者，时而属于非完美主义者。例如，在19世纪30年代土耳其苏丹与埃及帕夏争端肇始之际，帕默斯顿选择不予插手，很大程度上是因为他当时认为穆罕默德·阿里有可能会在土耳其解体后取而代之，由此特定的情势伦理使帕默斯顿出于未来英国在近东利益的考虑而做出了不予干预土耳其内部危机的决定。但是在绝大多数情况下英国做出的选择服务于其对权力的理性追求。例如，1833年获悉《温加尔·伊斯凯莱西条约》签订，英国国王就提议要给予土耳其以道德支持，即不危及和平的唯一方式就是在大国之间建立协调。② 1840年在草拟《四国公约》时就有无必要提及奥地利的海军舰队发生争议时，帕默斯顿认为应该提及，因为当时需要的是道德影响而非物质援助。并且英国内阁最需要的就是道德压力。③ 实际上，19世纪40年代英国选择与俄国靠近，选择与奥地利联手签订《四国合约》，目的就是抵制法国，为最终在欧洲均势的维持中攫取领导权。由此，我们更倾向于将帕默斯顿/英国归类在非道德者

---

① （美）戈登·克雷格、（美）亚历山大·乔治：《武力与治国方略——我们时代的外交问题》，时殷弘、周桂银、石斌译，北京：商务印书馆，2004年，第383—387页。
② Sir Charles Webster. *The Foreign Policy of Palmerston 1830-1841*, London: G. Bell & Sons Ltd., Vol. Ⅱ, 1951, p.594.
③ Neumann to Metternich, 21, 23 Jan., 1840, In Sir Charles Webster. *The Foreign Policy of Palmerston 1830-1841*, London: G. Bell & Sons Ltd., Vol. Ⅱ, 1951, p.668.

之列，借用他自己的话就是"国家利益恒久不变，你我有义务加以遵循"①，只不过英国没有忘记"一个国家的权力不仅仅在于它所拥有的物质力量，而是很大程度上依赖于舆论和道德影响力"②。就英国斡旋于近东问题的过程看，道德是其外交折冲中的一个伴随物，不管道德多么崇高，它最终还是为权力服务的，"凡有人问何为政策，唯有答以视个别情形之发生，求最佳之政策，以吾国之利益为方针"③。在这个层面上看来，裹挟于英国对土耳其的现实主义政策中的道德只能是一种典型的维多利亚式的虚伪——幼稚的道德支持，但是没有任何物质牺牲的真正援助。④言下之意，这是一种伪善的同情，实质上仍是"暴君的把戏"。

在这一点上，大卫·厄克特就表现出与帕默斯顿不同的道德立场。公允地说，大卫·厄克特推动土耳其和英国在贸易方面合作的终极目的是促进两国在政治上的结盟，即大卫·厄克特期望用经济"药方"来解决土耳其的政治问题。正如我们在土耳其外交形象中所做的探讨一样，英国与土耳其因对外交认识方面的差异，即英国着眼于与土耳其建立贸易联盟，但土耳其与英国建立贸易联盟的终极目标是建立两国之间的政治联盟，这是双方难以或者无法逾越的一个鸿沟，为未来的分道扬镳埋下了伏笔。实际上，这也是构成帕默斯顿与大卫·厄克特之间"交恶"的一个重要原因。迥异于帕默斯顿的现实政治主张，大卫·厄克特表现出更多完美主义者的主张，这就使他与帕默斯顿"立于光谱上对立的两端"⑤。

边沁曾经与大卫·厄克特关系密切，称呼其是"我们的大卫"。⑥可能受到了功利主义思想即最大多数人的最大幸福的影响，大卫·厄克特对世界的认识表现出强烈的道德感。在他看来，欧洲现在的文明呈现出罪恶昭

---

① （美）亨利·基辛格：《大外交》，顾淑馨、林添贵译，海口：海南出版社，1998年，第75页。
② （英）马歇尔主编：《剑桥插图大英帝国史》，樊新志译，北京：世界知识出版社，2004年，第23页。
③ （美）亨利·基辛格：《大外交》，顾淑馨、林添贵译，海口：海南出版社，1998年，第75页。
④ John F.Kutolowski.British Economic Interests and the Polish Uprising,1861-1864,*The Polish Review*,Vol.29,No.4,1984,p.3.
⑤ （美）戈登·克雷格、（美）亚历山大·乔治：《武力与治国方略——我们时代的外交问题》，时殷弘、周桂银、石斌译，北京：商务印书馆，2004年，第384页。
⑥ Gertrude Robinson.*David Urquhart:Some Chapters in the Life of Victorian Knight Errant of Justice and Liberty*,New York:Augustus M.Kelley Publishers,1970,p.32.

彰的邪恶，饥饿、失业、贫穷无不彰显出英国工业化文明社会的支离破碎，社会的不平等使不同阶级之间的鸿沟变得难以想象的深。换言之，大卫·厄克特认为工业化文明造成了欧洲现代国家蔓延甚广的悲剧与恐惧，并且让身居文明社会的人变得野蛮化。

大卫·厄克特的土耳其之行让他发现了全社会的幸福之路，在他眼里，土耳其的每个村庄都有一个人们和谐相处、共同富裕的动人故事，相应地，每个村庄都有自己古朴的魅力。换句话说，如果启蒙运动后有欧洲的开明人士开始洞察横亘在基督教世界和伊斯兰世界之间的面纱的话，那么欧洲传统的面纱已从大卫·厄克特的眼前滑落，他看到的更多的是东方的、伊斯兰教的和土耳其的美丽。他看到了一种比所谓进步更加美好的东西，这就是"静止"，指的是"人对财产的自由权利，法律面前人人平等"。如果说东方的政府有专制的话，那么这种专制也是率直的专制，而不是法律意义上的暴政。

正是在东方，大卫·厄克特学到了礼仪、措辞对品格的影响。① 更为重要的是，大卫·厄克特并没有只是停留在"重新发现了那种原始幸福之路"，他进一步将这种幸福追溯至遥远的中世纪，于是西方欧洲和与自己本身没有天然联系的东方土耳其之间的联系得以建立，即使东方土耳其的原始幸福之路适应于现代工业化的欧洲。② 在这个意义上来说，大卫·厄克特为东西方之间搭建了交流的桥梁。但是同时也要注意到，大卫·厄克特在强调遥远的黄金时代——中世纪时带有追悼"快乐的苏格兰"之遗风，凸显了其思想主张中古典理性主义所体现的进步的意识形态与反进步的意识形态的二元对立。③ 在我们看来，大卫·厄克特身上进步的意识形态与反进步的意识形态之间所造成的二元对立，实质上就是他同时表现出启蒙

---

① Gertrude Robinson.*David Urquhart,Some Chapters in the Life of Victorian Knight Errant of Justice and Liberty*,New York:Augustus M.Kelley Publishers,1970,p.31.
② 笔者在这里套用了乌托邦社会主义者傅立叶的一句话："天才必须重新发现那种原始幸福之路，而使之适应于现代工业环境。"参见（英）艾瑞克·霍布斯鲍姆：《革命的年代：1789—1848》，王章辉等译，南京：江苏人民出版社，1999年，第326页。
③ 艾瑞克·霍布斯鲍姆认为表现出反进步意识形态的人总是以近似疯狂的理性论证企图使死亡的往昔重新活过来，即使他们的目标就是恢复非理性主义的美德……该派致力于在历史的延续性上使显存的旧制度具有合法性。参见（英）艾瑞克·霍布斯鲍姆：《革命的年代：1789—1848》，王章辉等译，南京：江苏人民出版社，1999年，第330—331页。

与反启蒙的立场。

正是受到了启蒙时代的影响，大卫·厄克特质疑已获确认的观点，积极消弭西方对东方的偏见，公允地说，其所建构的土耳其形象颠覆了当时甚嚣尘上的土耳其之颓废、萧条、濒临灭亡的形象。①在大卫·罗斯看来，"欧洲对土耳其使人沮丧的无知在整个西欧盛行"②。鉴于此，大卫·厄克特开始思考、研究它的真实处境和前景。为此，他深入土耳其伟大社会制度的深处，他发现土耳其现在看到了它的地平线变得明亮，尽管还有目光狭隘的人士做出预测，但是它在走向更好的状态——力量和权力的连续恢复。③于是，伊斯兰土耳其的文明智慧"地方政府制度""自由贸易制度""直接关税制度"等就成了土耳其文明与进步的象征。故此，落后、野蛮、专制的东方/土耳其是先进、文明、开明的西方/欧洲可以效仿的榜样。

然而，尽管大卫·厄克特摆脱了传统束缚，提出了"文明人"向"野蛮人"学习的主张，但是他时而流露出的"文明人"对"野蛮人"的优越感却构成了一股反启蒙的逆流，使他的启蒙立场的价值大打折扣，"不稳定笼罩于我们在西方的殖民地之上；战争威胁到我们在东方的偏远边境；战争在中亚激烈地进行，侵略威胁到博斯普鲁斯的沿岸……朋友和敌人当前，对他们的重要性和责任的高贵意识使英国开始考虑这些对他们而言利益攸关，并且惠及百万人的幸福的问题"④。从大卫·厄克特的这些论述中，我们能清晰地感受到他在构筑土耳其改革总框架时将英国视作世界秩序的建构者。无疑，这样的主张就是英国能给世界人民带来福祉，英国

---

① 非常有意思的是土耳其的"没落"趋势似乎一直备受西方人的关注。早在穆罕默德二世占领君士坦丁堡之后，就有旅行者和政治家认为土耳其动荡且趋向衰落。英国大使曾经警告英国政府易卜拉欣时代的土耳其（1640—1648）行将土崩瓦解。参见 Sir Charles Eliot. *Turkey in Europe*, London: Frank Cass, 2006, p.113. 但是正如查尔斯·爱略特所记录的一样："当人们阅读欧洲人对土耳其境况的记录或者是他们亲眼目睹后的思考，一般认为土耳其无以为继，覆灭在即，然而，事实证明虽然政府的体制在衰亡，人们没钱、没食物、交不起税，人人都在饿肚子，但是年复一年，如此的旧剧情年年在上演……" 参见 Sir Charles Eliot. *Turkey in Europe*, London: Frank Cass, 2006, p.151.
② David Ross. *Opinions of the European Press on the Eastern Question*, London: James Ridgway&Sons, 1836, p.11.
③ David Ross. *Opinions of the European Press on the Eastern Question*, London: James Ridgway&Sons, 1836, pp.10-11.
④ David Urquhart. Foreign Policy and Commerce: Speeches Delivered at a Dinner Given by the Commercial Community of Glasgow, London: Nabu Press, 2011, p.14.

# 结　语

将世界置于其"保护"框架之下是出自其高贵的意识、责任使然。大卫·厄克特建构的英国作为世界秩序维护者的形象得到了英国人的认可。实质上，英国对世界"骑士"般的"恩抚主义"在某种程度上也是英国对自己的一种自我考量。

除了在道德用之于外交政策方面的差异外，帕默斯顿和大卫·厄克特在昭示英国国家权力的途径上也存在着一定的差异，这也是导致大卫·厄克特堂吉诃德式的命运的因素之一。在汉斯·摩根索看来，国家追求权力的政策可分为三种类型：其一，维持现状的政策。其二，帝国主义的政策。其三，追求国家威望的政策。换句话说，即保持权力、增加权力和显示权力。① 大卫·厄克特在逗留伊斯坦布尔期间，出于对俄国根深蒂固的怀疑和仇恨以及增强英国威望的考虑，他与庞森比不止一次催促帕默斯顿向黑海海峡地区派遣军舰，以震慑俄国对黑海海峡的觊觎之心，但均遭帕默斯顿拒绝。事实上，帕默斯顿最初没有插手近东事务，不只是因为比利时问题的掣肘，更主要的是因为他想维持当时之现状，同时也是"英国绝不会介入对抗'臆测性'危险的行动"②的原则使然。而大卫·厄克特却倾向于追求国家威望，即通过显示英国的权力以吓阻俄国对黑海海峡的觊觎之心。实际上就帕默斯顿与大卫·厄克特所处的政治形势而言，我们认为帕默斯顿保持权力与大卫·厄克特显示权力之间的差异是一种理性与感性主张之间的差异。相对于帕默斯顿在外交上表现出的深思熟虑，显然，大卫·厄克特并没有意识到"威望是外交政策的副产品。外交政策的终极目标不是权力之名，而是权力之实"③。总之，善与恶、智慧与愚蠢、权力与道德裹挟于变化不拘的现实政治中，显得盘根错节、相互混杂。

需要指出的是，尽管在19世纪土耳其帝国已是斜阳帝国，濒临崩溃，但在欧洲大国觊觎瓜分或继承其遗产的一次次危机中，土耳其都表现出了巨大的抵制外部威胁的能力。汉斯·摩根索认为"现有的国家权力决定了

---

① （美）汉斯·摩根索：《国家间政治：权力斗争与和平》，徐昕、郝望、李保平译，北京：北京大学出版社，2006年，序言，第9页。
② （美）亨利·基辛格：《大外交》，顾淑馨、林添贵译，海口：海南出版社，1998年，第71页。
③ （美）汉斯·摩根索：《国家间政治：权力斗争与和平》，徐昕、郝望、李保平译，北京：北京大学出版社，2006年，第116页。

外交政策的限度。这一法则只有一个例外,那就是当国家的生存受到威胁的时候。那时,国家生存的政策就会压倒对国家权力的理性思考,并且,紧急状态使那种政策和权力考虑之间的正常关系颠倒过来,将前者放在优先位置上"①。1827年土耳其苏丹在纳瓦里诺事件后愤而号召所有穆斯林对基督教欧洲进行"圣战",以及1853年克里米亚爆发前夕,土耳其决意抵制欧洲的倡议,拒不接受《维也纳照会》,从而建构了虽无"力"但话语"强"的形象,即呈现出弱势权力与强势话语不匹配的形象。按照汉斯·摩根索的逻辑,土耳其实为国家生存而为之。

需要注意的是,大卫·厄克特在建构土耳其形象的过程中表现出了非常激进的倾向,为充分表达他对土耳其有通过改革而达到复兴的可能的信心,他一方面揭露俄国在欧洲所有政治场合的阴谋;另一方面他对土耳其充满了无限热爱,他曾在他成立的外事委员会(Foreign Affairs Association)的喉舌《自由报》上发表了一篇名为"土耳其——欧洲最强大的国家"的文章。②在他看来,土耳其充满了无限的活力、优势和潜力:"土耳其是一个有3000英里海岸线的国家,其气候宜人、土壤肥沃、物产丰富、交通便利、森林矿藏充裕、与向东国家贸易历史悠久……劳动力低廉、工业不受任何限制、贸易自由,在那里我们的产品独占鳌头,政府和消费者同样渴望引进它们……"③但是正是在这样的赞美之词中,大卫·厄克特形成了对自己所持主张的解构,即他所建构的土耳其形象与英国的现状实质上是前工业化经济和工业化经济之间异若霄壤的对比。在他看来,工业化导致"文明人"变成了"野蛮人"。那么引进英国机器、技术及被英国制成品充斥的土耳其是否在不久的将来也同样使东方的"文明人""野蛮化"呢?

当然,我们也应该注意到,形象话语的建构掺杂着对相异种族的主观考量。换言之,英国文献对土耳其形象的表述表现出"非我族裔,其

---

① (美)汉斯·摩根索:《国家间政治:权力斗争与和平》,徐昕、郝望、李保平译,北京:北京大学出版社,2006年,第40页。
② John F.Kutolowski.English Radicals and the Polish Insurrection of 1863-1864,*The Polish Review*,Vol.11,No.3,1966,p.5.
③ David Urquhart.*Turkey and Its Resources*,London:Saunders and Otley,1833,p.216.

# 结 语

心必异"的主观性。自诩代表人道、正义、善良的英国（欧洲）俯视"家门口的野蛮人"，自然带有露骨的优越感。普里尔对斯特拉福德·坎宁所做的分析颇有意思，他认为每当斯特拉福德·坎宁能控制苏丹政府时，土耳其就能永久存在；但是当他觉得苏丹政府不在他的掌控范围时，他就认为土耳其瓦解在即。① 根据扎克利·拉克曼（Zachary Lockman）的观点，文明恰如人类一样有生命周期：它出生于某个特定的时间和地点；青年时，朝气蓬勃、灵活自如且创造性十足，能吸收新的观点；当它成熟，达到它文化及政治的"黄金期"时，它逐渐丧失掉它的文化活力，变得愈来愈没有创造力和创新力，更加死板与僵化；最终它将在社会停止和文化衰落中衰亡，最后它或者消逝或者被其他更加年轻、更加富有活力的文明所吸收。② 在这个生命周期的轮回中，英国的"黄金期"恰逢土耳其帝国的"衰落期"，这就势必造成土耳其形象的被建构与被表述。大卫·厄克特坚定的追随者大卫·罗斯就曾指责西方对东方文明的错误考量。③ 实质上，19世纪英国土耳其形象的建构表述了英国的自我形象建构。法国形象专家巴柔指出："我"注视"他者"，而"他者"形象也传递了"我"这个注视者、演说者、书写者的某种形象。④ 对于欧洲而言，在所有能界定它的"他者"中，离其最近、最明显、最具威胁意义的则是伊斯兰近东。⑤ 无疑，英国建构的土耳其形象实际上投射的是英国以自己的判断标准对"他者"的考量，东方是欧洲最深奥、最常出现的"他者"形象之一。⑥ 由此，土耳其是折射英国形象的一面镜子，当英国揽镜自照之时，一种民族优越感油然而生。一言以蔽之，英国对土耳其的审视和

---

① Veron John Puryear.England,Russia,and the Straits Question 1844-1856,*Archon Books*,Vol.62,No.4,1965,p.38.

② Zachary Lockman. *Contending Visions of the Middle East:The History and Politics of Orientalism*,Cambridge:Cambridge University Press,2010,p.9.

③ David Ross. *Opinions of the European Press on the Eastern Question*.London:James Ridgway&Sons,1836,p.110.

④ （美）T.克里斯托弗·杰斯普森：《美国的中国形象 1931—1949》，姜智芹译，南京：江苏人民出版社，2010年，前言，第5页。

⑤ M.E.Yapp.Europe in the Turkish Mirror,*Past and Present*,Vol.137,No.1,1992,p.135.

⑥ （美）爱德华·W.萨义德，《东方学》，王宇根译，北京：生活·读书·新知三联书店，1999年，第2页。

考量是多种力量的产物，就像齐泽克（Slavoj Zizek）所说的那样，"真相就在那里，就看我们有没有眼力"①。

实质上，从15至18世纪西方视域下跌宕起伏的土耳其形象的表述囿于西方的叙事框架，蕴涵对东方"他者"的隐性表达。具体的政治、经济、外交的现实语境再加上历史、文化和宗教的承袭，使东方缺席于对其形象话语的建构过程，因而裹挟了"东方学"的因素。尽管土耳其帝国建立的基地是拜占庭的核心地区——安纳托利亚和巴尔干半岛，但是在西方看来它并不属于西方世界。16世纪起，东西方之间巨大的鸿沟已经渐露雏形。彼得·泰勒认为"科学的逐步发展最终确定了欧洲对世界的支配，其中的根本原因就是文明……正是作为'西方'或者'现代'文明的欧洲在枪支的数量以及生产方面超越了所有的参与者……现代欧洲以不言而喻的优越性攀至巅峰"②。故而，西方被贴以"欧洲的""文明的""自由的""进步的"标签。毋庸置疑，在文明、自由、进步的西方叙事框架下，土耳其在"文明的进程"中落伍，成为"不变的东方"的典型代表，与"启蒙""进步"的鲜活标本——欧洲形成了鲜明的对比，映射出东西方在财富和权力攫取方面的不平等。西方借此以一种意识形态化的视角来审视东方/土耳其，长期对其形象话语表述的支配权，于是"野蛮的""落后的""专制的"土耳其形象得以延续，蕴藏深刻的政治、文化影响，为18世纪末肇始的东方/土耳其追求欧化、现代化改革造足了舆论声势。

在19世纪上半期以大卫·厄克特为代表的英国激进主义者建构了一个政治上和谐平等、经济上自由开放、宗教上世俗仁爱、外交上被动无奈的多元土耳其形象。故而，一反于15—18世纪的土耳其形象，"野蛮的""落后的""专制的"土耳其/东方成了"文明的""进步的""自由的"英国/欧洲学习的榜样，由此也构成了一种"反东方学"话语。在这样宽泛的视角下，人格化的土耳其形象呈现出与历史上的定势形象的差异，并继而引发了旷日持久的争论。通过英国的视角所建构的土耳其形象来看，形象的建构具有很大的可塑性和弹性，它可能是荒谬的幻觉，也可

---

① 李勇：《西欧的中国形象》，北京：人民出版社，2010年，第11页。
② P.J.Taylor.Embedded Statism and the Social Sciences:Opening up to New Space, *Environment and Planning A*, Vol.28, No.11, 1996, pp.1917-1928.

结　语

能是应付复杂世界的一种简单"处方"。形象的建构受到了政治、经济、宗教、文化及权力的羁绊,所以很难有不偏不倚的客观公正的民族形象,它随上述因素跌宕起伏,却也能道出国家的盛衰兴废、命运沉浮,政治现实主义建立在对人性的多元理解上:现实的人是"经济人""政治人""道德人""宗教人"等多种综合体。……人心必然对政治的真相加以伪装、贬抑和粉饰。①

---

① (美)汉斯·摩根索:《国家间政治:权力斗争与和平》,徐昕、郝望、李保平译,北京:北京大学出版社,2006年,第40页。

# 参 考 文 献

## 一、中文专著

（美）阿里夫·德里克：《后革命氛围》，王宁等译，北京：中国社会科学出版社，1999年。

（英）爱德华·卡尔：《20年危机（1919—1939）：国际关系研究导论》，秦亚青译，北京：世界知识出版社，2005年。

（美）爱德华·W.萨义德：《东方学》，王宇根译，北京：生活·读书·新知三联书店，2007年。

（英）爱德华·W.赛义德：《赛义德自选集》，谢少波、韩刚等译，北京：中国社会科学出版社，1999年。

（英）艾瑞克·霍布斯鲍姆：《革命的年代：1789—1848》，王章辉等译，南京：江苏人民出版社，1999年。

（埃及）艾哈迈德·爱敏：《阿拉伯—伊斯兰文化史》，纳忠译，北京：商务印书馆，1982年。

（德）奥斯瓦尔德·斯宾格勒：《西方的没落》，洪天富译，南京：译林出版社，2015年。

（英）巴里·布赞、（英）理查德·利特尔：《世界历史中的国际体系：国际关系研究的再构建》，刘德斌主译，北京：高等教育出版社，2004年。

（英）巴特菲尔德：《历史的辉格解释》，张岳明、刘北成译，北京：商务印书馆，2012年。

(美)保罗·肯尼迪:《大国的兴衰》,王保存、王章辉、余昌楷译,北京:中信出版社,2014年。

(荷兰)彼得·李伯庚:《欧洲文化史》,赵复三译,上海:上海社会科学院出版社,2004年。

(苏)波将金等编:《外交史》第一卷下,史源译,北京:生活·读书·新知三联书店,1982年。

(英)伯纳德·刘易斯:《现代土耳其的兴起》,范中廉译,北京:商务印书馆,1982年。

(英)伯纳德·刘易斯:《中东》,郑之书译,北京:中国友谊出版社,2004年。

陈乐民:《欧洲文明十五讲》,北京:北京大学出版社,2004年。

陈志强:《君士坦丁堡陷落记》,北京:华夏出版社,2000年。

(美)戴维森:《从瓦解到新生:土耳其的现代化历程》,张增建、刘同舜译,上海:学林出版社,1996年。

(美)戈登·克雷格、(美)亚历山大·乔治:《武力与治国方略——我们时代的外交问题》,时殷弘、周桂银、石斌译,北京:商务印书馆,2004年。

(美)汉斯·摩根索:《国家间政治:权力斗争与和平》,徐昕、郝望、李保平译,北京:北京大学出版社,2006年。

(德)赫伯特·戈特沙尔克:《震撼世界的伊斯兰教》,阎瑞松译,西安:陕西人民出版社,1987年。

(美)亨利·基辛格:《大外交》,顾淑馨、林添贵译,海口:海南出版社,1998年。

黄维民:《中东国家通史:土耳其卷》,北京:商务印书馆,2002年。

(英)杰弗里·巴勒克拉夫:《当代史学主要趋势》,杨豫译,北京:北京大学出版社,2006年。

(美)肯尼斯·华尔兹:《国际政治理论》,信强译,上海:上海人民出版社,2008年。

(美)T.克里斯托弗·杰斯普森:《美国的中国形象 1931—1949》,姜智芹译,南京:江苏人民出版社,2010年。

(美)罗伯特·杰维斯:《国际政治中的知觉与错误知觉》,秦亚青译,北京:世界知识出版社,2003年。

李勇:《西欧的中国形象》,北京:人民出版社,2010年。

(美)罗宾·W.温克等:《牛津欧洲史》,吴舒屏、张良福、赵闯等译,长春:吉林出版集团有限责任公司，2009年。

（英）马丁·怀特：《权力政治》，宋爱群译，北京：世界知识出版社，2004年。

（英）P.J.马歇尔主编：《剑桥插图大英帝国史》，樊新志译，北京：世界知识出版社，2004年。

（俄）麦戈斯：《十八世纪俄国文学中的中国》，李约翰译，台北：成文出版社，1977年。

（美）梅森：《西方的中国及中国人观念》，杨德山译，北京：中华书局，2006年。

（法）孟德斯鸠：《论法的精神》，许家星译，北京：中国社会科学出版社，2007年。

（法）孟德斯鸠：《论法的精神》，张雁深译，北京：商务印书馆，1987年。

（英）莫瓦特：《近代欧洲外交史》，王造时译，上海：商务印书馆，1936年。

倪世雄等：《当代西方国际关系理论》，上海：复旦大学出版社，2001年。

钱乘旦、陈晓律：《在传统与变革之间：英国文化模式溯源》，南京：江苏人民出版社，2010年。

（美）塞缪尔·亨廷顿：《文明的冲突与世界秩序的重建》，周琪、刘绯、张立平译，北京：新华出版社，1998年。

（美）史景迁：《文化类同与文化利用》，廖世奇译，北京：北京大学出版社，1997年。

（美）斯坦福·肖：《奥斯曼帝国》，许序雅、张忠祥译，西宁：青海人民出版社，2006年。

孙芳、陈金鹏等：《俄罗斯的中国形象》，北京：人民出版社，2010年。

（英）特里威廉：《英国史》，钱端升译，北京：中国社会科学出版社，2008年。

王黎：《欧洲外交史》，天津：天津人民出版社，2011年。

王觉非：《近代英国史》，南京：南京大学出版社，1997年。

王觉非主编：《欧洲五百年史》，北京：高等教育出版社，2000年。

王绳祖：《国际关系史》，北京：世界知识出版社，1995年。

王寅生：《中国的西方形象》，北京：团结出版社，2015年。

（苏）维·波·沃尔金等：《论空想社会主义》中卷，郭一民等译，北京：商务印书馆，1982年。

（美）亚历山大·温特：《国际政治的社会理论》，秦亚青译，上海：上海人民出版社，2014年。

（古希腊）亚里士多德：《政治学》，吴寿彭译，北京：商务印书馆，1997年。

（日）塩野七生：《君士坦丁堡的陷落》，杨征美译，台北：三民书局，2006年。

（美）伊曼纽尔·沃勒斯坦：《现代世界体系》，郭方、刘新成、张文刚译，北京：社会科学文献出版社，2013年。

（英）约·罗伯茨编著：《十九世纪西方人眼中的中国》，蒋重跃、刘林梅译，北京：中华书局，2006年。

翟楚：《近代欧洲之政治与外交》，上海：商务印书馆，1946年。

周鲠生：《近代欧洲外交史》，武汉：武汉大学出版社，2007年。

## 二、中文期刊

陈文艺：《评十九世纪上半叶英国对外政策的演变》，《史学月刊》1985年第6期。

贺敏：《18世纪不列颠民族认同及其对民族主义的启示》，《青海社会科学》2017年第5期。

刘成：《和平外交与欧洲均势——卡斯尔雷、坎宁时期的英国外交政策》，《苏州大学学报》（哲学社会科学版）2012年第5期。

施治生、郭方：《东方专制主义》，《史学理论研究》1993年第3期。

吴志攀：《"我仅为土耳其人写作"——与帕慕克谈话》，《作家》2009年第1期。

阎照祥：《19世纪早期英国托利主义析略》，《史学集刊》2010年第2期。

杨振同译：《奥尔罕·帕慕克访谈录：〈我的名字叫红〉》，《世界文化》2007第5期。

## 三、外文档案

Foreign Office Papers: Turkey

F.O.78:

Consular Reports 1831-1838, 1849-1851.

Dispatches to and from the British embassy at Constantinople. Commercial and Political 1831-1838, 1850-1851.

Domestic and Foreign Various 1831-1838.

The Private Papers of David Urquhart at Balliol College, Oxford.

The Private Papers of Viscount Palmerston at Broadlands.

Hansard, Parliamentary Debates, London, 1833, 3rd series, Vol.20.

## 四、外文专著

A.S.Byatt.*On Histories and Stories:Selected Essays*,London:Chatto&Windus,2000.

Adolphus Slade.*Records of Travels in Turkey,Greece,&c.,and of a Cruise in the Black Sea,with the Capitan Pasha,in the Years 1829,1830,and 1831*,London:Saunders,1833.

Adolphus Slade.*Travels in Germany and Russia 1838-1839*,London:Longmans,1840.

Albert Hourani.*Islam in European Thought*,The Tanner Lectures on Human Value,Delivered at Clare Hall,Cambridge University,January 30 and 31 and February 1,1989.

Asli Cirakaman.*From the"Terror of the World"to the"Sick Man of Europe":European Images of Ottoman Empire and Society From the Sixteenth Century to the Nineteenth*,New York:Peter Lang Inc.,2002.

*Athenaeum*,1828-1853.

Augustus Granville Stapleton.*George Canning and his times*,London:JW Parker,1859.

*Blackwood's Edinburgh Magazine*,1822-1853.

Brian Cowan.*The Social Life of Coffee:The Emergence of the British Coffeehouse*,New Haven:Yale University Press,2005.

Byron Porter Smith.*Islam in English Literature*,Beirut:The American Press,1939.

C.J.Bartlett.*Castlereagh*,New York:Palgrave Macmillan,1966.

C.M.Woodhouse.*The Philhellenes*,London:Hodder&Stoughton Ltd.,1969.

C.W.Crawley.*The Question Of Greek Independence*,Cambridge:Cambridge University Press,1930.

Candan Badem.*The Ottoman Crimean War 1853-1856*,Leiden:Brill Academic Publishers,2010.

Charles Colville Frankland.*Travels to and From Constantinople in the Years 1827 and 1828*,London:S.and R.Bentley,1829.

Charles Mac Farlane.*Constantinople in 1828:A Residence of Sixteen Months in the Turkish Capital and Provinces*,London:Saunders and Otley,1829.

Charles Macfarlane.*Constantinople in 1828*,London:Saunders and Otley,1829.

David Ross.*Opinions of the European Press on the Eastern Question*,London:James Ridgway&Sons,1836.

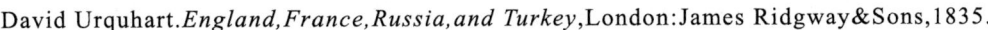

David Urquhart.*England,France,Russia,and Turkey*,London:James Ridgway&Sons,1835.

David Urquhart.*Foreign Policy and Commerce:Speeches Delivered at a Dinner Given by the Commercial Community of Glasgow*,London:Nabu Press,2011.

David Urquhart.*Lebanon:A History and a Diary*,London:Thomas Cautley Newby,1860.

David Urquhart.*Recent Events in the East:Being a Reprint of Mr.Urquhart's Contribution to the Morning Advertiser During the Autumn of 1853*,London:Trübner&Co.,1854.

David Urquhart.*Sultan Mahmoud,and Mehemet Ali Pasha*,London:James Ridgway&Sons,1835.

David Urquhart.*The Pillars of Hercules:A Narrative of Travels in Spain and Morocco in 1848*,London:Richard Bentley,1850.

David Urquhart.*The Spirit of the East*,London:James Moyes,1838.

David Urquhart.*The Sultan Mahmoud and Mehemet Ali Pasha*,London:James Ridgway&Sons,1835.

David Urquhart.*The Turkish Bath,with a View to Its Introduction into the British Dominions*,London:D.Bryce,1856.

David Urquhart.*Turkey and Its Resources*,London:Saunders and Otley,1833.

David Urquhart.*Wealth and Want:Or Taxation as Influencing Private Riches and Public Liberty*.London:J.Ollivier,1845.

Donald King,David Sylvester.*The Eastern Carpet in the Western World:From the 15th to the 17th Century*,London:Arts Council of Great Britain,1983.

E.Hertslet.*Complete Collection of Treaties:A Collection of Treaties and Conventions Between Great Britain and Foreign Powers*,London:Butterworth,Vol.II,1827-1895.

E.S.Creasy.*History of the Ottoman Turks:From the Beginning of Their Empire to the Present Time*,London:Richard Bentley&Son,1954.

*Edinburgh Review*,1803-1853.

Edward Halle.*Hall's Chronicle:Containing the History of England During the Reign of Henry the Fourth,and the Succeeding Monarchs,to the end of the Reign of Henry the Eighth in Which are Particularly Described the Manners and Customs of Those Periods;Carefully Collated with the Ed.of 1548 and 1550*,London:Johnson,1809.

Edward Said.*Orientalism*,New York:Pantheon Books,1978.

Elizabeth Wormeley Latimer.*Russia and Turkey in the Nineteenth Century*,Chicago:A.C. McClurg&Co.,1893.

Eric Hobsbawm.*The Age of Capital 1848-1875*,London:Abacus,1975.

*Examiner*,1808-1853.

Frank Edgar Bailey.*British Policy and the Turkish Reform Movement:A Study on Anglo-Turkish Relations 1826-1853*,New York:Howard Fertig,1970.

G.E.von Grunebaum.*Unity and Variety in Muslim Civilization*,Chicago:University of Chicago Press,1955.

G.R.Porter.*Progress of the Nation*,London:W.Clowrs and Sons,1912.

Geoffrey P.Nash.*From Empire to Orient:Travelers to the Middle East 1830-1926*,London:I.B.Tauris,2005.

Gerald Maclean.*Looking East:English Writing and the Ottoman Empire Before 1800*,New York:Palgrave Macmillan,2007.

Gerald Maclean.*The Rise of Oriental Travel:English Visitors to the Ottoman Empire,1580-1720*,New York:Palgrave Macmillian,2004.

Gertrude Robinson.*David Urquhart:Some Chapters in the Life of Victorian Knight Errant of Justice and Liberty*,New York:Augustus M.Kelley Publishers,1970.

H.L.Bulwer.*Life of Palmerston*,London:Bentley,Vol.I,1870-1874.

H.L.Hoskins.*British Routes to India*,London:Longmans,1928.

H.L.Hoskins.*British Routes to India*,New York:Longmans,1928.

H.Temperley.*The Foreign Policy of Canning*,London:G.Bell and Sons Ltd.,1925.

Harold Temperley.*England and the Near East:The Crimea*,London:Frank Cass,1964.

Henry Blount.*A Voyage into the Levant*,London:John Leggatt for Andrew Crooke,1636.

House of Commons Hansard Archives:Historic Hansard:1803-2005(1849),p.1145.http://hansard.millbanksystems.com/commons/1849/mar/22/moldavia-and-wallachia#S3V0103P0_18490322_HOC_32（2017-02-17）.

J.A.R.Marriot.*The Eastern Question:A Historical Study of European Diplomacy*,Oxford:The Clarendon Press,1919.

J.H.Clapham.*An Economic History of Modern Britain*,London:Cambridge University Press,1939.

参 考 文 献

J.R.Mcculloch.*A Dictionary,Practical,Theorectical and Historical,of Commerce and Commercial Navigation*,London:Cambridge University Press,2016.

James Joll.*Britain and Europe:Pitt to Churchill 1793-1940*,London:Kaye,1950.

James Lewis Farley.*Turks and Christians:A Solution of the Eastern Question*,London:Simpkin,Marshall&Co.,1876.

John Cam Hobhouse.*A Journey Through Albania and Other Provinces of Turkey in Europe and Asia,to Constantinople,During the Years 1809 and 1810*,London:Whittaker,1837.

John Hick,Brian Hebblethwaite.*Christianity and Other Religions:Selected Readings*, London:Collins,1980.

John Howes Gleason.*The Genesis of Russophobia in Great Britain*,Cambridge:Harvard University Press,1972.

John Howes Gleason.*The Genesis of Russophobia in Great Britain:A Study of the Interaction of Policy and Opinion*,New York:Octagon Books,1972.

John Ruskin.*The Nature of Gothic*,London:George Allen&Unwin Ltd.,1932.

Jonathan Burton.*Traffic and Turning:Islam and English Drama,1579-1624*,Newark:University of Delaware Press,2005.

Joshua Poole.The *English Parnassus:Or a Helpe to English Poesie*,London:Thomas Johnson,1657.

K.E.Boulding.*The Image:Knowledge in Life and Society*,Michigan:University of Michigan Press,1961.

Karl Marx,Eleanor Marx Aveling,Edward Aveling.*The Eastern Question*,London:Sonnenschein&Co.Limd.,1897.

M.A.Ubicini.*Letters on Turkey*,Trans.,Lady Easthope,London:John Murray,Vol.2,1856.

Maxime Robinson.*Europe and the Mystique of Islam*,trans.,Roger Venius,Seattle:University of Washington Press,1987.

Metin Kunt,Christine Woodhead.*Süleyman the Magnificent and His Age*,London&New York:Longman,1995.

Nabil Matar.*Islam in Britain,1558-1685*,Cambridge:Cambridge University Press,1998.

Nassau William Senior.*A Journal Kept in Turkey and Greece in the Autumn of 1857 and the Beginning of 1858*,Whitefish:Kessinger Publishing LLC,2007.

Norman Daniel.*Islam and the West*,Edinburgh:The Edinburgh University Press,1960.

Philip Darby.*Three Facts of Imperialism,Britain and American Approaches to Asia and Africa 1870-1970*,New Haven:Yale University Press,1987.

R.W.Southern.*Western Views of Islam in the Middle Ages*,Cambridge:Harvard University Press,1962.

Reinhold Schiffer.*Oriental Panorama:British Travelers in 19th Century Turkey*,Amsterdam:Rodopi B.V.,1999.

Reinhold Schiffer.*Turkey Romanticized:Images of the Turks in Early 19th Century English Travel Literature*,Bochum:Studienverlag Dr.N.Bockmeyer,1982.

Richard Burgess.*Greece and Levant;or Diary of a Summer's Excursion in 1834*,London:Longmans,Vol. I,1835.

Richard Clogg.*Balkan Society in the Age of Greek Independence*,London:The Macmillan Press Ltd.,1981.

Richard Cobden.*The Political Writings of Richard Cobden*,London:W.Ridgway,1867.

Richard Hakluyt.*The Principal Navigations,Voyages,Traffiques&Discoveries of the English Nation*,London:Nabu Press,2010.

Robert Halsband.*The Complete Letters of Lady Mary Wortley Montagu,1708-1720*,Oxford:Clarendon Press,1965.

Robert Irwin.*For Lust of Knowing:The Orientalists and Their Enemies*,London:Allen Lane,2006.

Robert Owen.*A New View of Society&Other Writings*,London&Toronto:J.M.Dent&Sons Ltd.,1927.

Roderic H.Davison.*Reform in the Ottoman Empire 1856-1876*,Princeton:Princeton University Press,1963.

S.A.Skilliter.*William Harborne and the Trade with Turkey 1578-1582*,London:Oxford University Press,1977.

Saree Makdisi,Felicity Nussbaum.*The Arabian Nights in Historical Context:Between East and West*,Oxford:Oxford University Press,2008.

Seton-Watson,Robert William.*Britain in Europe,1789-1914:A Survey of Freigh Policy*, New York:H.Ferting,1968.

Sir Charles Eliot.*Turkey in Europe*,Abington:Frank Cass,2006.

Sir Charles Webster.*The Foreign Policy of Palmerston 1830-1841*,London:G.Bell&Sons Ltd.,1951.

Sir Edwin Pears.*Forty Years in Constantinople:The Recollections of Sir Edwin Pears,1873-1915,with 16 Illustrations*.Freeport:Books for Libraries Press,1916.

Sir Edwin Pears.*Turkey and Its People*,London:Methuen&Co.Ltd.,1912.

Stanley Lane-Pool.*The Story of Turkey*,New York:G.P.Putnam's Sons,1888.

Stanley Lane-Poole.*The Life of the Right Honourable Stratford Canning:Viscount Straford de Redeliffe*,London&New York:Longmans,Green,1888.

Urquhart David.*Dictionary of National Biography*,London:Smith, Elder&Co.,1899.

Vernon J.Puryer.*International Economics and Diplomacy in the Near East:A Study of British Commercial Policy in the Levant 1834-1853*,London:Oxford University Press,1935.

W.R.Greg.*Sketches in Greece and Turkey with the Present Condition and Future Prospects of the Turkish Empire*,London:J.Moyes,1833.

William Hale.*Turkish Foreign Policy 1774-2000*,London:Frank Cass,2000.

William Laird Clowes.*The Royal Navy*,London:William Clowes and Sons Limited,Vol.VI,1899.

William Lovett.*Life and Struggle of William Lovett in His Pursuit of Bread,Knowledge and Freedom*,Lodon:G.Bell,1920.

William Montgomery Watt.*Muslim-Christian Encounters:Perceptions and Misperceptions*,New York:Routledge,2014.

Zachary Lockman.*Contending Visions of the Middle East:The History and Politics of Orientalism*,Cambridge:Cambridge University Press,2010.

## 五、外文期刊、报纸

Allan Cunningham.The Philhellenes,Canning and Greek Independence,*Middle Eastern Studies*,Vol.14,No.2,1978.

Allan Cunningham.The Sick Man and the British Physician,*Middle East Studies*,Vol.17. No.2,1981.

Asli Cirakaman.From Tyranny to Despotism:the Enlightenment's Unenlightened Image of

The Turks,*International Journal of Middle East Study*,Vol.33,No.1,2001.

Bernard Lewis.Some English Travelers in the East,*Middle Eastern Studies*.Vol.4,No.3,1968.

C.W.Crawley.Anglo-Russian Relations 1815-1840,*The Cambridge Historical Journal*,Vol.3,No.1,1929.

Challes King.Imagining Circassia:David Urquhart and the Making of North Caucasus Nationalism,*The Russian Review*,Vol.66,No.2,2007.

Charles Webster.Urquhart,Ponsonby,and Palmerston,*The English Historical Review*,Vol.62,No.244,1947.

Dogan Gürpinar.The Rise and Fall of Turcophilism in Nineteenth-Century British Discourses:Visions of the Turk,"Young"and"Old", *British Journal of Middle Eastern Studies*,Vol.39,No.2,2012.

Erkan Erdogdu.Turkey and Europe:Undivided but not United,*Middle East Review of International Affairs*,Vol.6,No.2,2002.

Frank E.Bailey.The Economics of British Foreign Policy,1825-1850,*The Journal of Modern History*,Vol.12,No.4,1940.

Franklin L.Baumer.England,the Turk,and the Common Corps of Christendom,*The American Historical Reviews*,Vol.50,No.1,1944.

G.H.Bolsover.David Urquhart and the Eastern Question,1833-1837:A Study in Publicity and Diplomacy,*The Journal of Modern History*,Vol.8,No.4,1936.

Gerald Maclean.When West Looks East:Some Recent Studies in Early Modern Muslim Cultures,*Journal for Early Modern Cultural Studies,*Vol.7.No.1,2007.

J.C.Hurewitz.Ottoman Diplomacy and the European State System,*Middle East Journal*,Vol.15,No.2,1961.

John F.Kutolowski.English Radicals and the Polish Insurrection of 1863-1864,*The Polish Review*,Vol.11,No.3,1966.

John.F.Kutolowski.British Economic Interests and the Polish Uprising,1861-1864,*The Polish Review*,Vol.29,No.4,1984.

K.E.Boulding.National Image and International Systems,*The Journal of Conflict Resolution*,Vol.3,No.2,1959.

Loyal Cowles.The Failure to Restrain Russia:Canning,Nesselrode,and the Greek Question,1825-1827,*The International History Review*,Vol.12,No.4,1990.

M.E.Yapp.Europe in the Turkish Mirror,*Past and Present*,Vol.137,No.1,1992.

M.Vereté.Palmerston and the Levant Crisis,1832,*Journal of Modern History*,XXIV,1952.

Margaret Lamb.The Making of a Russophobe:David Urquhart:The Formative Years,1825-1835,*The International History Review*,Vol.3,No.3,1981.

Matthew Rendall.Restraint or Self-Restrait of Russia:Nicholas I,the Treaty of Vienna System,1832-1841,*The International History Review*,Vol.24,No.1,2002.

P.J.Taylor.Embedded Statism and the Social Sciences:Opening up to New Space,*Environment and Planning A*,Vol.28,No.11,1996.

R.L.Baker.Palmerston on the Treaty of Unkiar Skelessi,*English Historical Review*,XLIII,1928.

Samuel H.Baron.Marx and Herberstein:Notes on a Possible Affinity,*Harvard Ukrainian Studies*,Vol.19,1995.

Selim Deringil.The Turks and"Europe":The Argument From History,*Middle East Studies*,Vol.43,No.5,2007.

*The Fortnightly Review*,1915.

*The Gentleman's Magazine*,1800-1853.

*The Nineteenth Century:A Monthly Review*,1897.

*The Quarterly Review*,1810-1853.

*The Times*,1833,1877.

Thomas Gordon.History of the Greek Revolution,*Blackwood's Edniburgh Magazine*,1833.

Veron John Puryear.England,Russia,and the Straits Question 1844-1856,*Archon Books*,Vol.62,No.4,1965.

Virginia Penn.Philhellenism in England 1821-1827,*The Slavonic and East European Review*,Vol.14,No.41,1936.

Virginia Penn.Philhellenism in Europe 1821-1828,*The Slavonic and East European Review*,Vol.16,No.48,1938.

## 六、博士论文

李秉忠:《身份与认同——土耳其申请加入欧盟问题研究》,南京:南京大学博士学位论文,2008年。

Anders Ingram.*English Literature on the Ottoman Turks in the Sixteenth and Seventeenth Centuries*,PhD.Dissretation of Durham University,2009.

Eric Edmund Kleist.*European or Oriental?:British Perception of Russia in the Nineteenth Century*,PhD.Dissertation of Georgia State University, 2003.

Jason Charles Fleming.*An Immensely Complex Image:Conceptions of the Turk in English Narratives of the 1683 Siege of Vienna*,PhD.Dissertation of University of Charleston,2015.

Margaret H.Jenks.*The Activities and Influences of David Urquhart 1833-56,with Special Reference to the Affairs of the Near East*,PhD.Dissertation of University of London,1964.

Norman Anick.*The Embassy of Lord Ponsonby to Constantinople,1833-1841*,PhD.Dissertation of McGill University,1970.

# 附　　录

德文&埃克赛特研究院（Devon & Exeter Institution）大卫·厄克特作品集（Urquhart's Tracts Ⅰ-Ⅳ）：

Tracts Ⅰ

1. The Queen and the Premier:A Statement of Their Struggle and Its Results

2. Newcastle Committee

（1）Limitation of the Supply of Grain

（2）Constitutional Remedies

3. The Four Wars of the French Revolution

4. A Day with one of the Committees

Tracts Ⅱ

1. The Invasion of England

2. Views of the Late Lord Dundonald on the"The Invasion of England"

3. The Right of Search:Two Speeches by David Urquhart(January 20 and 27,1862)

4. Answer to Mr.Cobden on the Assimilation of War and Peace

5. The Defences of England

6. The Abyssinian War:The Contingency of Failure

7. The Sraddha,the Keystone of the Brahminical,Buddhistic,and Arian Religions

8. The Rebellion of India

9. The Edinburgh Review and the Afghan War

10. The Two Afghan Wars

11. The Days of England not "Numbered". Reply to Sir Archibald Alison

12. Naval Power Suppressed by the Maritime States: Crimean War

13. Sparing Private Property in War at Sea

Tracks Ⅲ

1. Introduction

2. The Secret of Russia in the Caspian & Euxine: The Circassian War

3. Mr. Urquhart on the Suez Canal in 1853: Progress of Russia in the West

4. The Story of the War, by Collated Passages from the "Times" and "Morning Herald" Correspondents

Tracts Ⅳ

1. Fragments of Politeness: Reprinted from the "Diplomatic Review"

2. Effect on the World of the Restoration of the Canon Law
    The General Council

3. The Military Oath and Christianity

4. Appeal of a Protestant to the Pope to Restore the Law of Nations

5. Conscience in Respect to Public Affairs: A Correspondence ( to and from David Urquhart )

大卫·厄克特的其他重要作品还包括如下：

1. *Duty of the Church of England in Respect to Unlawful Wars: A Letter to a Right Reverend Prelate*(London: J. Maynard, 1842)

2. *Manual of the Turkish Bath: Heat a Mode of Cure and a Source of Strength for Men and Animals*(London: John Churchill and Sons, 1865)

3. *The Mystery of the Danube: Showing How Through Secret Diplomacy, That River Has Been Closed, Exportation From Turkey Arrested, and the Reopening of the Isthmus of Suez Prevented*(London: Bradbury and Evans, 1851)

4. *Ad Summum Ponatificem ut jus Gentium Restauretur Viri Protestantici Appellatio: Sex Quaestionibus Fit Satis Circa ea quae in Futuro et Jam Indicto*

附 录

*Oecumenico Agitabuntur*(Londini:apud Wyman et filios,1869)

5. *Annexation of the Texas:A Case of War Between England and the United States*(London:James Maynard,1844)

6. *Answer to Mr.Cobden on the Assimilation of War and Peace.Also Analysis of the Correspondence with the United States,Showing the Declaration of Paris to have been Violated by England and France*(London:Hardwicke,1862)

7. *Appel d'un Protestant au pape pour le Rétablissement du Droit Public des Nations;cinq Propositions sur l'œuvre du Futur Concile œcuménique* (Paris:C.Douniol,1869)

8. *British Diplomacy,Illustrated in the Affair of the"Vixen":Addressed to the Commercial Constituency of Great Britain*(Newcastle:Currie and Bowman,1839)

9. *Canada Under Successive Administrations*(London:J.Ollivier,1845)

10. *Case of McLeod,Tried as an Accomplice with the Crown of Great Britain for Felony*(London:Longman,1841)

11. *The Channel Islands:Norman Laws and Modern Practice*(London:Maynard,1844)

12. *The Declaration of Paris; a letter to Mr.Gregory on His motion of March 2,1866,for Sparing Private Property in War at Sea*(London:Hardwicke,1866)

13. *Der Geist des Orients erläutert in einem Tagebuche über Reisen durch Rumili während eine ereignissreichen Zeit*(Stuttgart:J.G.Cott,1839)

14. *The Effect of the Misuse of Familiar Words on the Character of Men and the Fate of Nations*(London:Trübner & Co.,1856)

15. *England and Russia*(London:J.Ridgway & Sons,1835)

16. *England in the Western Hemisphere:The United States and Canada* (London:J.Maynard,1844)

17. *Europe at the Opening of the Session of 1847:The Spanish Marriages and the Confiscation of Cracow*(London:J.Ollivier,1847)

18. *Exposition of the Boundary Differences Between Great Britain and the United States*(Glasgow:J.Smith & son,1840)

19. *Familiar Words as Affecting England and the English*(London:Trubner & co.,1856)

20. *The Peace Society on the Law of Nations*(London:Diplomatic Review office,1869)

21. *Rupture of Alliance with France*(Glasgow:J.Smith & son,1840)

22. *Wealth and want,or,Taxation,as influencing private riches and public liberty.Being the substance of lectures on Pauperism*(London:J.Ollivier,1945)

23. *The Pillars of Hercules*(New York:Harper,1855)

24. *The Flag of Circassia*(London:Circassian Committee,1863)

25. *The Crisis:France in the Face of the Four Powers*(Pairs:Dufart,1840)

26. *Diplomatic Transactions in Central Asia from 1834 to 1839*(London:T.Brettell,1841)

27. *The Edinburgh Review and the Afghan War*(London:Nabu Press,1843)

28. *The Statesmen of France and the English Alliance*(London:John Ollivier,1847)

29. *The War of Ignorance and Collusion*(London:Trübner & Co.,1854)

30. *Limitation of the Supply of Grain by the Action of British Diplomacy*(Newcastle:Horn,1855)

31. *The Progress of Russia in the West,North and South*(Trübner & Co.,1853)

最值得一提的是大卫·厄克特对英国的健康做出了最持久的贡献,那就是他引进且普及了土耳其浴。他对土耳其浴的赞美胜过对其他风俗的赞美,称它是"他们社会的习惯"。大卫·厄克特并不认为洗澡是伤风败俗之举,反之,他认为土耳其人追求洁净,使他们成为"地球上最清醒、最知足的民族"①。在大卫·厄克特看来,"一个不洗澡的民族被剥夺了很大部分的健康以及人类力所能及的温和享受:洗澡的习惯能增强一个民族的价

---

① David Urquhart.*The Turkish Bath,with a View to Its Introduction into the British Dominions*,London:D.Bryce,1856,pp.16-17.

值以及他对其他民族的权力"①。此言不乏夸大土耳其浴功用的嫌疑,但至少在某种程度上折射出大卫·厄克特对土耳其文化的喜爱和赞同之情。一如他对土耳其政治及贸易等制度所持的肯定态度一样,他进一步将土耳其浴的习俗追溯至古老的帝国,罗马帝国和萨拉森人的帝国时期也同样流行公共洗浴。这样的溯源方式彰显出土耳其浴所蕴含的文明与进步。然而,令人遗憾的是自我标榜"进步、文明"的鲜活样板的维多利亚时期的英国竟然没有这样一个美好的习俗。于是他大力向英国引进并且推广土耳其浴。在他的领导下,英国建立起30多家浴室,仅伦敦就有6家,其中最著名的杰明街浴室(Jermyn Street Hammam)就在大卫·厄克特的伦敦与地方土耳其浴室公司(Urquhart's London&Provincial Turkish Bath Company)的管理之下,直至1941年在德国对英国的空袭中被摧毁。1877年大卫·厄克特去世,曾经与他并肩作战的《泰晤士报》对其进行了"盖棺评价":"不管人们如何看待他的政治事业,至少他给英国引进了一样非常有用的东西——土耳其浴,无疑,这是一个值得采用的土耳其习惯。"②从表面看来,土耳其浴的引进只是一种闲暇活动的引入;但是实质上传达的是民族的新认同。19世纪,作为资产阶级典型代表的英国无论在社会成就还是文化继承方面都表现出"自鸣得意"的信心。毋庸置疑,"东方"在西方人的眼中就是绝对的"他者",代表的是"落后"。从这个意义上来看,大卫·厄克特引进并且"改善"了土耳其浴,为东西方之间在文化上的交流搭起了桥梁。土耳其浴的建筑、布设等外在表现形式给维多利亚时期的英国人带来了异国情调的浪漫体验,也在某种程度上促成了一种新的民族认同。③

---

① David Urquhart.*The Pillars of Hercules:A Narrative of Travels in Spain and Morocco in 1848*,London:Richard Bentley,Vol.II,1850,p.25.

② *The Times*,May 28,1877.

③ 在苏格兰的一些地方,土耳其浴室特意建立在靠近事业有成人士工作场所的附近,往往这些地区也是新兴中产阶级的聚集地,故而促进了他们的阶级认同。参见 Teresa Brethnach.For Health and Pleasure:The Turkish Bath in Victorian Ireland,*Victorian Literature and Culture*,Vol.32,No.1,2004,pp.161-172.

# 后　　记

　　曾经数次或安静坐于书房或匆忙行走于马路时，都会有这样的念头跳上心头：待到书稿完成之际，我要饱蘸情感之笔写下我想说的谢语，并且无数次在心底打好致谢之辞的腹稿。然而，在书稿完成之际，当我真正提笔写下"致谢"两个字时，千头万绪竟然不知从何说起。回首从项目的立项到书稿的成形，几经修改至即将付梓，其中受惠于老师、家人、朋友的无私帮助及个人所经历的艰辛非三言两语所能概括。

　　纵然千头万绪，我依然想在两个层面上写下我真挚的谢意！首先，在集体层面，我要感谢教育部人文社会科学研究青年基金项目（15YJC770012）、中央高校基本科研业务费专项资金资助项目（2016CBZ012）、陕西师范大学优秀学术著作出版基金及中国留学基金委"青年骨干"项目的资助。如果没有这些集体层面的资助，很难想象我能有充足的动力及经济能力漂洋过海来到大西洋一隅的英国查阅大量的原始史料，并且真正有充足的时间静下心来解读、翻译、分析资料，形成书稿的体系，并最终成书。当然，我也要感谢我所在的单位——陕西师范大学外国语学院，在我埋头完成书稿的几年里，学院的领导和同事们给了我许多积极的鼓励，对此，我心怀感恩！

　　其次，在个人层面，我要感谢我的博士生导师马瑞映教授。在初定项目的选题之后，马老师拨冗帮我厘清选题牵涉的欧洲国际关系以及相关国际政治理论；在撰写项目书期间，数次帮我推敲项目书，几经修改，直至

# 后 记

最终完成；在查阅补充资料、架构书稿及写作期间，马老师总是激励我奋发努力、摸索前进，并且数次耐心地给我的阶段性成果把关；在书稿最终成形之后，马老师亲自动笔帮我修改了目录框架，对比之下，尤显导师的见解之深！正是马老师对我的接纳才使我有机会叩开历史学的大门，体会到静心修学带给我的恬淡与从容；正是马老师永远正能量的激励带给了我对学术探索的信心！

我要感谢陕西师范大学历史文化学院的李秉忠教授在项目的选题、项目书的论证、阶段性成果以及书稿撰写方面给我提供的无私帮助。李老师启发我选择了"英国的土耳其形象研究"这一选题，并且就这一选题多次给我提供了极具启发性的指导！通过李老师，我在旁听历史文化学院中东课程期间认识了英国著名的中东问题专家 Tim Niblock，在以后的岁月里我们结下了深刻的友谊。也正是通过 Tim Niblock 的大力举荐，我才有幸得到有着世界级研究水平的导师 Regenia Gagnier 的邀请来到埃克赛特大学访学。在埃克赛特大学访学期间，Tim Niblock 在学习和生活方面给了我莫大的帮助和支持。同时，Tim Niblock 谦和、亲切、高贵、勤奋的品格是我一生学习的榜样。

我要感谢我在埃克赛特大学访学的英方合作导师 Regenia Gagnier 教授。Regenia Gagnier 教授系维多利亚时期文学文化研究专家中的翘楚，却仍然给予只是访问学者的我比其博士生更多的指导时间，为我指点迷津、提供推荐书单，耐心地听取我的研究进展，帮助我澄清思考和书写思路，增强论证深度。每一次定期汇报虽然让我数日寝食难安，但每一次的交流都让我觉得拨云见日、峰回路转，也让我更加坚定勇于修正的决心。同时，Regenia Gagnier 教授严谨的治学风范以及独到的学术见解、睿智、谦逊的高尚品格将永远激励我一路向前。

我要感谢陕西师范大学外国语学院的王启龙教授、张亚婷教授、文学院的黑维强教授、历史文化学院的王成军教授、白建才教授、何志龙教授、宋永成教授、李化成教授、梁红光教授及张艳玲博士，他们在我完成项目的过程中都曾给了我积极的鼓励与极富建设性的建议！

我还想感谢我的大学启蒙老师王建安教授。正是因为先生对我积极的鼓励使我看到了英文世界里别有洞天的无限风光。虽然先生不幸于

2016年3月病逝,但是我永远难以忘记先生对我追求学业的鼓励与扶持!如果说现在的我在学业上有一点收获与进步,那也是受益于先生对我的良苦用心栽培!事实上,无论我走到哪里,不管我身处逆境还是顺境,我都能感受到先生对我的殷殷期待与信任!唯愿自己更加努力以告慰先生的在天之灵!

  我还想感谢我的朋友们对我的支持与帮助:好友马珊在艾奥瓦大学(University of Iowa)访学期间,自己承担着繁重的访学任务,还拨冗帮我扫描了 History of the Ottoman Turks:From the Beginning of Their Empire to the Present Time(Volume I 和 Volume II)及 Turkey and Its People 三本书,总页数超过了一千多页;好友王大赢在我于英国访学期间更是不止一次帮我续借国内图书,搜集项目书稿相关的资料并且传递给我;好友杨涛、羿翠霞夫妇在佐治亚大学(University of Georgia)访学期间帮我下载传递了许多资料;好友武建强数次托朋友帮我在国内外的图书馆下载传递资料;好友周石平在北京外国语大学读博士研究生期间不止一次帮我从国家图书馆"人肉"背回了数本项目所需书籍;好友郭响宏教授在纽约大学(University of New York)访学期间帮我查阅资料,并且就文章的写作给我指点迷津,鼓励我克服困难,积极前行;陕西师范大学图书馆的宋丽华老师更是不厌其烦地帮我数次在国内高校图书馆传递文献;我尤其要感谢正在西苏格兰大学(University of the West of Scotland)访学的甘肃师范学院外语系的路亚涵教授,路亚涵教授与我素昧平生,我们只是在 QQ 上交流过一些办理访学相关手续的问题,她在看到我求助资料的信息后,牺牲个人研究时间帮我查阅到两本与课题相关度最紧密的专著:Opinions of the European Press on the Eastern Question 和 The Activities and Influence of David Urquhart 1833-56,with Special Reference to the Affairs of the Near East,并且耐心下载传递给我;我还要感谢英国国家档案馆(The National Archives)、牛津大学贝利奥尔学院(Balliol College,Oxford)和德文&埃克赛特研究院(Devon & Exeter Institution)的馆长及图书管理员,他们允许并且帮助我在那里查阅到了许多书稿必需的原始史料,尤其是在德文&埃克赛特研究院我找到了四本与课题紧密相关的代表性人物大卫·厄克特的作品集,我在那里度过了很多个与咖啡和书为伴的恬静日子;我还要感谢埃克赛特大

# 后 记

学图书馆的馆员们,他们耐心地帮我获得各种纸质版和电子版的资料;我还要感谢我的学生李帅,他在东北师范大学读世界史研究生期间帮我查阅资料,并且推荐了他的师兄万澍帮我查阅资料;我还要感谢圣智学习(北京)教育科技有限公司的张吉蜀经理对我的帮助,他给我传递了19世纪英国报纸的目录;我还要感谢我的师姐,现在在四川外国语大学执教的刘玉梅教授和图书馆的佘军老师帮助我在四川外国语大学的图书馆查阅资料;我同样感谢我的同门师弟魏兴,他数次帮我校正文章,在我外出访学期间数次给我传递资料,最难能可贵的是他在完成自己的硕士研究生学位论文答辩之后帮助我校正了整本书稿!我还要感谢科学出版社的任晓刚老师,他多次和我沟通书稿的出版及校正工作,如果没有他的大力帮助,此书的出版不可能如此顺利!

最后,我要感谢我的家人,你们的支持是我求学路上最坚实的后盾。几年来,我几乎将所有的精力和时间都花费在研究之上而疏略了对你们的陪伴,对此,我深表歉意!感谢我的父母、姐弟给予我精神上的鼓励,在我求学之路上背负了太多亲人们对我的爱与付出,尤其是我父母对我以及我的小家庭更是倾其所能,他们对我关注的目光一路追随我,甚至包括我或求学或工作的城市的天气预报;感谢我的外甥女李咪帮我查找资料;感谢我的爱人范智超耐心帮助我查阅及下载资料,修改所有项目相关论文及书稿的格式,在我经历挫折和压力时鼓励我勇于面对,并且在力所能及的范围内帮我分担家务以及陪伴孩子成长;感谢我的儿子俊达,在我辛苦撰写书稿的艰难时期常常为倒在电脑桌旁睡着的我披盖外衣,并且总是延时叫醒我,感谢你的温情陪伴,你的开朗、幽默和贴心的爱护使我枯燥的学习生活多了许多欢声笑语,让身心疲惫的我在匆忙赶路的岁月里依然感受到了世界的纯真与美好!当然,我也要感谢自己,虽然在搜集资料期间经历了"上穷碧落下黄泉"的艰难;在构架,撰写书稿期间,经历了江郎才尽但又欲罢不能的痛苦时光;书房的墙壁上写给自己的"加油,坚持,艰难困苦,玉汝于成"等励志话语见证了行走于学术路上成长的我,虽然每一步走得并不华丽,但却坚实。尽管书稿脱稿历尽艰辛,我终究感受到了它如婴儿般面世所带给我的幸福与期待。勉励自己继续努力,好运也许就在下一个拐角。同时,期待儿子俊达、侄女玉立、侄子锦华、侄孙女梓瑶当自立、自强！我永远站在你们身后激励你们，支持你们！！

  由于书稿选题涉及面广，交织了历史学、政治学、人类学、民族学、国际关系理论，再加之笔者学识与能力有限，书中定有不妥之处，恳请方家批评指正。

贺　敏

2017 年 5 月 5 日凌晨于埃克赛特大学